相續稅法義解

曾禰荒助題字
若槻禮次郎序文
菅原通敬校閲
稲葉敏編著

明治三十九年發行

相續稅法義解

日本立法資料全集　別巻
1224

信山社

西湖曾禰男爵題字
若槻大藏次官序文

菅原大藏書記官校閲
大藏屬稻葉　敏編著

相續稅法義解

自治館出版

度俗

為法

明治乙巳仲秋
西明

相續稅法義解序

法規の解釋適用は司法の本義にして自由裁量は行政の特質なりと雖も租稅法規の執行には毫も自由裁斷の餘地を存せす蓋し租稅は權力を以て人民の財產を國家に收むるものなれはなり是納稅義務に關して憲法上の保障ある所以なり夫れ然り租稅の賦課徵收の任に當る者は法を正當に解釋適用して苟も其の範圍を超越せす以て課稅の畫一を期せさるへからす現行相續稅法は外觀甚た簡約にして內容頗る多岐なるを以て局に當る者適當に之を執行し賦に厚薄なからしめんことを期し被稅者豫め法律の規定を詳にし以て

其の義務を完からしめんと欲せは最も愼重なる解釋を要すへきものあらん頃日僚友稻葉氏同法の註釋を試み世に公にせんとす名けて相續稅法義解と謂ふ余に稿を示して序を請ふ余公務頗る多端熟々全斑を窺ふの遑なく唯其の大體を通覽したるに過きすと雖も能く立法の本旨を闡明し疑義を解決するに專ら實際を旨として徒に空理に逸せす殊に關係の法規を詳說して周く到らさるなきものの如し亦以て斯法を解せんとする者の參考に資するに足るへし聊か一言を卷首に題すと云爾

明治三十八年十月

若槻禮次郎撰

自叙

余今春學友平野與次氏ト相會シ談偶々相續稅法ニ及ヒ之カ硏鑽ノ趣味多カルヘキヲ稱ス氏曰ク然リ同法ニ關スル著書未タ世ニ多カラス若シ余等講究ノ結果ヲ刊行センニハ啻ニ同僚ノ執務ニ利スル所アル可キノミナラス斯法ヲ解釋スル者ノ參考ニ資スルニ足ラン君夫レ一臂ノ勞ヲ吝ム勿レト余固ヨリ其任ニ非サルヲ知ルト雖モ淼々タル法海ニ身ヲ漂ハス茲ニ年アリ豈之ヲ辭スルヲ得ン卽チ快諾事ニ從ハンコトヲ約セリ圖ラサリキ幾何モナクシテ氏ハ熊本稅務監督局事務官ニ轉任後更ニ韓國財政顧問府ニ傭聘セラレ事ヲ共ニスル能ハサルニ至ル然レトモ本書ニ關シテハ曩ニ同氏ト事ヲ共ニスヘキヲ江湖ニ告ケタリ今ヤ乃チ諸彥ノ意ニ背カサルヲ得サルニ至リシハ洵ニ遺憾ニ堪ヘサル所ナリ然ルニ幸ニ豫テ生等ノ擧ヲ贊シテ校訂ノ勞ヲ取ルコトヲ諾セラレタル菅原大藏書記官ノ配意ニ依リ仙臺稅務監督局事務官藤川利三郎氏代テ其任ニ當ルコトト爲リタルヲ以テ氏ニ依賴スル所甚タ多カリシカ業未タ央ナラスシテ氏亦踵テ韓國財政顧問府ニ傭

聘セラレ余獨力之ニ從事セサルヲ得ス余ノ責任一層ノ重キヲ加フルニ至レリ余固ト學淺ク文拙ク能ク其任ヲ盡クス能ハサルヲ恐ル然レトモ既ニ江湖ニ約アリ、故ニ敢テ自ラ揣ラス以テ其責ヲ塞クコトトセリ幸ニシテ菅原大藏書記官ノ熱心懇篤ナル指導誘掖ノアルアリ以テ本書ノ完成ヲ告クルニ至リタルハ余ノ最モ幸榮トスル所ナリ茲ニ聊カ本書編纂ノ事歷ヲ卷首ニ敘シ其關係者ノ勞ヲ謝スト云爾

明治三十八年十月下浣

著者識

相續稅法義解目次

第三編　相續稅法施行規則……二六七

相續稅法義解目次終

相續稅法義解

菅原通敬校閲
稻葉　敏編著

第一編　總論

第一章　緒言

歐米諸國ニ於ケル相續稅ノ萌芽及其發達ハ既ニ久シト雖モ我國ニ於テハ明治三十八年法律第十號相續稅法ノ制定ヲ以テ實ニ其嚆矢ト爲ス

明治二十九年法律第二十七號登錄稅法ハ相續ニ因ル不動産及船舶所有權取得ノ登記ニ對シ登錄稅ヲ課セリト雖モ登錄稅ハ登記ニ對スル手數料ノ性質ヲ有スルモノニシテ之ヲ目シテ相續稅ト稱スヘカラサルノミナラス登錄稅法ハ相續ニ因ル所有權ノ取得ニ對シテハ他ノ原因ニ因ル所有權ノ取得ニ對スルヨリモ稅率ヲ

低カラシメタルヲ以テ我國ニ於テハ從來相續ヲ以テ課税ノ目的ト爲サンヨリハ寧ロ其課税ヲ避クルノ主義ヲ採リタルモノト謂フヘシ

由來我國夙ニ泰西ノ制度文物ヲ輸入シ特ニ立法及學術ニ關シテハ出藍ノ譽アルニ拘ハラス財政上獨リ相續税ノ如キ好個ノ財源ヲ措テ顧ミサリシハ寧ロ甚ダ奇トスヘク若シ財政學者ヲシテ口ヲ開カシメハ相續税ハ實ニ時世ニ遲レタルノ評ナキ能ハサルナルヘシ

何ヲ以テカ好個ノ財源ト謂フ蓋シ相續税ハ相續ニ因リテ一時ニ多額ノ財産ヲ取得スル者アル塲合ニ之ニ對シテ其財産ノ一部ヲ納付セシムルモノナルカ故ニ納税ノ苦痛甚タ少キノミナラス個人ノ財産ハ社會ノ進歩ニ伴フテ漸次增加スルカ故ニ國富ノ增進ト共ニ國庫ノ收入ヲ大ナラシムルモノナレハナリ今ヤ我國ハ國運ヲ賭シテ露國ト干戈ヲ交ヘ遠ク海外ニ千軍萬馬ヲ動カシ財政頗ル急忙ヲ告ケ新税ヲ起シ增税ヲ行フニ際シ相續税ノ創設ヲ見ル豈ニ當然ナラストセンヤ相續税ハ此ノ如ク戰時財政計畫ノ一トシテ發生シタルモノナリト雖モ而カモ之ヲ非常特別税法中ニ規定セスシテ單行法ト爲シタル所以ノモノハ獨リ財政上ノ急要

アルノミナラス後ニモ述フル如ク本來ノ性質一時非常ノ租稅タラスシテ永久經常ノ租稅タルニ適合スルカ故ナリトス

相續稅ノ立法主義ハ各國一樣ナラス是レ財政學理ノ進步如何ニ因ルモノニシテ或ハ財產移轉ノ行爲ニ課スルモノトスルアリ或ハ財產ヲ取得スル事實ニ對シ課スルモノトスルアリ其ノ他之ヲ細別スルトキハ諸種ノ主義アルコトヲ發見スヘシ而シテ相續稅ヲ以テ相續ニ因リ財產ヲ取得スル事實ニ對シ課稅スルモノナリトスルハ課稅ノ基礎ハ各人ノ資力ニ在リ租稅ハ各人ノ給付能力ニ應シテ徵收スヘシトノ財政學上ノ原則ヲ認メタルモノニシテ進步シタル主義ニ依ルモノト謂フヘシ

又被相續人ノ遺シタル財產ノ價額ヲ課稅標準トスルモノ各相續人ノ取得スル相續財產ノ價額ヲ課稅標準トスルモノ此ノ兩者ヲ併用スルモノ等制度ノ異ナルモノアリ而シテ前者ニ於テハ相續財產ノ多キニ從ヒ其稅率ヲ累進シ後者ニ於テハ被相續人トノ續柄ノ近キニ從ヒ其稅率ヲ低下スルヲ常トセリ

我相續稅法ハ相續ニ因リ財產ヲ取得スル事實ニ對シテ課稅スルノ主義ヲ採用シ

而シテ被相續人ノ遺シタル相續財産ノ價額ヲ課税標準ト爲シ其財産ノ價額ノ多キニ從ヒ税率ヲ累進スルト同時ニ被相續人トノ續柄ノ近キニ從ヒ税率ヲ低下スルノ折衷シタル制度ヲ採用シタリ

夫レ然リ相續税ハ相續ニ因リ財産ヲ取得スル事實ニ對シ課税スルモノナルカ故ニ純理ノ上ヨリ觀察セハ相續人ノ取得スル財産ニ課スルヲ至當ト爲スヘキカ如シト雖モ立法ハ亦實際ノ便宜ヲ斟酌セサルヘカラス被税者ニ甚シキ不便苦痛ヲ感セシメサル限リハ租税徵收上ノ便否ヲモ考量セサルヘカラス而シテ國庫收入ノ點ヨリスレハ被相續人ノ遺シタル相續財産即チ共同相續ノ場合ニ於テハ未タ各相續人ニ分割セラレサル相續財産全體ヲ課税標準ト爲スノ簡ニシテ且ツ收入ノ多大ナルニ如カサルナリ而カモ各相續人ハ其相互ノ關係ニ於テハ税額ヲ相續分ニ比例シ負擔スルトキハ更ニ何等ノ不公平ヲ見サルナリ是レ我立法ノ此ノ主義ヲ採用セシ所以ナランカ蓋シ相續人ノ取得シタル相續財産ノ價額ヲ課税標準ト爲ストキハ共同相續ノ場合ニ於テハ各相續人ノ取得シタル相續財産價額ヲ以テ課税標準トシ且各相續人ニ對シ別個ニ課税セサルヘカラスシテ啻ニ被相續人

ノ遺シタル相續財産ノ價額ニ累進率ヲ適用スル能ハサルノミナラス相續財産ノ散逸其他ニ依リ調査ノ脱漏ヲ生スルノ虞ナキ能ハサルナリ

我相續税ノ立法主義ニ關シ尚一言スヘキハ家督相續ト遺産相續トニ依リ課税價格ノ限度ヲ異ニシ其ノ税率ニ等差ヲ設ケタルコト及普通ノ贈與及遺贈ニ對シ直接課税スルノ主義ヲ採ラルコト是ナリ

我民法ハ相續ヲ家督相續ト遺産相續トニ區別セリ是レ我國固有ノ家族制度ヲ認メタルニ因ルモノニシテ相續税ハ亦此ノ制度ニ從フヲ要ス而シテ家督相續ニ在リテハ相續人ハ財産ヲ承繼スルト同時ニ家族ヲ扶養スルノ義務ヲ負フモ遺産相續人ハ單ニ財産ヲ承繼スルニ過キサルヲ以テ兩者ノ間ニ課税價格ノ最低限及税率ヲ異ニスルハ最モ適正ナリトス

相續財産ヲ承繼スル者ニ課税スルト同時ニ贈與又ハ遺贈ヲ受クル者ニ課税スルノ立法例アリト雖モ我相續税法ハ前ニ述フルカ如ク相續財産ノ價額ヲ課税標準トスルノ主義ヲ採リタルノミナラス我國ニ於テハ親等以外ノ者ニ贈與又ハ遺贈ヲ爲スカ如キハ極メテ僅少ナル財産ニ限ラルヽノ情態ニシテ之ヲ以テ課税ノ目

的ト爲スモ徵稅ノ勞費多クシテ稅金ノ收入之ニ伴ハサルカ故寧ロ初ヨリ受贈者、受遺者ニ課稅スルノ主義ヲ採ラサルナリ而シテ我相續稅法カ贈與ニ付テハ相續開始前一年內ニ爲シタルモノハ之ヲ相續財產ニ加算セシメ五百圓以上ノモノナルトキハ或場合ニ遺產相續開始シタルモノトシ遺贈ニ付テハ當然相續財產ニ包含スルモノトシ共ニ課稅ノ範圍ニ屬セシムルコトヽシタルハ後ニ述フルカ如シ

第二章　相續稅ノ性質

諸國ノ相續稅ハ其制度一樣ナラス從テ之ニ共通スヘキ相續稅ノ定義ヲ下スハ到底困難ノ事タルヲ知ル故ニ余輩ハ相續稅ノ定義ヲ避ケ唯其ノ性質ヲ解說スルニ止メントス

第一　我民法ノ規定ニ依レハ死亡ノ場合ノ外ニ相續開始ノ場合アルコトヲ認ムルモ外國ノ制度ニ在リテハ死亡ノ外相續開始ノ原因アルコトヲ認ムルモノ極メテ稀ナリ我國ノ相續法ニ依ルモ其死亡ノ場合ヲ最モ普通ノ場合ト爲スヘキハ勿論遺產相續ノ如キハ家族ノ死亡ノ場合ノ外其開始原因アルヲ認メサルナリ是ヲ

以テ學者往々之ヲ名ケテ死因稅ト云フ相續稅ヲ說明シテ死者ヨリ生者ニ財產ヲ移轉スルニ際シ課スル租稅ナリト云フモノ蓋シ之カ爲ナリ

相續ニ因リテ財產ヲ取得スル者ハ之ニ對スル何等ノ勞力若クハ報酬ヲ要セスシテ偶々人ノ子タリ又ハ親族其他ノ關係アルニ基因スルモノナレハ相續稅ハ偶然ノ利得ニ課スル租稅ニシテ彼ノ贈與稅富籤稅其他社會狀態ノ變動ニ因ル利得ニ課スル租稅ト其性質ヲ同フス相續稅カ納稅者ニ苦痛ヲ與フルコト少クシテ良好ノ稅種ト稱セラルヽ所以主トシテ此ニ存ス

第二　相續ノ開始アルモ家督ノ相續アルニ止マリ財產ノ移轉ナキ場合ハ之ニ對シテ相續稅ヲ課スルコトヲ得ス相續稅ハ相續財產ヲ目的トシテ課稅セラレ又相續財產中ヨリ支拂ハルヽコトヲ豫期スルモノナリ此點ニ於テ彼ノ財產ノ利得ニ課スル收益稅若クハ所得稅ト大ニ趣ヲ異ニスルモノト謂フヘシ即チ所得稅ハ資產ヨリ生スル所得ヲ課稅ノ目的ト爲スモノナリト雖モ此ニ在リテハ利得ヲ生スルノ根源タル資產其者ヲ直接ニ課稅ノ目的トス相續稅ハ一國ノ資本ヲ減殺シ生產ノ發達ヲ阻害スルモノナリトノ批難ノ由テ生スル所以實ニ此ニ在リ

第三　相續稅ハ財產移轉ノ行爲ニ課スルモノナリヤ將タ財產取得ノ事實ニ課スルモノナリヤニ付テハ從來學說及立法ニ於テ爭ノ存シタルトコロナリ近來ノ學說及立法例ハ相續人ノ取得財產ニ課スルモノトスルニ於テ稍々一致スルニ至リタルモノヽ如シ但シ和蘭、佛國等ノ相續稅法ヲ見ルニ本稅ヲ以テ財產移轉ノ行爲ニ課スル租稅ト同視セリト認ムヘキ條項少カラス英國ノ財產稅(エステート、デュ－チ－)亦相續財產カ相續人ニ移轉スル以前ニ課稅シ恰モ被相續人カ納稅義務主躰タルノ觀ナキニアラス此等諸國ノ實例及相續稅ヲ以テ印紙稅若クハ商取引ニ課スル租稅中ニ包含セシムルモノハ現今ニ在リテハ例外ノ事實ニ屬シ多數ハ既ニ此種舊時ノ觀念ヲ脫却シ相續稅ハ財產移轉ノ行爲ニ賦課スルニアラス相續ニ因テ財產ヲ取得スル事實ニ對シ課稅スルモノナリトノ觀念ヲ採用スルニ至リ我相續稅法亦此ノ主義ニ成ルコトハ前章ニ述フル所ノ如シ

第四　相續稅ト登錄稅ハ一見重複課稅ノ觀ナキニ非スト雖モ相續稅ハ相續財產移轉ノ事實ニ對シテ租稅ヲ賦課スルモノナルコト前述ノ如クニシテ而シテ登錄稅ハ是等ノ事實アルモ當然課稅權ノ發動ヲ見ルモノニ非ス相續財產ノ移轉ヲ確

保シ第三者ニ對抗セシカ爲メ相續人ヨリ進テ登錄ヲ請フ者アル場合ニ之ヲ其手數料トシテ徴收スルモノナリ故ニ此ノ場合ノ登錄稅ハ學理上寧ロ手數料ノ性質ヲ有スルモノト云フヘク從テ相續稅トハ何等相關スル所ナク二者全ク課稅ノ根基ヲ異ニスルモノナレハ之レヲ以テ重複課稅ナリト云フハ毫モ理由ナシ是レ相續稅ト登錄稅ト併行スル立法例決シテ尠ナカラサル所以ナリ然レトモ相續稅ヲ以テ相續財産移轉ノ行爲ニ課スル租稅ナリトスル立法主義ノ下ニ於テハ相續稅トハ重複課稅タルヲ免レサルナリ

第三章　相續稅ノ根據

國家カ相續稅ヲ課スルハ如何ナル理由ニ基クモノナリヤ是レ相續稅ニ關スル根本問題ナリ以下沿革ヲ逐ヒ之レカ學說ノ要領ヲ說明セントス

第一　相續稅ヲ辯護スル議論ニシテ其ノ最モ早ク行ハレタルモノハ蓋シ無遺言相續ヲ廢止スヘシトスル計畫ニ由來ス即チ遺言ナキ場合ハ相續財産ヲ擧ケテ之ヲ國家ニ歸屬セシムヘシト主張スルモノニシテ實ニ彼ノ「ベンザム」氏ノ首唱スル

トコロニ係ル今其ノ概要ヲ述フレハ氏ハ直系親族ノ場合ヲ除キ一般ニ遺言ナクシテ他人ノ財産ヲ相續スルコトヲ廢止セント欲シ且之ニ附加シテ直系相續人ナキ場合ニ於テ死者ノ遺贈ノ自由ニ制限ヲ附スルノ必要アルコトヲ主張ス要スルニ「ベンザム」氏ハ彼ノ英國法ニ所謂土地復歸ノ舊原則ヲ擴張シ直系相續者ナキ爲メ傍系親ニ歸屬スヘキ相續財産又ハ遺囑財産ノ場合ニモ之ヲ適用セントスルニ外ナラス

「ベンザム」氏ハ以上述フル如ク國家ノ爲メ諸種ノ權利ヲ要求セリト雖モ氏ハ之ヲ以テ租稅ノ性質ヲ有スルモノト認メス且其ノ租稅ニアラサルカ故ニ從テ私人ニ負擔ヲ課スルコトナシ氏自ラ之ヲ說明シテ曰ク相續稅ヲ課スル場合ニ在リテハ何人ト雖モ自己カ相續シタル財産全部ヲ以テ自己ノ所有ト信シ其ノ一部ヲ割テ租稅ニ充ツルモノト考フルヲ自然ノ人情ト爲ス然ルニ若シ一國相續法ノ規定ニ依リ相續人ハ被相續人ノ財産ヲ相續スルコト能ハス若クハ極メテ一小部分ヲ相續スル權利ヲ有スルニ止マラシメハ何人ト雖モ之カ爲メ苦痛ヲ感スル者ナカラン蓋シ苦痛ハ固ト失望ニ由來シ失望ハ卽チ豫期ニ反スルニ因ル若シ相續法ノ規

定ニシテ相續ノ權利ヲ認ムルコトナケレハ相續ハ初メヨリ一物ヲモ豫期スル所ナク從テ失望スルコトナカルヘケレハナリト

「ベンサム」氏ノ所論ハ誇張ニ過キ全然之ヲ採用スルコト能ハスト雖トモ而カモ尚眞理ヲ包含シ傾聽ノ價値ナシト云フヘカラス彼ノ相續權ヲ以テ天賦自然ノ權利ナリト信スルノ誤レルコト及遺言ナキ場合ニ傍系親ニ相續權ヲ附與スルハ現時ノ社會狀態ニ在リテ大ニ之ヲ制限スルノ必要アルコトノ二事ハ蓋シ動カスヘカラサル眞理ニシテ之ヲ「ベンサム」氏首唱ノ功ニ歸セサルヲ得ス彼ノ古代ニ行ハレタル財產ヲ以テ家ニ附屬スルモノト認ムル觀念ハ固ヨリ今日ニ存セス近世ニ至リテハ家族團躰ノ結合漸ク寛弛シ家族共同生活ノ自覺ハ單ニ最近親族間ニ限リテ存在スルヲ今日ノ狀態トスレハナリ

第二國家共同相續說

以上述フル處ノ「ベンザム」氏ノ議論ト相似テ其實異ナルモノ之ヲ國家共同相續說ト爲ス此ノ說ハ「ブルンチユリー」氏ニ初マリ氏ハ國家共同相續權ナル文字ヲ用ヒテ之ヲ說明セリ然ルニ近代ノ學者中亦此ノ論ヲ採用セル者少カラス人或ハ「ベンザム」氏ヲ以テ此說ノ始祖ト爲ス者アルモ固ヨリ誤レリ

「ウエスト」博士之ヲ說明シテ曰ク

「ベンザム」氏計畫ノ要領ハ第一直系親族間ニ於ケル場合ノ外無遺言相續ヲ廢止シ第二直系相續人ヲ有セル死者ノ遺贈ノ自由ヲ制限シ第三一定ノ場合ニ於テ單ニ死者ノ財產ノ一部ヲ國家ニ歸屬セシメント云フニ在リ氏ハ其計畫ヲ以テ單ニ復歸法ノ擴張ナリト稱シ且ツ氏カ所論ノ根據ハ敢テ國家カ相續ノ權利ヲ有スト謂フニアラス近親ノ關係ヲ有セサル個人間而カモ其遺言ニ因ルニモアラスシテ妄リニ他人ノ財產ヲ相續スル權利ヲ認ムル能ハスト云フニ過キス故ニ「ベンザム」氏ヲ以テ國家共同相續說ノ代表者ト看做スハ因ヨリ誤ナリ。然ルニ後世氏ノ論ヲ說明スル者新ニ國家ハ個人ノ財產ヲ相續スルヲ至當トスト云フ觀念ヲ加味スルニ至レリ其謂ヒ蓋シ國家ハ個人ノ生存間之ニ向テ提供スル所ノ利益ニ對シ死後ニ其報酬ヲ受クルヲ當然トスト謂フニ在リ其最モ甚キニ至テハ國家ヲ以テ一大家族ト同一ニ看做ス者ナキニアラス「ウンプエン、バッハ」氏ノ如キ即チ其一例ニシテ氏ノ言ニ依レハ血緣ノ關係ハ全國民ニ彌蔓擴張シ國家カ個人ノ財產ヲ相續スルハ猶恰モ家カ其家族ノ財產ヲ相續スルニ異ナラスト此ノ如キ言辭ハ固ヨリ之ヲ正確ナル學術語ト解スヘカラス寧ロ形容比喩ノ文字ニ過キサルノミ國家ハ復歸法ニ依リテ財產ヲ取得スルコト或ハ之レアラント雖モ相續ニ因リテ之ヲ取得シ得ヘキ理由存スヘキ謂ハレナシ抑モ相續ハ親族間ニ限リテ行ハルヽモノニシテ近世ノ國家ハ太古幼稚ノ國家組織ト異ナリ何レモ親族的團躰ニアラス國家ヲ以テ共同相續者ト看做スノ說ハ單ニ形容ノ文字タランノミ然ラサレハ相續ト復歸法ト兩者其性質全ク相異ナル關係ヲ混同錯雜セル結果ニシテ固ヨリ採ルニ足ラス相續ハ公法上ノ關係ニアラスシテ私法上ノ關係ナリ蓋シ個人ト個人トノ間如何ナル程度ニ於テ相續カ行ハルヽヤヲ規定スルモノナレハナリ反之相續關係終リ復歸法ノ作用始マル兩者區別ノ限界ヲ定ムルハ私法上ノ關係ニアラスシテ公法上ノ關係ナリ

第三財產分配ノ原則　此原則ハ租稅制度ヲ利用シテ財產ノ集中ヲ妨ケ社會貧富ノ懸隔ヲ調和スル目的ニ供用セントスルモノナリ此ノ原則タル其起源ニ於テハ決シテ社會主義ニ本ツクモノニ非ス「ジヨン、スチユアート、ミル」氏ハ「ベンザム」氏ノ所論ヲ採用シ單ニ之ヲ敷衍發達セシメタルニ過キス今其要領ヲ示サハ「ミル」氏ハ相續稅ヲ以テ必スシモ財產權ノ觀念ニ必要缺クヘカラサル要素タルコトヲ認メス從テ無遺言相續ノ廢止ハ唯傍系親族ニ限ラス之ヲ直系親族ニモ擴張センコトヲ欲シ且ツ縱令其遺言アリタル場合ト雖モ自己ニ滿足以上ヲ要求スル權利ハ何人ニモ之ヲ認ムル能ハスト云フニ在リ今氏自ラ其計畫ヲ說明スル所ヲ見ルニ左ノ如シ

遺贈ノ自由ハ原則トシテ認メラルヽモ之ニ對シ二ノ例外アリ即チ

（一）若シ遺贈者ニ子孫アリ且其子孫カ自ラ給養スル能力ヲ欠キ從テ國費ノ救助ヲ仰カサルヘカラサル場合ニアリテハ國家カ其救助ニ要スル額ニ相當スル資產ハ遺贈者ニ於テ子孫ノ爲メニ遺留スヘキ義務アリ

（二）何人ト雖モ中等獨立ノ生活ニ要スル以上ノ額ヲ相續ニ因リテ取得スルコトヲ許サス

遺言ナキ場合ニハ死者ノ財產全額ヲ擧ケテ國家ニ歸屬セシム國家ハ死者ノ子孫アル場合ニ之ニ公平且ツ相當ノ扶助料ヲ給與スル義務ヲ負擔スヘシ其額ハ其子孫ノ能力及敎育ノ方法等ヲ斟酌シ父母又ハ祖先ノ之ニ給與シタルヘキ額

ト同一ナルヲ要ス
右ニ述フル「ミル」氏ノ所論ヲ以テ直チニ之ヲ社會主義ナリト概評スルハ固ヨリ氏ニ對シテ苛酷ト謂ハサルヘカラス然リト雖モ氏ノ計畫ハ他ノ理由ニ依リテ批難ヲ免ルヽ能ハス抑モ人カ其生前ニ勤勞ヲ甘ンシ財產ヲ蓄積スル所以ハ之ヲ以テ其子孫ニ移轉スルコトヲ得ントノ欲望ニ由ルヤ大ナリ果シテ然ラハ其欲望ヲ達シ其財產ヲ子孫ニ移轉スルコトヲ得セシムルハ自然ノ人情ニ合致シ寧ロ死者當然ノ要求ト稱スルヲ得ヘシ然ルニ氏ノ計畫ニ依レハ直系子孫ニ對シテモ尙ホ相續ノ權利ヲ附與セサルカ如キハ到底批難ヲ免ル能ハサル所ト爲ス
家族カ有スル相續ノ權利ハ人情ノ自然ニ基キ當然ノ要求タルコト前述ノ如シト雖モ飜テ他ノ一方ヲ見ルトキハ家族間ニ於ケル相續ノ權利ハ近世一般ニ認メラルヽ遺贈自由ノ原則ニ依リテ大ニ之カ制限ヲ受クルニ至レリ蓋シ一人カ其全財產ヲ擧ケテ自由ニ之ヲ他人ニ遺贈スルコトヲ得ルハ既ニ家族ノ相續權ハ之カ爲メニ全然無視セラレタルモノト謂ハサルヘカラス尤モ歐米諸國ニ在リテ特ニ子孫ノ爲メ所謂遺留分ノ制度ヲ認メ一定ノ限度ヲ超ヘテ其財產ヲ遺贈スルコトヲ

許サスシテ舊時ノ看念ヲ保存スルモノナキニアラスト雖モ此ノ如キハ例外ノ事由ノミ遺贈自由ノ原則ハ今日ニ於テハ一般ニ承認サルヽ所ト謂ハサルヘカラス勿論相續ノ制度ハ遺贈ニ先チテ早クヨリ行ハレ遺贈カ羅馬法ニ採用サレタル理由ハ敢テ之ニ依リテ相續權ヲ制限スル爲メニアラス寧ロ近親々族ノ欠乏セル場合ニ相續者ヲ見出サンカ爲メニ之ヲ採用シタルコトハ一般世人ノ熟知スル所ナリ之ヲ要スルニ近世一般ニ認メラルヽ遺贈自由ノ原則ハ財產ヲ以テ家ニ附屬スルモノト爲ス舊時ノ觀念ニ悖戾シ從テ之ニ基テ生スル家族ノ相續權ノ思想ト相容レサルモノナルコト論ヲ俟タス是ニ於テ乎相續權ナルモノハ果シテ如何ナル範圍竝ニ程度ニ於テ權利トシテ要求シ得ルヤハ最モ解決ニ困難ナル問題タルコトヲ知ルニ足ラン此問題ノ解決如何ニ拘ハラス相續ノ慣行ハ敢テ天賦固有ノ權利ニ基クニアラス又敢テ私所有權中ニ當然包含サルル權利ニアラス單ニ社會ノ一制度トシテ因襲ノ久シキ人之ヲ怪マス且其結果甚タ良好ナリト云フニ過キサルコトハ余輩ノ確信シテ疑ハサル所ナリ

以上述ヘタル財產分配ノ原則ニ對シテハ余輩固ヨリ全然同意スルコト能ハサル

ニアラス只之ヲ辯護スル者ノ多數ハ概ネ財産カ少數者ノ手裡ニ歸屬スルコトヲ妨ケ財産分配ノ平等ヲ期スルヲ以テ國家ノ職務ト信スル者ニアラサルハナク而シテ是等論者ハ獨リ相續又ハ遺贈ニ因ルノミナラス其他何等ノ方法ニ依ルヲ問ハス之ニ依リテ取得スヘキ富ノ總額ニ制限ヲ設ケントスルモノナリ然ルニ此ノ如キ理論ハ明カニ社會主義ノ範圍ニ屬ス實ニ社會主義ノ前提及論法ヲ採用セスシテ分配ノ原則ヲ主張セントスルモ余輩ハ到底其論理ヲ貫徹スルコト能ハサルヲ知ル

第四報償説

此説ハ相續税ヲ以テ一ノ手數料ト看做スモノニシテ其要旨ニ曰ク司法裁判所ヲ設置スルニハ其費用ヲ要ス然ルニ裁判所ニ向テ其活動ヲ請求スル者ハ之カ爲メニ特ニ利益ヲ受ク其特ニ利益ヲ受クル者ハ宜ク之カ爲メニ要スル費用ヲ負擔スヘク是寧ロ當然ノ義務ニシテ固ヨリ怪ムニ足ラスト此ノ説ニ對スル批難ハ(一)若シ此ノ説ヲシテ正當ノモノタラシメハ相續税ハ其實費ニ相當スヘク從テ其額極メテ少額ナラサルヘカラサルノ理ナリ勿論斯カル少額ノ相續手數料ヲ課徴スルヲ以テ足レリトセル實例ナキニアラサルモ諸國ノ多數ハ概ネ其

實費ニ超過シ巨額ノ收入ヲ取得セルヲ以テ見レハ未タ此說ニ依リテ相續稅ノ根基ヲ說明スルニ足ラサルヲ知ラン（二）且此ノ論ノ如クナルトキハ相續稅ハ比例稅若クハ累進稅タラス宜シク累減稅タルヘキノ理ナリ是レ固ヨリ諸國ノ事實ト相符合セス

第五戻シ稅說、　更ニ近時唱導セラルル一說アリ所謂戻稅說ト稱スルモノ卽チ是ナリ曰ク一般資產稅ハ各人其生存期間ニ於テ通例脫稅ノ行ハルルモノナルヲ以テ其死亡ニ際シ到底脫稅ヲ行フ能ハサル時期ニ至リ其生存期間免脫シタル稅額ヲ一時ニ徵收スルモノナリト然レトモ一個人ノ生存時期ニ免脫シタル稅額ノ總計ヲ知リ之ト相續稅々額トノ均衡ヲ得セシムルカ如キハ殆ト不可能ノ論ト謂ハサルヘカラス

第六所得稅一時納付稅　本說ニ從ヘハ相續稅ハ每年所得稅ヲ納付スル方法ニ代ヘ死亡ニ際シ一時ニ之ヲ納付スルモノナリト論ス固ヨリ有力ノ學說ト認メ難ク且次ノ如キ缺點ヲ有ス

一、現今諸國ノ租稅制度ヲ見ルニ所得稅又ハ資產稅ヲ課徵スル國ニ在リテ死亡後

更ニ一時ニ所得稅ヲ納付セシムト云ハハ是レ明カニ二重ノ課徵ニアラスシテ何ソヤ

二、若シ又之ヲ課徵セサル國ニ在リテモ尙之ニ基ク相續稅ハ不公平ノ批難ヲ免レ難カルヘシ今甲乙年齡ヲ異ニシテ死亡シ甲ハ四十年間乙ハ十年間其財産ノ所得ヲ享有セリト假定セヨ然ルニ其同額ノ財産ヲ有スルノ故ヲ以テ之ニ對シ同額ノ相續稅ヲ課徵ストセハ其公平ヲ得サルヤ明白ナリ假リニ其課徵額甲ニ在リテ所得百分ノ五ノ年額ニ相當スルトセハ乙ニ在リテハ其四倍即百分ノ二十ノ負擔ニ相當スヘキ理ナリ

此ノ如クニシテ相續稅ハ最モ不公平ノ租稅タルニ至ル而シテ此ノ批難アル所以ハ畢竟同額ノ財産ト雖モ其移轉ノ回數同シカラサルニ因ル抑モ移轉ノ回數異ナルニ因リ負擔ニ不公平ヲ生スヘシトノ批難ハ「アダムズ.ミス」氏ノ首唱スル所ニ係リ最モ有力ノモノタルコト疑ヲ容レスト雖モ相續稅ヲ以テ資産稅若クハ所得稅ノ一時納付ト解スル場合ニ限リ適用サルヘキ批難ニシテ相續稅ヲ以テ財産移轉ノ代償又ハ偶然ノ所得ニ對スル課稅ト看做ス說ニ於テハ移轉ノ回

數ノ異ナルハ更ニ關係スル所ニ非ス何トナレハ相續稅ヲ支拂フ者ハ財產ノ移轉アル每ニ其人ヲ異ニシ而シテ租稅ヲ負擔スル者ハ人ニシテ財產ニ非サレハナリ

三、此ノ說ニ從ヒハ諸國ノ相續稅カ親等ノ遠近ニ依リ其稅率ヲ累進スル事實ハ到底之ヲ說明スルコト能ハス

第六結論　上來縷述セル諸種ノ學說ハ徒ニ理論ニ奔リテ實際ノ事實ニ適合セス孰レモ肯綮ヲ得タルモノニ非サルコト此ノ如シ余輩ハ相續稅ノ根據ヲ以テ一時ノ所得ニ課稅スルモノナリト云フノ明且簡ナルニ如カサルヲ信セントス抑モ課稅ノ基礎ハ各人ノ資力ニ在ルコト吾人ノ一般ニ承認スル所ニシテ相續ニ依リテ財產ヲ取得スル者ハ偶然ノ事實ニ依リ經濟上ニ於ケル地位分限ヲ增進セルモノナリ新ニ租稅負擔ノ能力ヲ增加スヘキハ明白ノ事理ナリトス之ニ對シ適當ナル課稅ヲ爲スハ寧ロ租稅本來ノ性質ニ適合スルモノニシテ極メテ至當ノコトナリト謂ハサルヘカラス（偶然若ハ僥倖ノ所得ニハ必シモ租稅ヲ課スルノ正理ナルヲ認ムルモノニアラス彼ノ博奕又ハ富籤ノ如キノ收益ニ課稅スルトキハ國家ハ善良ノ風俗ヲ害スル行爲ヲ公認スルモノニシテ爲ニ怠惰者流ヲ續出シ遂ニ一國生產ノ發達ヲ阻害スルニ至ルヲ以テ我國現時ノ狀態ニ於テ

其之ニ稅スヘカラサルハ論ヲ俟タス）見ヨ彼ノ相續ニ因リテ財產ヲ取得スル者ハ何等ノ報酬若クハ勤勞ヲ提供セスシテ坐ナカラ巨額ノ資產ヲ取得スルモノナルヲ固ヨリ時ニ或ハ相續財產ハ自己共同ノ勞力ノ結果ニ依リ生シタルモノナルコト之レ有ラン是レ中產者以下ニ於テ見ル所ナリト雖モ我相續稅法ハ此ノ場合ニハ比較的小額ノ稅率ヲ課スルニ過キサルカ若クハ全ク課稅セサルナリ飜テ一般普通ノ財產取得者ヲ見ルニ多クハ自己勤勞ノ結果若クハ少クトモ或ル對價ヲ支拂ヒタル代價トシテ所得ヲ爲スモノナリ而カモ尙ホ且ツ其所得ノ幾分ヲ所得稅トシテ課徵セラル況ヤ偶然僥倖ノ所得者ニ對シテ課稅スルノ毫モ背理ニアラサルノミナラス却テ定時ノ所得ニ課稅シ一時ノ所得ヲ免稅スルノ不公平ナル結果ヲ避クルヲ得ルニ於テヲヤ

第四章　相續稅ノ批難

第一　一派ノ論者ハ曰ク家族間ノ相續ハ其一人ヨリ他人ニ財產ヲ移轉スルニ止マリ其家ノ資力ハ從前ト異ナルコトナシ加之時ニ或ハ家父ノ死亡ニ因リ其勤勞

ニ由ル所得ヲ失ヒ從前ノ地位ヲ維持スルコト能ハサルモノアリ之ニ對シ課稅スルハ不當ナリト

之ニ答フル敢テ難事ニアラス蓋シ現今ノ國家ハ個人主義ヲ原則トシ家族制ヲ認ムルハ殆ト稀ニシテ。歐米諸國ニ於テハ家族制度ハ早ク既ニ全ク其跡ヲ絕ツニ至リシハ世人ノ知ル所ナリ而シテ我國ニ於テモ個人主義ヲ原則トセルコトハ一般法制ノ上ヨリ見ルモ寔ニ明白ノ事實ナリ只タ親族法上ノ關係ニ於テ家族制ヲ維持スルハ是我國固有ノ慣習ニシテ建國ノ基礎既ニ此ニ存シ今容易ニ之ヲ覆スヘカラサルモノアルノ故ナリトス從テ家族制度ハ我國ニ於テモ例外トシテ之ヲ認ムルモノナリト云フヲ得ヘシ夫レ然リ公權ノ發動ハ總テ個人主義ニ則リ家族ナル團躰ヲ見ス租稅徵收權ノ執行ニ於ケル亦然リ故ニ今之ヲ個人ニ就テ觀察スルトキハ從前何等ノ資產ヲ有セサリシ者今ハ相續ニ因リテ一時ニ多額ノ資產ヲ有スルニ至ルトセハ是租稅負擔ノ能力アルヲ證明スルモノニシテ之ニ對シテ課稅スルハ寧ロ租稅ノ原則ニ適合スルモノト謂ハサルヘカラス況ンヤ相續稅法ノ如ク或一定ノ相續額ニ至ラサレハ相續稅ヲ課セサル主義ノ下ニ在リテハ論者ノ批難ハ毫モ顧慮スルニ足ラサルナリ何トナレハ先代ノ位地ヲ維持スル能ハサルニ至レリトスルモ之ヲ他ノ無資力者ニ比スレハ遙ニ優レルモノアレハナリ加之實際上ヨリ見ルモ時ニ或ハ家計生活ノ費用ハ家長ノ死亡ニ因リ減少セラレ從テ資產增加ノ原因タルコトアルヲ思ハハ偶々之ト反對ノ場合アルヲ見テ批難ノ理由ト爲スハ偏見ノ極ナリト謂フヘシ

第二　或ハ曰ク相續稅ハ所得ニ課セスシテ財產資本ニ課稅スルカ故資本ヲ破壞シ生產ノ發達ヲ阻害シ遂ニ財源ノ枯渴ヲ來タシ結局租稅徵收ノ目的ヲ達スル能ハサルニ至ラント固ヨリ稅率ノ如何ニ依リ此種ノ弊害ヲ生スルナキヲ保セサルヘシト雖モ發達國ニ於ケル資本增加ノ額ハ相續稅ニ因リテ之ヲ奪フ額ニ比シ遙カニ大ナルヲ以テ未タ實際ニ此ノ如キ弊ヲ實現シタルヲ聞カサルナリ殊ニ我國相續稅法ノ如キ(一)小資產ニ課稅セス(二)若シ課スル場合ニ於テモ稅額百圓以上ナル時ハ三年以內ノ年賦延納ヲ許可シ(三)累次相續開始シタル場合ニハ特ニ稅金額ヲ減免スルノ立法主義ヲ採ル時ハ論者ノ說ハ全ク無益ノ杞憂ニ過キサルナリ

第三　又曰ク我國ニ於テハ家族制ノ慣習尙ホ存スルヲ以テ相續法ニ於テモ家督

相續ヲ主トシ財產ハ家督ニ伴隨シテ相續スルモノトス豈ニ他國ト同一ニ論スルコトヲ得ヘケンヤト然リ我國相續制ハ他國ト撰ヲ異ニスル洵ニ論者ノ言ノ如シ本法ニ於テ家督相續ト遺產相續トヲ區別シ特ニ其稅率ヲ低クシ更ニ課稅價額ノ最低限度ヲ異ニシタル所以ノモノ蓋シ我國固有ノ特色タル家族制度ヲ尊重シタル結果ニ外ナラサルナリ殊ニ家督相續ノ開始アルモ同時ニ財產ノ相續ナクンハ相續稅ヲ課スルモノニ非サルハ論ヲ俟タサル所ニシテ家督相續ノ效果トシテ財產ノ承繼アル場合ニ之ニ對シ課稅スル敢テ妨ナキモノト謂フヘシ相續稅ハ家族制度ヲ無視スルモノナリ若ハ之ト相容レサルモノナリト信スルハ大ナル謬見ト謂ハサルヘカラス

第四　或ハ曰ク。相續稅ヲ採用スルハ社會主義ヲ輸入スル者ナリト社會主義ニハ現行社會ノ制度ヲ根底ヨリ破壞セントスル極端主義ト正當ナル方法ニ依リ社會ノ改良ヲ目的トスルモノトノ二ノ大別アルハ既ニ識者ノ知ル所ナリ前者ハ固ヨリ絕躰ニ之ヲ排斥セサルヘカラスト雖モ後者ハ理論上將タ實際上必シモ非トスヘキニアラサルカ如シ然レトモ余輩之ヲ我國現時ノ狀態ニ鑑ミルニ貧富ノ懸隔果シテ彼ノ社會政策論者ノ主張スル如ク甚シキヤ國家ハ之カ調和ノ策ヲ講セサルヘカラサルヤ又之ヲ匡正スル獨リ國家法制ノ力ニ待タサルヲ得サルカ疑ナキ能ハス宜ナリ未タ此主義ヲ理想トスル立法例ナキヲ社會改良説ハ唯一部ノ學者ニ依リテ鼓吹セラルヽニ過キサルノミ相續税法豈ニ獨リ此主義ヲ容ルヽモノナランヤ本法制定ノ理由ハ社會ノ不平等ヲ調和セントスルノ目的ニ出テタルニアラサルハ余輩ノ喋々ヲ俟タサル所ナリ

夫レ然リ我立法ノ眼中社會主義ナルモノナシ其累進課税主義ヲ採リタルハ所得税ト同シク眞正ナル租税負擔ノ公平ヲ期シタルニ因ル蓋シ所得税若クハ相續税ノ如キモノニ在リテハ税率累進的ナラサレハ苦痛ノ平等ハ得テ望ムヘカラス例ヘハ千圓ノ資産ヲ有スル者其十分ノ一タル百圓ヲ負擔スルト萬圓ノ資産ヲ有スル者其十分ノ一タル千圓ヲ負擔スルト其苦痛幾何ソヤ諺ニ曰ハスヤ長者ノ萬燈ハ貧女ノ一燈ニ如カスト鄙語偶々這般ノ消息ヲ知ルニ足ランカ世ノ人其之アルノ故ヲ以テ貧富ノ懸隔ヲ矯正スルノ趣旨ニ出テタルモノト認ムルハ立法ヲ誣フルモノト謂ハサルヘカラス

飜テ歐州諸國ニ於ケル相續稅如何ヲ顧ミルニ或ハ源ヲ此ノ主義ニ汲ムモノナルカヲ疑ハシムルモノアリト雖モ尙歐州諸國ニ於テモ相續稅ノ根據如何ハ自ラ別問題ニ屬シ各國立法上ノ理由ヲ異ニスルハ余輩ノ前章ニ逑フル諸多ノ學說ニ徵スルモ明カナル事實ニシテ相續稅ハ全ク社會主義ト關係ナク發達シタルモノナルコトハ一般識者ノ知ル所ナラン之ヲ以テ世人我相續稅ノ出ツルヲ見直ニ社會主義ノ實現ナリト評スルハ妄亦甚シト謂フヘシ

第五章　相續稅ノ利益

世ノ相續稅ヲ批難スル者ノ理由一トシテ採ルニ足ラサル前章旣ニ逑フル所ノ如シ余輩ハ此ニ相續稅ノ利益ヲ擧ケ最モ能ク財政學上ノ原則ニ適合スル所以ヲ證明セントス

一　個人ノ擔稅力ニ應スルカ故ニ之ニ對シ甚シキ苦痛ヲ與ヘス

二　相續稅ハ國富ノ發達增進ト共ニ無限ニ其收入ヲ增大ナラシム

三　現存セル財產ヲ課稅ノ目的ト爲スカ故ニ收入亦確實ナリ

四　國家ノ手數ヲ要スルコト寡クシテ多額ノ稅金ヲ收ムルコトヲ得

五　他ノ租稅ニ於テ賦課ヲ漏レタル總テノ資產ヲ課稅ノ目的ト爲スコトヲ得

第二編　各論

第一條　相續開始シタルトキハ開始地カ帝國内ニ在ルト否トヲ問ハス又被相續人若ハ相續人カ帝國臣民タルト否トヲ問ハス本法施行地ニ在ル相續財産ニハ本法ニ依リ相續税ヲ課ス

本條ハ如何ナル場合ニ如何ナル人ニ且ツ如何ナル目的物ニ對シ相續税ヲ課スヘキヤヲ明ニシタルモノニシテ相續税ノ定義トモ稱スルコトヲ得ヘク洵ニ本法ノ骨子ナリトス

抑モ相續税ハ相續ノ開始アルニアラサレハ其實行ヲ見ス故ニ假令營業ノ承繼アルモ（相續以外ノ原因ニ依リ）又或ハ會社併合ノ場合ニ於テモ共ニ相續税ノ問題ヲ生セサルヤ余輩ノ多辯ヲ待タサル所ナリ然ラハ相續開始ノ場合如何帝國臣民タルト否トニ依リテ之ヲ區別セサルヘカラス

第一帝國臣民タルトキ、是民法ノ規定スル所ニシテ卽チ左ノ原因ニ因ルモノトス
一戸主ノ死亡、隱居、國籍喪失
二戸主カ婚姻又ハ養子緣組ノ取消ニ因リテ其家ヲ去リタルトキ
三女戸主ノ入夫婚姻又ハ入夫ノ離婚（以上民法第九百六十四條）
四家族ノ死亡（民法第九百九十二條）
右第一乃至第三ノ原因ニ因ルモノハ卽チ家督相續ニシテ第四ノ原因ニ因ルモノハ遺產相續ナリトス而シテ本法ハ家督相續タルト遺產相續タルトニ依リ稅率ヲ異ニセリ其何故稅率ヲ異ニセシヤノ理由ハ第八條ニ至リテ說明スル所アルヘク此ニハ先ツ本邦相續制度ノ根本槪念ヲ略述シ然ル後前示各號ノ相續開始原因ニ就キ詳述スヘシ
前ニ述ヘタルカ如ク家督相續ノ制度ハ本邦特有ノ制度ニシテ全ク家族制ノ慣習猶存留セルニ由ル家族制トハ個人制ニ相對シ社會ヲ組織スルノ單位ハ個人ニアラスシテ家ニアリトスルモノナリ家ニハ家長アリテ總テノ家族ヲ統轄ス家長ノ權力ニハ廣狹大小ノ區別アリ時代ニ依リ國ニ依リ同シカラストモ雖モ其最モ甚シ

キハ殆ト生殺與奪ノ權ヲモ有シ家族ハ何等人格ヲ認メラルヽコトナク家長權ノ下ニ從屬スルニ過キス、此ノ現象ハ獨リ歐州古代ニ於ケルノミナラス我國上代ニ於テモ亦其揆ヲ一ニスルモノアルヲ見ルナリ然レトモ歐州諸國ニ在リテハ個人主義漸ク進歩スルニ隨ヒ家族制度ハ全ク絶滅ニ歸シ我國ニ於テモ極端ナル家族制ハ中世以後更ニ其影ヲ留メス家族ノ權利モ亦漸ク認メラルヽニ至ルト雖モ因襲ノ久シキ俄ニ舊慣ヲ廢スルノ却テ民情ニ適セサルモノアルヨリ我民法ハ家族制ヲ認メテ家ノ組織ニ重キヲ措キ一家ニハ必ス戸主アリ以テ其家ヲ支配シ家族ヲ統轄シ戸主其地位ヲ去ルトキハ相續人ヲシテ其地位ヲ繼承セシメ漫ニ一家ノ廢絶ヲ許サストセリ而シテ戸主ノ地位及其他戸主ノ有セシ一切ノ權利義務ヲ總括的ニ繼承スルヲ家督相續ト稱ス故ニ家督相續ノ基本ハ亦一家ヲ永續セシメントスルノ思想ニ基クモノト謂フヲ得ヘシ余輩ノ家督相續ハ所謂家族制ヨリ由來スト云フモノ蓋シ之カ爲メノミ

然レトモ家長權ヲ重ンシテ家族ノ權利ヲ蔑視シタル時代ハ措テ問ハス人格ノ觀念發達シテ個人ノ權利及自由ヲ認ムルノ今日ニ際リテハ戸主權ノ外尚ホ家族ノ

權利ヲ認メサルヘカラサルハ勢ヒノ當然ナリ恰モ夫權ニ從屬スル婦ノ特有財産ヲ認ムルニ至リタルト其發達ノ沿革ヲ同一ニスルトコロナリ既ニ家族ノ獨立シテ財産ヲ所有シ得ルコトヲ認ム其死亡ノ場合ニ財産ノ歸屬者ヲ定ムル必要アリト謂フヘシ是遺産相續ノ並ヒ起ル所以ナリ

以上論述スル處ニ依リ家督相續ト遺産相續トハ其性質ヲ異ニスルヲ知ルヘシ即チ家督相續ニ在リテハ戸主タルノ地位ヲ承繼スルヲ主眼トシ財産ヲ相續スルハ寧ロ其附隨ノ効果タルニ過キサルノ觀アリ反之遺産相續ハ單ニ財産ヲ承繼スルニ過キスシテ他ニ何等ノ目的効果ヲ有セス現今歐州諸國ニ於テハ家族制全ク地ヲ拂ヒシコト先キニ述フルカ如クナルヲ以テ從テ家督相續ナルモノヲ認メス相續ハ唯遺産相續ヲ認ムルアルノミ

(甲)家督相續ノ開始

一、戸主ノ死亡　戸主ノ死亡ニ依リ家督相續ノ開始セラルヽハ別ニ説明ヲ要セサルヘシ一家總理ノ任ニ當ルモノ死亡スルトキハ後任者ノナカルヘカラサルハ家族制度ノ下ニ於テハ固ヨリ當然ノ結果ナリ只茲ニ一言スヘキハ我民法ノ規定ニ依レハ死亡ト同一ニ看做サルヽ場合アルコト是ナリ即チ不在者ノ生死カ七年間分明ナラサルトキ若クハ戰地ニ臨ミタル者、沈沒シタル船舶中ニ在リタル者其他死亡ノ原因タルヘキ危難ニ遭遇シタル者ノ生死カ戰爭ノ止ミタル後、船舶ノ沈沒シタル後又ハ其他ノ危難ノ去リタル後三年間分明ナラサルトキ利害關係人ノ請求ニ依リ裁判所ニ於テ失踪ノ宣告ヲ爲シタル場合ナリトス（民法第三十條）而シテ失踪宣告ヲ受ケタル者ハ右期間滿了ノ時ニ死亡シタルモノト看做サル（民法第三十一條）ルカ故ニ其時ヨリ家督相續ハ開始セラルヽモノト謂フヘシ又此ニ注意スヘキハ事實上ノ死亡ハ確定的ニシテ一旦之ニ依リ家督若クハ財産ヲ相續シタル者ハ將來永遠ニ其權利ハ確保セラルヘシト雖モ所謂法律上ノ死亡ハ之ト異ナリ固ト法律ノ擬制ニ基クモノナルヲ以テ若シ他日ニ至リ失踪者ノ生存スルコト明カトナルカ又ハ前示期間滿了ノ時ト異ナリタル時ニ死亡シタルコトノ證明セラルヽ場合ニ於テハ失踪ノ宣告ヲ取消サヽルヲ得ス從テ此原因ニ依リ相續シタル者ハ遺産相續ニ在リテハ其財産ヲ償却シ家督相續ニ在リテハ財産ト共ニ其戶主タルノ地位ヲ失ハサルヲ得ス然ラハ此場合ニ相續開始アリトシ一旦徵收シタル稅金ハ如何ニスヘキヤ法律上ノ効果ハ全然相續ナキモノトセラルヽモノナレハ國家ハ其稅金ヲ還付セサルヘカラサルカ聊カ疑問ニ屬スト雖モ余輩ハ斷然之ヲ還付スヘキモノニ非スト信ス民法第三十二條第一項ノ但書ニ依ルモ「失踪ノ宣告後其取消前ニ善意ヲ以テ爲シタル行爲ハ其効力ヲ變セス」トアリ固ヨリ此ニ所謂行爲ハ私法上ノ法律行爲ヲ指稱シタルモノナリト雖モ勿論解釋上之ヨリ重大ナル國家ノ權力的行爲ハ其効力ヲ變セラルヽモノニアラサルヤ當然明カナリト謂フヘシ又況ンヤ本法ニ稅金還付ノ規定存セサルニ於テヲヤ

二、戶主ノ隱居　隱居ハ戶主タルノ地位ヲ退クモノナレハ代テ其地位ヲ繼承スルモノナカルヘカラサルハ死亡ノ場合ト同一ナリ抑モ隱居ノ制度ハ是亦我國古來ノ慣習ヲ蹈襲シタルモノニシテ諸國ニ其例ヲ見サルトコロナリ民法ノ規定ニ依ルトキハ隱居ヲ爲スニハ左ノ條件ヲ具備セサルヘカラス

（イ）隱居セントスル者ハ滿六十年以上ナルコト

（ロ）相續スヘキ者ハ完全ナル能力ヲ有シ且其相續ノ單純承認ヲ爲スコト（民法第

七百五十二條）

完全ナル能力ヲ有スル者タルヲ要スルカ故ニ未成年者（滿二十年ニ達セサルモノ）禁治産者（即心神喪失ノ常況ニ在ル者所謂精神病者）準禁治産者（精神病者ニ非ルモ心神ノ衰弱シタル者、聾者、唖者、盲者、浪費者等ニシテ準禁治産者トシテ保佐人ニ附セラレタル者）妻等ノ相續人タル場合ハ隱居ヲ爲スコトヲ得ス加之其完全能力者ハ相續ニ付キ單純承認ヲ爲サヽルヘカラス

單純承認トハ限定承認ニ相對スルモノニシテ無限ニ被相續人ノ權利義務ヲ繼承スルヲ云フ（民法第千二十三條）故ニ單純承認者ハ假令其權利少クシテ義務ノミ多キモ共ニ承繼セサルヘカラス反之限定承認トハ相續ニ因リテ得タル財産ノ限度ニ於テノミ被相續人ノ債務其他遺贈ヲ辨濟スヘキコトヲ條件トシテ相續スルヲ云フ（民法第千二十五條）例ヘハ承繼スヘキ財産ノ總額一萬圓ナルニ被相續人ハ一萬五千圓ノ債務アリシトセハ一萬圓ノ財産ヲ限リトシ即チ一萬圓ノ債務ヲ負擔スヘク五千圓ニ付テハ相續人ハ何等ノ義務ヲ負ハサルモノナリ（民法第千二十三條乃至千三十七條參照）

隱居ヲ爲スニ付キ何故此ノ如キ制限ヲ設ケシヤ蓋シ戸主權ハ前述セル如ク一家ノ秩序ヲ保持スルニ最モ重要ナル權利ニシテ隨意ニ之ヲ他ニ移轉スルコト

ヲ得ルモノニ非ス戸主權ノ喪失ハ死亡其他之ニ準スヘキ場合ノ外ニ容易ニ認メサルヲ本則トス只一定ノ年限ニ達シタルモノハ通常老衰シテ家政ヲ執ルニ適當ナラス事實上ニ於テモ多クハ後繼者トナルヘキ者萬般ノ家政ヲ處理スルヲ狀態ト爲ス殊ニ前ニ一言セシ如ク隱居ハ古來ヨリノ慣習ナルカ故ニ我民法ハ姑ク此ノ變例ヲ認メタリト雖モ然カモ單ニ年齡六十才ニ滿ツル以上ハ直チニ隱居ヲ爲スコトヲ得ルモノトセハ獨リ此制度ヲ設ケタル趣旨ニ背戾スルノミナラス併セテ債權者ヲ害スルノ結果ヲ生スヘシ相續人ハ完全ナル能力ヲ有シ且其相續ノ單純承認ヲ爲スコトヲ要スト定メタルモノ一方之ニ依リテ家政ノ處理ニ支障ナカラムコトヲ期シ他方彼ノ債權者ヲ保護スルノ精神ニ出テタルモノナリ

以上ハ普通ノ隱居ノ場合ナリト雖モ若シ戸主カ疾病ニ罹リ若ハ本家ヲ相續セサルヘカラサル必要アルカ或ハ本家ノ癈絕シタルヲ再興セントスルカ如キ其他止ムヲ得サル事故ノ爲メ爾後家政ヲ執ルコト能ハサルニ至リタルカ如キ場合ニ於テハ裁判所ノ許可ヲ得テ特ニ隱居ヲ爲スコトヲ得（民法七百五十三條）蓋シ此ノ場

合ハ實ニ止ムヲ得サル事情ノ存スルモノナレハナリ但シ其者ニ法定ノ推定家督相續人在ラサルトキハ豫メ家督相續人タルヘキ者ヲ定メ其承認ヲ得サルヘカラス（同條末段）

其他戸主カ婚姻ニ因リテ他家ニ入ラント欲スルトキハ右ト同一ノ方法ニ從ヒ隱居ヲ爲スヲ得即チ（一）裁判所ノ許可ヲ得（二）法定ノ推定家督相續人ナキトキハ豫メ家督相續人ヲ定メ其承認ヲ受ケ隱居ヲ爲スヲ得ヘシ（七百五十四條第一項）

抑モ戸主ハ濫ニ其地位ヲ去ルヲ許サヽルハ原則ナリト雖モ一方ニハ婚姻ハ人生ノ大倫ナレハ須ク當事者ノ自由ニ任セサルヘカラス（當事者ノ自由ニ任スルモ公益上許スヘカラサルモノハ因ヨリ制限ヲ爲サヽルヘカラス近親間ノ婚姻其他一定ノ年齢ニ達スルヲ要スト云フカ如キ）戸主タルノ故ヲ以テ自己ノ婚姻セント欲スル者アルモ爲シ能ハストスルハ人情ノ自然ニ背馳スルモノト謂フヘシ加之若シ之ヲ禁スルトキハ私通ノ弊ヲ生シ却テ風俗ヲ害スルニ至ラン是此ノ規定アル所以ナリ

右ノ如ク戸主カ婚姻ニ依リテ他家ニ入ラントスルトキハ隱居ヲ爲サヽルヘカラスト雖モ若シ隱居ヲ爲サスシテ婚姻セントスル場合ニ於テ戸籍吏過テ其屆

出ヲ受理シタルカ如キ場合ニハ其戸主ハ婚姻ノ日ニ於テ隱居ヲ爲シタルモノト看做サル（同條第二項）即チ此場合ハ民法第七百七十六條ニ依リ婚姻ハ有効ニ成立シタルカ故婚姻ヲ解除スルカ將タ戸主タル地位ヲ失ハシムル外ナシト雖モ寧ロ本人ノ意思ヲ推測シテ隱居シタルモノト看做シ戸主權ヲ喪失セシメタリ尙女戸主ハ年齡六十年以上タルヲ要セス隱居ヲ爲スコトヲ得ルハ民法第七百五十五條ノ規定スル所ナリ蓋シ女戸主ハ一家組織ノ變例ニ屬スルモノナレハ寧ロ本則ニ依リ相續人ノ單純承認ヲ得且ツ配偶者アルトキハ配偶者ノ同意ヲ得テ何時ニテモ隱居ヲ爲スコトヲ得ト規定セリ

以上隱居ノ各場合ヲ説明セリ而シテ隱居者ハ家督相續人ノ特權ニ屬スル遺留分ヲ害セサル範圍ニ於テ其財産ヲ留保スルコトヲ得留保トハ自己ノ財産トシテ自ラ所有シ相續人ニ移轉セシメサルヲ云フ故ニ留保財産ハ相續財産ニ非サレハ課税ノ目的物ト爲ラサルハ余輩ノ辯ヲ俟タサル所ナリ

三、戸主ノ國籍喪失　國籍喪失ノ原因ハ明治三十二年三月法律第六十六號國籍法ノ明ニスル所タリ今同法ヲ見ルニ

（一）日本ノ女カ外國人ト婚姻ヲ爲シタルトキハ日本ノ國籍ヲ失フ（第十八條）婦ヲシテ夫ノ國籍ヲ取得セシムルハ全ク一家統一ノ必要ヨリ出テタルモノナリトス即チ若シ夫婦國籍ヲ異ニスルトキハ夫婦間ノ交情ヲ阻害シ自然一家ノ安寧ヲ妨ケ延テ國家ノ基本ヲ危フセシムルカ爲ナリ

（二）婚姻又ハ養子縁組ニ因リテ日本ノ國籍ヲ取得シタル者ハ離婚又ハ離縁ノ場合ニ於テ其外國ノ國籍ヲ有スヘキトキニ限リ日本ノ國籍ヲ失フ（第十九條）外國人ニシテ日本人ノ妻ト爲リタルトキ若クハ日本人ノ入夫ト爲リ又ハ養子ト爲リタルトキハ日本ノ國籍ヲ取得スヘキハ國籍法第五條ノ規定スル所ナリ然ルニ今離婚、離縁アリタルトキハ其取得ノ原因ヲ失フカ故ニ日本ノ國籍ヲ失ハシムルハ固ヨリ當然ナリト謂フヘシ

然レトモ人ハ必ス二個以上ノ國籍ヲ有スヘカラサルト同時ニ又必ス一個ノ國籍ヲ有セサルヘカラス實際ニ於テハ各國ノ立法區々ナルカ爲メ同一人ニシテ或ハ二國以上ノ國籍ヲ有スル者アリ或ハ又何レノ國籍ヲ有セサルモノアリト雖モ是レ條理ニ反シ且ツ實際上不便少カラサルヲ以テ我立法ハ其外國人カ離

婚離緣ノ場合ニ外國々籍ヲ取得スヘキ場合ニ限リ日本國籍ヲ失フモノト定メタリ蓋シ外國人ハ必シモ離婚離緣ノ場合ニ外國々籍ヲ取得セルモノニ非ス例ヘハ其本國法カ離婚離緣ヲ認メス若ハ無籍國人ナル場合ハ到底外國々籍ヲ取得スル能ハス故ニ此ノ場合ニハ日本ノ國籍ヲ失ハシメサルナリ

（三）自己ノ志望ニ依リテ外國々籍ヲ取得シタル者ハ日本ノ國籍ヲ失フ（第二十條）隨意ニ外國々籍ヲ取得スル場合ハ即チ日本人カ外國ニ歸化シタル場合ナリトス此場合ニハ日本ノ國籍ヲ失ハシム

國ニ依リテハ或ハ自國人ノ外國歸化ヲ認メサルアリ然ルトキハ一人ニシテ本國國籍ヲ有シ併テ歸化國ノ國籍ヲ有スルニ至ル如此ナレハ國籍ノ衝突ヲ來タシ徒ニ國際紛爭ヲ惹起セシムルノ因タルカ故日本國籍ヲ失ハシムルモノトス

（四）日本ノ國籍ヲ失ヒタル者ノ妻及ヒ子カ其者ノ國籍ヲ取得シタルトキハ日本ノ國籍ヲ失フ（第二十一條）

我立法ハ妻ハ夫ニ從テ其國ノ國籍ヲ取得スヘキ主義ヲ採リシハ國籍法第八條（外國人ノ妻ハ其夫ト共ニスルニアラサレハ歸化ヲ爲スコトヲ得ス）及前示第十

八條ニ依リ明カナリト雖モ國ニ依リテハ必シモ之ト同主義ヲ採ルモノニ非スシテ妻及子ハ依然舊國籍ヲ保有セシムルアリ此場合ニハ强テ日本ノ國籍ヲ失ハシムル必要ナキノミナラス之ヲ失ハシムルハ却テ無籍國人ト爲サシムルノ弊アリ故ニ日本國籍ヲ失ヒタル者ノ妻子カ其夫ノ國籍ヲ取得シタル場合ニ限リ日本ノ國籍ヲ失フモノトセリ

然レトモ離婚離緣等ニ依リ日本ノ國籍ヲ失ヒタル者（外國人カ日本人ノ入夫ト爲リ又ハ養子トナリタル者カ離婚離緣シタルトキ）ノ妻及子ハ縱令夫ノ本國ニ於テハ離婚離緣ヲ認メス又初ヨリ他國ノ入夫養子ト爲ルモ其國籍ヲ失ハシメス從テ其夫ノ國籍ヲ取得スル場合ト雖モ既ニ我國法ニ於テ離婚離緣ヲ認メ夫妻ノ關係斷絕シタル者ニ對シ夫ノ本國々籍ヲ取得セシムルハ妻子ノ意思ニ反スルモノナルカ故此場合ニハ日本ノ國籍ヲ保有セシム（第二十二條前段）但妻カ夫ノ離緣ノ場合ニ之ヲ原因トシテ離婚ノ請求ヲ爲サス又ハ子カ父ニ隨ヒテ其家ヲ去リタルトキハ其妻子ハ却テ夫ノ國籍ヲ取得セントスルノ意思ヲ推測スルニ足ルカ故前二十一條ノ規定ニ從ヒ其妻子カ夫ノ國籍ヲ取得シタルトキハ日本ノ國籍ヲ失フモノトセリ（第二十二條末段）

(五) 日本人タル子カ認知ニ依リ外國ノ國籍ヲ取得シタルトキハ日本ノ國籍ヲ失フ(第二十三條前段)

國籍法第三條ニ依レハ父カ知レサル場合又ハ國籍ヲ有セサル場合ニ於テ母カ日本人ナルトキハ其子ハ之ヲ日本人トストアリ今父ノ知レサル場合ニ母日本人タルカ爲メ日本ノ國籍ヲ取得シタル子カ父ニ認知セラレテ外國人ノ子ト爲リ父ノ國籍ヲ取得シタルトキハ日本ノ國籍ヲ失フモノトス

認知セラルヽモ若シ認知者ノ本國法カ國籍ヲ定ムルニ系統主義ヲ採ラス出生地主義ヲ採リ而シテ被認知者(子)日本ニ生レタリトセハ父ノ國籍ヲ取得スル能ハサルカ故此場合ニハ日本ノ國籍ヲ失ハストセリ

然レトモ若シ其子カ認知セラルヽ當時既ニ日本人ノ妻ト爲リ或ハ入夫又ハ養子ト爲リタル片ハ假令認知セラレ外國々籍ヲ取得スルコトアルモ日本ノ國籍ヲ失ハサルモノトセリ是若シ日本ノ國籍ヲ失ハシムルハ徒ニ子ノ利益ヲ害スルノミナラス日本人ノ妻ト爲リ又ハ入夫ト爲リ養子ト爲リタル外國人ハ當然日本國籍ヲ取得セシムル立法ノ旨趣ニモ反スル結果ヲ生スルカ故ナリ(第二十三條後段)

以上五個ノ原因ニ依リテ國籍ノ喪失ヲ來タスト雖モ之ニ一ノ制限アリ即滿十七年以上ノ男子ハ前各號ニ該當スルモ既ニ陸海軍現役ニ服シタルカ又ハ之ニ服スル義務ナキトキニ非サレハ日本ノ國籍ヲ失ハサルモノトセリ(第二十四條第一項)是兵役ノ義務ハ國民ノ義務中最モ重大ナル公義務ニシテ國家ノ生存ニ直接ノ關係ヲ有スルモノナレハ假令外國々籍ヲ取得スルト否トニ拘ハラス日本ノ國籍ヲ失ハサルモノトシ以テ此義務ノ履行ヲ確實ナラシメタリ

又現ニ文武ノ官職ヲ帶フル者ハ一般國籍喪失ノ原因アルモ其官職ヲ失ヒタル後ニ非サレハ日本ノ國籍ヲ失ハサルモノトセリ(第二十四條第二項)是レ外國々籍ヲ有スル者ヲシテ官職ヲ掌ラシムルヲ避ケント欲シタルニ因ルモノナリ

國籍ノ喪失トハ日本臣民タル資格ノ消滅ヲ云フ想フニ一家內ニ國籍ヲ異ニスル者アルトキハ家內ノ平和ハ得テ望ムヘキニアラス況ンヤ一家ノ總理ニ任スヘキ戶主タル者外國國籍ヲ取得シタル場合ニ於テヲヤ故ニ舊民法人事編ニ於テハ戶主カ國民分限ヲ喪失シタルトキハ廢家シタルモノトシ推定家督相續人ハ一家ヲ新立シ前戶主ノ家族ハ新戶主ノ家ニ入ルト規定セリト雖モ新民法ハ

家族制主義ノ結果適當ノ相續人アルニ拘ハラス其家ヲ癈セシムルヲ不可ナリトシ單ニ戸主權喪失ノ原因ト爲セリ

國籍ノ喪失ハ如何ニシテ之ヲ知ルヲ得ヘキヤ我戸籍法第百六十條ニ依レハ日本ノ國籍ヲ失フヘキ者ハ其國籍喪失前ニ左ノ諸件ヲ具シテ之ヲ屆出ツルコトヲ要ストアルニ依リテ之ヲ知ルコト容易ナルヘシ

國籍喪失ニ基ク家督相續ノ開始ハ全ク前陳セシ理由ニ依ルモノナレハ他ノ原因ニ依ル家督相續ノ場合トハ其效果ニ於テ差違ナカルヘカラス今國籍喪失ノ場合ヲ見ルニ其任意ニ出ツルト强制ニ依ルトヲ論セス國籍ノ喪失者ハ自己ノ一切ノ權利ヲ拋棄セントスルノ意思ナク寧ロ之ヲ保有セントスルモノ多キニ居ルヘシ然ルニ若シ一般家督相續ノ效力タル民法第九百八十條ノ通則ヲ適用シ一切ノ權利ヲ家督相續人ニ移轉セシムルハ啻ニ其ノ必要ナキノミナラス却ツテ國籍喪失者ノ意思ニ反シ其利益ヲ剝奪スルモノト謂ハサルヘカラス是豈ニ內外人私權享有ノ平等ヲ原則トスル（民法第二條）立法ノ旨意ナランヤ是ニ於テカ民法第九百九十條ハ「國籍喪失者ノ家督相續人ハ戸主權及ヒ家督相續ノ特權ニ

屬スル權利ノミヲ承繼ス」トシ以テ一家ノ維持ニ缺クヘカラサルモノヲ相續セシメ其他ノ權利ハ國籍喪失者ヲシテ適宜ニ處分セシメタリ但家督相續人カ遺留分トシテ法律上當然享クヘキモノヲ承繼スルハ敢テ妨ケナキモノトス（民法第九百九十條第一項但書）

右ノ如ク財產ノ自由處分ヲ許シタル結果若シ國籍喪失者カ日本人ニ非サレハ享有スルコトヲ得サル權利例之土地所有權、鑛業權、砂鑛採取權、船舶所有權、日本銀行、正金銀行ノ株主タル權利等ヲ有スル場合ハ之ヲ如何ニスヘキカ民法第九百九十條第二項ハ一定ノ猶豫ヲ與ヘ即チ一年內ニ之ヲ日本人ニ讓渡サヽルトキハ其權利ハ家督相續人ニ歸屬スルモノトセリ

然ラハ此ノ場合ニ於ケル財產ハ家督相續人ニ直ニ移轉セス隨テ相續開始ノ當時ニ於テハ未タ相續財產ト云フヲ得サルニ依リ課稅ノ範圍外トナルヘキヤ曰ク然リト答フルノ外ナシ或ハ此ノ場合ニハ課稅ヲ延期シ此等ノ財產ノ歸屬如何ヲ決シタル後若シ國籍喪失者カ何等ノ處分ヲ爲サス遂ニ相續人ニ歸屬シタルトキハ之ニ對シ相續稅ヲ課スヘキカ如キモ此場合ニ於ケル相續人ノ權利ノ

取得ハ寧ロ相續ノ結果ト謂ハンヨリ法律カ特別ニ相續人ニ附與シタルモノト解スルヲ正當ノ見解トナスヘク從テ相續財産トシテ課税スルヲ得サルモノト謂ハサルヘカラス

四、戶主カ婚姻又ハ養子緣組ノ取消ニ依リテ其家ヲ去リタルトキ　戶主ハ必スシモ其家ニ生レタル者ノミニ限ルニアラス子ナキモノハ他人ヲ養子トシテ以テ其家ノ後繼者タラシムヘク或ハ又女子ノ爲メ婿養子ヲ爲スヲ得ヘシ是等ノ原因ニ依リ他家ニ入リタル者カ後ニ戶主ト爲ルコトアルハ甚タ少カラサルナリ然ルニ今若シ婚姻又ハ養子緣組ノ取消アリタルトキハ戶主ハ其家ヲ去ラサルヘカラス戶主其家ヲ去レハ何人カ家督ヲ相續セサルヘカラス是家督相續開始ノ原因タル所以ナリ

(イ)婚姻ノ取消シ得ヘキ場合

婚姻ノ取消シ得ヘキ場合ハ民法第七百八十條以下ノ規定スル所ニシテ

(一)不適齡者ノ婚姻、重婚、相姦者ノ婚姻、一定ノ期間ヲ經過セサル者ノ再婚或親族姻族間ノ婚姻(民法第七百六十五條乃至七百七十一條參照)等ナリトス以上ハ公益上ノ理由ニ依リ取

消權ヲ與フルモノナレハ獨リ婚姻當事者ノミナラス其戸主、親族又ハ撿事ヨリ其取消ヲ裁判所ニ請求スルヲ得セシム但シ撿事ハ當事者ノ一方死亡シタル後ハ之ヲ請求スルヲ得ス是婚姻ノ解消セラレタルニ依リ公益ヲ害セラルヘキ目的既ニ消滅シ之レカ取消ヲ請求スヘキ必要ナキニ因ル（民法第七百八十條）

（二）其家ニ在ル父母ノ同意ヲ要スヘキ者カ同意ヲ得ス婚姻ヲ爲シタルトキハ（第七百七十二條）同意ヲ爲ス權限ヲ有スル者ヨリ取消ヲ請求スルヲ得又同意ヲ爲スモ詐欺若クハ強迫ニ因リタルトキ亦同シ（民法第七百八十三條）

（三）詐欺又ハ強迫ニ因リテ婚姻ヲ爲シタル者モ其婚姻ノ取消ヲ請求スルヲ得但シ取消權ヲ有スル者カ詐欺ヲ發見シ又ハ強迫ヲ免レタル後三ケ月ヲ經過シ又ハ追認シタルトキハ取消スヲ得ス（民法第七百八十五條）

（四）婿養子縁組ノ場合ニ於テハ各當事者ハ縁組ノ無效又ハ取消ヲ理由トシテ婚姻ノ取消ヲ請求スルコトヲ得但當事者カ縁組ノ無效ナルコト又ハ取消アリタルコトヲ知リタル後三ケ月ヲ經過シ又ハ取消權ヲ拋棄シタルトキハ消滅ス（民法第七百八十六條）

以上ハ婚姻ノ取消シ得ヘキ場合ニシテ此ノ法定原因以外ニハ如何ナル事情アリト雖モ取消スコトヲ得ス(第七百七十九條)是漫ニ婚姻ノ取消ヲ許ストキハ人倫ヲ破ルニ至レハナリ

尚婚姻ノ取消ハ將來ニノミ效力ヲ生シ既往ニ及ホスモノニアラス蓋シ一般法律行爲ノ取消ハ初ヨリ其行爲ナカリシモノト看做スヲ以テ特質トスト雖モ婚姻ノ如キハ身分上種々ナル效果ヲ生スルモノナルヲ以テ若シ取消ノ效力ヲ既往ニ及ホストキハ婚姻中ニ生シタル子モ私生子ト爲ルカ如キ結果ヲ生ス又婚姻ノ效果ハ財産上ニモ種々ナル關係ヲ生スルニ拘ハラス其關係ヲシテ原狀ニ復セシムルトキハ甚タ繁雜ヲ感セシメ實際上ニ於テモ公平ヲ期スルコト能ハサルニ依リ總テ效力ヲ既往ニ及ホサシメサルナリ

(ロ)養子緣組ノ取消シ得ヘキ場合

次ニ養子緣組ノ取消シ得ヘキ場合ハ民法第八百五十三條以下ノ規定スル所ナリ即チ左ノ如シ

(一)未成年者カ養子ヲ爲シタルトキ養親又ハ其法定代理人ヨリ取消ヲ請求スル

ヲ得但養親カ成年ニ達シタル後六ヶ月ヲ經過シ又ハ追認シタルトキハ取消ス
コトヲ得ス（第八百五十三條）
（二）尊屬又ハ年長者ヲ養子ト爲シタルトキ又ハ法定ノ推定家督相續人タル男子アル者男子ヲ養子ト爲シタルトキ（但女婿ト爲ス爲メニ男子ヲ養子ト爲スハ妨ケナシ）ハ各當事者其戸主又ハ親族ヨリ取消ヲ請求スルヲ得（第八百五十四條）是亦公益上ノ理由ニ依リ取消ヲ爲サシムルモノナレハ當事者以外ニ廣ク之ヲ許セリ只前示婚姻取消ノ場合ニ於ケル第七百八十條ニ撿事ヲ加ヘ之ニ撿事ヲ除キタルハ當事者戸主親族ノ總テノ者既ニ承認スル以上ハ國家ハ敢テ干渉ヲ試ムルノ必要ナシト認メタルニ因ル
（三）後見人カ被後見人ヲ養子ト爲シタルトキ（但シ遺言ヲ以テシタルトキハ取消スヲ得ス）此場合ニハ養子又ハ其實方ノ親族ヨリ取消ヲ請求スルヲ得但シ管理ノ計算終了後養子カ追認ヲ爲シ又ハ六ヶ月ヲ經過シタルトキハ取消スヲ得ス玆ニ追認トハ取消シ得ヘキ行爲ノ追認ナレハ追認ヲ爲シ得ル能力アルトキ爲サヽレハ固ヨリ其效ナキハ勿論ナリ從ツテ又管理ノ計算後六ヶ月ヲ經過スル

モ養子カ成年ニ達セス又ハ能力ヲ回復セサルトキハ追認ヲ為シタルモノト見做スハ適當ナラサルニ依リ此期間ハ養子カ能力ヲ有スルニ至リタルトキヨリ起算ストセリ（民法第八百五十五條）

（四）夫婦養子ノ場合ニ配偶者ノ一方カ他方ノ同意ヲ得ス養子ト為リタルトキハ同意ヲ為サザリシ一方ヨリ取消ヲ請求スルヲ得但シ其一方カ養子縁組ヲ知リタル時ヨリ六箇月ヲ經過シタルトキハ其縁組ヲ追認シタルモノト看做サル故取消スヲ得ス（第八百五十六條）

（五）養子縁組ニ父母ノ同意ヲ要スル場合ニ（第八百四十四條乃至第八百四十六條參照）同意ヲ經スシテ為シタル縁組ハ同意權ヲ有スル者ヨリ取消ヲ請求スルヲ得（第八百五十七條）但シ第七百八十四條ノ制限ニ從ハサルヘカラス

（六）婿養子縁組ノ場合ニ於テハ各當事者ハ婚姻ノ無效又ハ取消ヲ理由トシテ縁組ノ取消ヲ請求スルヲ得但當事者カ婚姻ノ無效ナルコト又ハ其取消アリタルコトヲ知リタル後六ケ月ヲ經過シ又ハ其取消權ヲ拋棄シタルトキハ消滅ス（第八百五十八條）

是レ前示第七百八十六條ノ場合ニ於ケル婚姻取消ノ場合ト互ニ相表裏スルモノニシテ彼ニアリテハ縁組ノ無效又ハ取消ヲ理由トシテ婚姻ノ取消ヲ爲サシメ此ニアリテハ婚姻ノ無效又ハ取消ヲ理由トシテ縁組ノ取消ヲ爲サシムルモノトス

抑モ婿養子縁組トハ養子縁組及婚姻ノ二種ノ行爲ヲ併合スルモノナレハ養子縁組トシテハ親子ノ關係ヲ生シ婚姻ノ效力トシテハ其養親ノ家女ト夫婦ノ關係ヲ生スルモノナリ此場合ニ於ケル當事者ノ意思ハ養子縁組ノ有效ニ成立シタルモノト信シタルカ故ニ婚姻ヲ爲シ又婚姻有效ニ成立シタルモノト信シタルカ故ニ養子縁組ヲ爲シタルモノニシテ若シ其一方無效タリ又ハ取消サレタルトキハ一方ノ行爲ハ爲ササリシモノナルヘシ即チ意思ノ縁由ニ錯誤アルモノト云フヲ得而シテ意思ノ縁由ノ錯誤ハ法律上ノ效果ニ何等ノ影響ナキヲ原則トスルモ此ノ場合ニハ普通一般ノ法律行爲ト異ナリ其行爲ノ成立ノ直接原因ヲ爲スモノナルヲ以テ例外トシテ縁組ノ無效又ハ取消ヲ理由トシテ婚姻ノ取消ヲ請求スルヲ得セシムルト同時ニ婚姻ノ無效又ハ取消ヲ理由トシ養子縁

組ノ取消ヲ爲サシムルハ固ヨリ至當ノ規定ト謂ハサルヘカラス以上養子縁組ノ取消ハ婚姻取消ノ場合ト同シク此ノ以外ニ縁組ノ取消ヲ許サス又其取消ノ效力既往ニ及ホササルハ前述セシ理由ト同一ナリ婚姻又ハ養子縁組ノ無效ナル場合ハ始ヨリ戸主タルノ地位ニ非サルモノナレハ法律上其家ヲ去ルノ問題ヲ生セサルナリ而シテ婚姻及ヒ縁組ノ無效ナル場合ハ民法第七百七十八條及第八百五十一條ノ規定スル所ナリ（一）人違其他ノ事由ニ因リ當事者間ニ婚姻又ハ縁組ヲ爲ス意思ナキトキ（二）當事者カ婚姻又ハ縁組ノ屆出ヲ爲ササルトキナリトス

五、女戸主ノ入夫婚姻又ハ入夫ノ離婚　民法第七百三十六條ニ依レハ女戸主カ入夫婚姻ヲ爲シタルトキハ入夫ハ其家ノ戸主ト爲ルト規定セリ故ニ入夫婚姻ノ場合ニハ戸主權ノ繼承アルモノナレハ茲ニ家督相續ノ開始セラルルハ當然ナリ然レトモ同條但書ニハ當事者カ婚姻ノ當時反對ノ意思ヲ表示シタルトキハ此ノ限リニ在ラストアルヲ以テ若シ特ニ女戸主カ戸主權ヲ留保シタルトキハ家督相續ハ開始セラレサルナリ以上ノ如ク女戸主カ入夫婚姻ヲ爲シ且ツ特ニ戸主權ノ留保ヲ爲サヽリシカ爲入夫カ戸主トナリタル後若シ離婚アリタルトキハ入夫ハ其家ヲ去ラサルヘカラス從テ何人カ代テ戸主タル位地ニ立ツ者ナカルヘカラス而シテ先キニ戸主タリシ女ハ當然戸主權ヲ回復シ得ヘキ者ニ非サレハ入夫ノ離婚ハ家督相續開始ノ原因トナルナリ而シテ此ニ離婚トハ婚姻ノ解消セラルヽヲ云フ故ニ婚姻ノ効果タル身分上ノ關係ハ全ク此ノ時ヨリ消滅ニ歸スルモノト謂フヘシ離婚ニハ又協議上ノ離婚ト裁判上ノ離婚トアリ協議ニ因ルモノハ全ク婚姻當事者ノ任意ニ屬スルカ故協議一致スレハ何時ニテモ離婚ヲ爲シ得ヘシト雖モ裁判上ノ離婚ハ一定ノ條件ヲ具備セルニ非サレハ漫ニ之ヲ許スヘキニ非ス只相手方ノ一方ニ許スヘカラサル缺點アリ其他共同生活ヲ繼續スルヲ得サル事情アルニ拘ハラス離婚ヲ許サヽルハ却テ人情ニ乖戾スルモノアルニ依リ嚴格ナル要件ノ下ニ之ヲ許容セリ即チ第八百十三條ハ夫婦ノ一方ハ左ノ場合ニ依リ離婚ノ訴ヲ提起スルコトヲ得ト定メタリ

一、配偶者カ重婚ヲ爲シタルトキ

二、妻カ姦通ヲ為シタルトキ
三、夫カ姦淫罪ニ因リテ刑ニ處セラレタルトキ
四、配偶者カ偽造、賄賂、猥褻、竊盗、强盗、詐欺取財、受寄物費消、贓物ニ關スル罪若クハ刑法第百七十五條第二百六十條ニ掲ケタル罪ニ因リテ輕罪以上ノ刑ニ處セラレ又ハ其他ノ罪ニ因リテ重禁錮三年以上ノ刑ニ處セラレタルトキ
五、配偶者ヨリ同居ニ堪ヘサル虐待又ハ重大ナル侮辱ヲ受ケタルトキ
六、配偶者ヨリ惡意ヲ以テ遺棄セラレタルトキ
七、配偶者ノ直系尊族ヨリ虐待又ハ重大ナル侮辱ヲ受ケタルトキ
八、配偶者カ自己ノ直系尊族ニ對シテ虐待ヲ為シ又ハ之ニ重大ナル侮辱ヲ加ヘタルトキ
九、配偶者ノ生死カ三年以上分明ナラサルトキ
十、婿養子縁組ノ場合ニ於テ離縁アリタルトキ又ハ養子カ家女ト婚姻ヲ為シタル場合ニ於テ離縁若クハ縁組ノ取消アリタルトキ
以上家督相續開始ノ原因ヲ終ルニ臨ミ此ニ其効力ヲ一言スヘシ民法第九百八十

六條及第九百八十七條ハ家督相續ノ一般的効力ヲ明ニセリ第九百八十六條ニ曰ク「家督相續人ハ相續開始ノ時ヨリ前戸主ノ有セシ權利義務ヲ繼承ス但前戸主ノ一身ニ專屬セルモノハ此ノ限ニ在ラス」ト知ルヘシ家督相續ノ目的物ハ唯財産上ノ權利ノミナラス先キニ屢〻述ヘタル如ク前戸主ノ地位ニ隨伴スル權利義務ヲ承繼スヘキモノナルヲ例之前戸主カ戸主トシテ有スル權利即チ家族ノ居所指定ノ權家族ノ婚姻、養子縁組ニ同意ヲ爲スノ權、家族ノ入籍、離籍ヲ爲スノ權其他家族扶養ノ義務ノ如キ皆相續人ニ移轉スヘキモノナリ獨リ前戸主ノ一身ニ專屬スヘキ權利義務ハ其人ノ身分ニ基因シ之ト離ルヘカラサル關係ヲ有スルカ故移轉スルヲ得ス例之年金恩給ヲ受クルノ權、親權、夫權、特別ナル扶養義務ノ如キ是ナリ詳細ハ後ニ再ヒ解ク所アルヘシ又家督ニ相續ハ所謂家名相續ト稱スルモノニシテ祖先ノ祭祀ヲ絶タサランドスルニアルカ故第九百八十七條ハ「系譜、祭具、及墳墓ノ所有權ハ家督相續ノ特權ニ屬ス」ト規定シ以テ債權者ノ爲メ侵サレサル保證ヲ爲セリ

右説明スル如ク家督相續ノ一般効力ハ前戸主ノ總テノ權利義務ヲ承繼スルニ在

リト雖モ隱居、入夫婚姻又ハ國籍喪失ニ因ル家督相續ニ在リテハ前述シタル如ク財產留保ノ制アルヲ以テ前戶主ノ一切ノ權利義務ヲ承繼スルモノニ非サルヲ注意スヘシ

乙　遺產相續ノ開始

抑モ遺產相續ノ制度ハ歐米一般ニ行ハルヽ所ナリト雖モ我國ニ於テハ新民法ニ於テ始テ認メラルヽニ至リシモノニシテ(從來ハ相續トハ單ニ家督相續ノミヲ指シタルモノヽ如シ)是レ蓋シ維新以來個人主義ノ注入ヨリ家族ノ特有財產ヲ認メタル結果ニ因ルモノナランカ故ニ民法ニ於テモ家族制ノ特色タル家督相續ヲ以テ主タルモノトシ遺產相續ハ寧ロ其一變例ニ過キサルノ觀アリ

遺產相續トハ家族ノ死亡ニ因リ其家族ノ有セシ財產ヲ相續スルヲ云フ故ニ遺產相續ハ家督相續ト異ナリ純然タル財產相續ナリト謂フヘシ

遺產相續ハ家族ノ死亡ニ因リテ開始スルノ外(民法第九百九十二條)他ニ其原因ナシ(但シ法律上ノ死亡ヲ包含スルハ前述ノ如シ)只本法第二十三條ニ於テ特別ノ理由ヨリ課稅ノ目的ノ爲メ或ル一定ノ人ニ對スル贈與ヲ以テ遺產相續ノ開始ト看做サルル場合アルノミ

遺產相續ニ在リテハ直系卑族中親等ノ同シキ者數人アルトキハ同順位ニテ相續人ト爲ル卽チ共同相續制ナリト雖モ家督相續ニ在リテハ一人相續主義ヲ採ルカ故多數ノ相續人アルコトナシ

其何人カ遺產相續人ト爲ルヘキヤハ民法第九百九十四條乃至第九百九十六條ノ規定スル所ナリ此點ニ付テハ本法第八條ノ解說ヲ爲スニ當リ家督相續人ト共ニ之ヲ說明セムトス

上來論述シタル所ハ我民法ノ認ムル相續開始ノ原因ナリ而シテ相續ハ其原因ノ發生ト同時ニ開始スルモノナルハ余輩ノ言ヲ俟タサル所ナリト雖各原因ニ付キ其開始ノ時期ヲ擧クルモ亦同ク無用ニ非サルヘシ卽チ左ノ如シ

一、事實上ノ死亡ハ生活機能ノ絕止シタルトキ

二、失踪宣告ノ場合ハ法定期間滿了ノトキ

三、隱居ハ戶籍吏ニ屆出テタルトキ

四、國籍喪失ハ外國ノ國籍ヲ取得シタルトキ

五、戶主カ婚姻又ハ養子緣組ノ取消ニ因ル場合ハ其家ヲ去リタルトキ

六、女戸主ノ入夫婚姻ハ其婚姻ヲ屆出テタルトキ
七、入夫戸主ノ離婚カ協議上ナルトキハ其離婚屆出ノトキ裁判上ナルトキハ其裁判確定ノトキ

此ニ帝國臣民ノ相續開始原因ノ説明ヲ終ルニ臨ンテ其相續開始ノ地如何ヲ説明スヘシ

民法第九百六十五條（家督相續）及第九百九十三條（遺産相續）ノ規定ニ依レハ相續ハ被相續人ノ住所ニ於テ開始スルモノトセリ故ニ帝國臣民カ外國ニ住所ヲ有スル場合ニ家督相續開始ノ原因發生スルトキハ之ニ依リ家督相續ハ開始セラレ又家族ナルトキハ其死亡ニ依リ遺産相續ノ開始ヲ見ルヘシ而シテ民法ハ何故被相續人ノ住所地ヲ以テ相續開始地ト爲シタルカ蓋シ相續ニ關シテハ往往紛議ヲ生スルコト稀ナラス即チ相續權ヲ相爭フカ若クハ相續財産ニ付キ權利ヲ主張セントスル者アル場合ニ裁判管轄ヲ豫メ一定セサレハ不便タルヲ免レス加之民法第千二十九條ノ規定ニ依レハ限定承認者ハ限定承認ヲ爲シタル後五日内ニ一切ノ相續債權者及ヒ受遺者ニ對シ限定承認ヲ爲シタルコト及一定ノ期間内ニ其請求ノ申出ヲ爲

スヘキ旨ヲ公告セサルヘカラス又家督相續ニ付テハ戶籍法上身分登記ヲ要スル
カ故此等ノ登記公告ヲ爲スニ付テモ豫メ其場所ヲ一定セサルヘカサル必要アリ
而シテ是等ノ爲メニハ被相續人ノ住所ニ於テスルヲ最モ便益ナリトスレハナリ
第二　帝國臣民ニ非サルトキ、外國人ノ相續ニ關シテハ法例第廿五條ノ存スルア
リテ我民法ノ律スル所ニ非サレハ今一々之カ相續開始原因ヲ述フルニ由ナシ即
チ法例第廿五條ニハ「相續ハ被相續人ノ本國法ニ依ル」ト云ヘリ是我民法ヲ適用ス
ヘカラサル所以ナリ
法例ハ何カ故ニ相續ニ關シテハ被相續人ノ本國法ニ依ルトセシヤ想フニ相續ニ
關スル準據法ハ如何ニ定ムヘキヤハ國際私法上ノ難問ニシテ或ハ相續財產所在
地ニ依ルヘキモノト云ヒ或ハ被相續人ノ本國法若クハ住所地法ニ依ルヘシト云
ヒ各國ノ立法亦區々一定セサルモノヽ如シ財產所在地法說ハ相續ヲ以テ單ニ物
權取得ノ原因ト認ムル國ニ於テハ或ハ不可ナカランモ而カモ財產諸國ニ散在ス
ルトキハ諸國ノ法律ニ依リテ管轄セサルヘカラサルノ結果法律ノ抵觸ヲ免レサ
ルヘシ是我法例ノ此ノ主義ヲ採用セサル所以ナリ其本國法主義ヲ採リタルハ相

續ハ被相續人ノ一身ニ關スルノミナラス家族ニモ重大ナル關係ヲ有スルモノナレハ其本國法ヲ適用スルヲ至當トスルノミナラス元來相續ニ關スル規定ハ被相續人ノ意思ヲ推定シテ規定セラレタルハ各國皆其揆ヲ一ニスル所ナリ果シテ然ラハ相續ニ關スル法律ノ管轄問題ヲ定ムルニモ即チ被相續人ノ意思ヲ探究セサルヘカラス而シテ若シ被相續人カ明ニ意志ヲ表示セサレハ其本國法ニ依ルヲ欲シタルモノナリトスルハ當然ノ推定ナリト謂フヘシ

更ニ他ノ方面ヨリ觀察セハ相續ハ社會ノ狀態ニ大ナル關係ヲ有シ各國其民情風俗等ヲ參酌シテ規定スルモノナレハ其者ノ屬スル本國法ヲ適用スルハ親族關係其他能力問題ニ本國法主義ヲ採ル人至當ナルト同シク最モ實際ニ適合スルモノト云フヲ得ン今日各國ノ實際ハ本國法主義ヲ採ルモノ多シ只英米法ハ不動產ニ關スル相續ニ付テハ所在地法主義ヲ採ルト云フ

以上說明セシ法例第二十五條ノ結果日本人ナレハ日本民法ノ規定ニ依リ相續一切ノ關係ヲ支配スヘキモ外國人ナルトキハ其者ノ屬スル國ノ法律ニ從ヒ決セサルヘカラス故ニ如何ナル原因アレハ相續ノ開始アルヘキヤハ各個ノ場合ニ各外

國人ノ本國法ヲ究メサレハ知ルヲ得サルナリ然レトモ死亡ハ何レノ國ニ於テモ之ヲ以テ相續開始ノ原因ト認ムルノミナラス死亡以外ニ相續開始ノ原因アルコトヲ認メサルハ概子諸國ノ一致スルトコロナリ故ニ若シ我國ニ於テ外國人死亡シ財産ヲ有スルトキハ本法ヲ適用スルヲ得ヘシ而シテ其死亡ノ事實ハ外國人モ一般内國法令ニ服從スルヲ原則トシ此場合ニハ所在地戸籍吏ニ死亡屆出ノ義務（何人カ屆出ノ義務アルヤハ戸籍法第一二五二六條ノ規定スル所ナリ）アリ其屆出ニ依リ戸籍吏ハ更ニ本法第十二條ノ規定ニ依リ收税官廳ニ報告スルニ至ルヘキヲ以テ容易ニ之ヲ知ルコトヲ得ン又外國人ノ遺産ニ關シテハ明治三十二年司法省令第四十號外國人ノ遺産ノ保存處分ニ關スル手續ナルモノアリテ外國人死亡地ヲ管轄スル區裁判所ハ遺産ノ保存處分ニ干與スル故其裁判所ニ就テ財産ノ狀況ヲ知ルノ便アラン但シ此保存處分ヲ爲スハ條約國ニ限ル（現行條約ハ三十三年十一月日英間死亡者ノ財産保護ニ關スル條約アルノミ）本邦ニ住所又ハ居所ヲ有セサル外國人カ本邦ニ財産ヲ有スル場合ノ如キハ相續開始ノ事實ヲ知ルコト困難ナリト雖モ如此ハ實際ニ甚タ稀ナルヘク將來若シ外國人ノ本邦ニ放資スルモノ盛ンナルニ至リ其自然人タル外國人カ本邦ニ營業場

ヲ設ケテ營業ヲ爲サシメ若クハ多クノ家屋ヲ建造シ賃貸スル者等アル場合ニハ管理者ニ就キ之ヲ知ル等收税官廳ハ適宜ノ方法ニ依リ之ヲ探究スヘキモノトス蓋シ外國人ノ相續ニ關シテハ到底詳細ノ規定ヲ爲ス能ハサル場合存スルモノアリ從ッテ當該官吏ノ自由酌量ニ待ツモノ尠シトセス

外國人相續ニ關シテ尙一言注意ヲ要スヘキモノアリ

一、外國人ノ相續ニ關シテハ本國法ニ依ルヘキハ前述ノ如シト雖モ若シ其外國人ノ本國法ノ規定カ却ッテ住所地法若クハ財産所在地主義ヲ採ル場合ノ如キハ如何ニシテ其準據法ヲ定ムヘキヤ法例第二十九條ハ此場合ニハ我國ノ法律ニ依リ定ムヘキモノトセリ卽チ同條ノ「當事者ノ本國法ニ依ルヘキ場合ニ於テ其國ノ法律ニ從ヒ日本ノ法律ニ依ルヘキトキハ日本ノ法律ニ依ル」トハ此意味ニ外ナラス國際私法學者ノ所謂反致法ナルモノ卽チ是ナリ故ニ例之住所地法主義ヲ採ル國ノ人民我國ニ住所ヲ有スルモノナルトキハ相續ノ開始効力相續人ノ順位等總テ我國民法ノ規定ニ依ルヘキモノトス

二、外國人ノ本國法ニシテ我國ノ認メサルノミナラス若シ之ヲ認ムルトキハ我國

ノ公安ヲ害スルカ如キ場合ニハ假令本國法ニ從ヒ相續開始ノ原因タルモ我國ニ於テ之ヲ認ムルヲ得サルナリ例之露國ニ於テハ准死ノ制ヲ認ムルカ故彼本國法ニ依レハ相續開始ノ原因トナルモ准死ノ制度ハ一般道德看念ニ背馳スルモノナレハ我國ニ於テ之ヲ相續開始ノ原因ト見サルナリ是法例第三十條ノ明カニスル所タリ同條ニ曰ク「外國法ニ依ルヘキ場合ニ於テ其規定カ公ノ秩序又ハ善良ノ風俗ニ反スルトキハ之ヲ適用セス」ト意、佛學者ノ所謂國際公安ニ關スル規定ト稱スルモノ即チ是ナリトス抑モ屬人主義ニ依リ本國法ヲ適用スル所以ノモノハ國家カ實際ノ便宜ニ依リ自國ノ公益ニ反セサル限度ニ於テ之ヲ認ムルモノタルヤ言ヲ俟タサルトコロニシテ自國ノ公ノ秩序ヲ害スルモ尙ホ且ツ外國法ヲ適用セントスルカ如キ迂ヲ爲サヽルハ固ヨリ當然ノコトナリト謂フヘシ

本條ハ又被相續人若クハ相續人カ帝國臣民タルト否トヲ問ハストト謂ヘリ而シテ被相續人ノ外國人タル場合ハ相續人亦外國人タルヘク被相續人外國人ニシテ相續人日本人タル場合ノ如キハ極メテ稀ナルヘシト雖モ決シテ絕無ト云フヲ得ス

前述セシ國籍法第二十一條ニ依リ日本ノ國籍ヲ失ヘタル外國人ノ子ニシテ日本ノ國籍ヲ保有スル場合ニ於テハ其子ハ外國人トノ間ニ親子ノ關係ヲ依然保有スルモノナレハ財產相續人タルニ妨ケナカルヘシ之ト反對ニ被相續人日本人ニシテ相續人外國人タル場合モ亦有リ得ヘキコトナリトス例之家族ノ直系卑族外國ニ歸化シタル場合ノ如キ其家族死亡シタルトキハ遺產ハ直系卑族間ニ分タルヘキモノナレハナリ

然レトモ右ハ單ニ財產相續ノミニ關ス若シ夫レ家督相續ニ至テハ其家ノ家族ニアラサレハ法定ノ推定相續人タルヲ得ス又戶主カ日本國籍ヲ喪失シタルトキハ家督相續開始ノ原因タル點ヨリ見ルモ外國人ニシテ日本人ノ相續人ト爲リ又ハ日本人カ外國人ノ相續人ト爲ルカ如キハ我法律ノ認ムル處ニ非サルヤ明瞭ナリト謂フヘシ

以上相續開始ノ各場合ヲ說述セリ右相續開始アリタルトキハ本法施行地ニ在ル相續財產ハ本法ニ依リテ課稅セラルヽモノナリトス

一、本法施行地トハ如何　玆ニ本法施行地トアルハ臺灣ニ相續稅ヲ施行セサル趣旨ナリ蓋シ臺灣ハ新領土ニ屬スルヲ以テ一般法令ヲ內地同樣俄カニ施行セントスルハ難事タリ之ヲ以テ明治廿九年法律第六十三號(臺灣ニ施行スヘキ法令ニ關スル件)第五條ハ現行ノ法律又ハ將來發布スル法律ニシテ其全部又ハ一部ヲ臺灣ニ施行スルヲ要スルモノハ勅令ヲ以テ之ヲ定ムトシ以テ法律施行ノ除外例ヲ設ケタリ故ニ總テノ法律ハ特ニ勅令ヲ以テ施行ヲ命セサル以上臺灣ニハ之ヲ施行スルヲ得サルモノトス而シテ相續稅ニ關シテハ別ニ勅令ノ發布ナキ故臺灣ハ本法施行地外ニ在ルモノト知ルヘシ

附言法律第六十三號ハ期限付法律ニシテ幾タヒカ期限ヲ經過セントシテ其有效期ヲ延長シ現行ノ效力ハ日露戰爭平和克復ノ翌年度ニ至リ效力ヲ失フヘキモノナリトス但シ更ニ延期ト爲ルヘキヤ否ヤ著者ノ今ヨリ豫測スルヲ得サル所ナリ

二、相續財產ノ意義　財產其者ノ意義ハ次條ニ至リテ詳說スルヲ便宜トスレハ此ニハ單ニ相續財產ノ如何ナルモノナルヤヲ一言スルニ止メン

相續財產トハ相續開始ノ效果トシテ相續人カ被相續人ヨリ承繼スヘキ財產ヲ

云フ故ニ

（イ）相續人固有ノ權利ニ屬スルモノハ相續財產ニ非サルナリ他言ヲ以テセハ被相續人ノ權利ニ屬セシモノ卽チ相續財產ヲ構成スルモノトス（被相續人ノ權利ノ總テヲ相續財產ト云フノ意味ニアラサルハ勿論ナリ）故ニ例之被相續人ノ生命ヲ保險ニ附シ保險金受取人ヲ法定推定家督相續人ト定メタル場合ニ若シ被相續人死亡シタルトキハ其相續人ハ保險金ノ受領權ヲ有スルモノトス而シテ此保險金受取ノ權利ハ被相續人ノ權利ニ非スシテ相續人自己固有ノ權利ニ屬スルモノナレハ相續財產ト云フヲ得サルナリ縱令權利發生ノ遠因ハ被相續人カ保險契約ヲ締結シタルノ結果ナリト雖モ保險契約者ハ此場合ニ保險金受領ノ權ヲ有スルモノニ非ス然レトモ保險契約者ハ法律上ノ原因アルトキハ（商法第四百二十八條第三項四百三十一條第三項）其仕拂タル保險料ノ拂戾ヲ受クル權利アルカ故若シ此ノ如キ權利ノ發生シタル後死亡シタルトキハ其保險料拂戾ノ請求權ハ被相續人ノ權利ニ屬スルカ故相續財產トナルヤ勿論ナリ又例ヘハ養老保險契約ニ於テ被相續人カ生存中契約年齡ニ達シ保險金受取前死亡シタル場合ノ如キモ既ニ被相續人カ保險金受取ノ權利ヲ有スルニ

至リタルモノナルカ故ニ死亡後ハ相續財産トシテ相續人ニ移轉スヘク從テ課稅ノ目的トナルモノト謂フヘシ

（ロ）相續人ニ移轉セサルモノハ相續財産ヲ構成スルニ由ナシ隨テ隱居ニ依ル相續開始ノ場合ニ隱居者ノ特ニ留保シタル財産卽チ隱居者自己ノ有ト爲シタルモノハ課稅ノ目的タラサルハ論ナキナリ

然ラハ遺贈ノ目的物ハ如何遺贈ノ目的物ハ相續財産ニ屬スルモノト謂ハサルヘカラス何トナレハ遺贈ニ係ル財産ハ一旦相續人ニ移轉シ然ル後ニ受遺者ニ支拂ハル、モノナレハナリ只夫レ遺贈ノ目的物ハ遺言カ效力ヲ生シタルトキハ遺言ノ旨趣ニ從ヒ（玆ニ遺言ノ旨趣ニ從フトハ遺贈ニハ單純ナルモノ條件付ナルモノ負擔付ナルモノ等アレハナリ）受遺者ニ支拂ハサルヘカラサルモノナレハ本法第三條第一項第三號ノ所謂債務ノ語ニ包含スヘキカ如ク隨テ課稅ノ範圍外トスヘキカ如シト雖モ同號ニ所謂債務ハ被相續人ノ債務ニシテ相續ニ因リ相續人カ之ヲ承繼スルモノタラサルヘカラス遺贈ノ義務ハ之ト異リ相續人カ遺言ノ效力發生ト同時ニ直チニ之ヲ負擔スルモノナルヲ以テ同號ノ債務中ニ包含セラルヘキモノニ非ス加之民法ニ於テモ遺贈ハ之ヲ普通ノ債務ト區別セリ特ニ若シ之ヲ反對ニ解スルトキハ同條末項ノ「公共團體又ハ慈善事業ニ對シ爲シタル贈與及遺贈ハ課税價格ニ算入セス」トノ規定ハ全ク無意味ニ歸シ何等ノ實用ナキニ至ルカ故到底如此沒理ノ解釋ヲ許サヽルナリ

或解釋者ハ曰ク遺贈シテ相續セシメサルモノハ相續財産ニ非サレハ課税スルヲ得ス假令課税セントスルモ相續人ハ如何ナル理由ニ依リ他人ニ遺贈セラレ自己ニ寸益ナキ財産ニ對スル賦課額ヲ納税スヘキヤ本法第三條末項ニ遺贈トアルハ當然ノコトヲ謂ヘシニ過キスト此解釋亦誤謬ナリ第一論者カ遺贈シテ相續セシメサルモノハ相續財産ニアラスト云フノ前提既ニ誤レリ抑モ遺贈ノ目的物ハ他ノ財産ト共ニ包括的ニ相續人ニ移轉スルモノナリ一旦承繼スルモ被相續人ノ遺言ニ基キ更ニ之ヲ受遺者ニ移轉セシムルモノナリ遺贈ノ性質此ノ如シ豈ニ之レヲ相續財産ニアラスト云フヲ得ヘケンヤ第二相續人ハ自己ニ寸益ナキ財産ニ對スル納税義務ヲ負フヘキ理由ナシト云フハ立法ニ對スル批難タルニ過キスシテ解釋論トシテハ一顧ノ値ナシ若シ之ヲ非ナリトセハ一年

以内ノ贈與ヲ課税價額ニ算入セシムル亦同一ノ批難ヲ加フルコトヲ得ヘシ然レトモ既ニ一年以内ノ贈與ヲ課税價額ニ加ヘシムルノ必要アリトセハ遺贈ノ場合ニ於テモ亦相續財産トシテ之ニ課税スルハ當然ノ事理ナリト謂フヘシ贈與ノ場合モ相續人ヨリ之ヲ見レハ他人ニ贈與セラレ已レニ何等ノ利益ナシ然カモ課税セラルヽノ止ムヲ得サルモノナリトセハ之ト相類スル遺贈ノ場合ニ課税スヘキヤ寧ロ當然ナラスヤ蓋シ贈與ハ生前ニ於ケル財産ノ處分ニシテ遺贈ハ死後ニ於ケル財産ノ處分ナリ生前ノ處分ハ課税スヘク死後ノ財産處分ハ課税スヘカラスト云フノ理由ナキヤ明カナラン而シテ本條第一項カ贈與ニ付テ規定シ遺贈ニ關シ何等ノ明言スル所ナキハ當然相續財産トシテ課税シ得ヘキヲ以テノ故ナリトス畢竟贈與及遺贈ノ價額ヲ加算シ課税スルハ租税ノ逋脱ヲ防カントスルノ趣旨ニ出テタルモノナレハ苟モ其目的此ニアラスシテ寧ロ奬勵スヘキ場合ニ課税セサルヲ穏當トスルカ故第三條末項ハ此事ヲ明言シタルモノナリ

(ハ) 承繼スヘキ財産ナルカ故ニ華族ノ世襲財産ノ如キ假令特別ノ理由ヨリ讓渡書

入質入等ヲ禁スルモノナリト雖モ而カモ累世無久ニ相續人ニ移轉スヘキモノナレハ相續財產タルヤ勿論ナリ
學者ノ所謂人格權或ハ身分權ト稱スルモノ其他親族法上ノ權利ハ讓渡スヿヲ得サルハ一般ノ疑ハサル所ナリ卽チ親ノ子ニ對スル監督又ハ懲戒ノ權夫ノ妻ニ對スル權利扶養ヲ受クルノ權利ノ如キ是ナリ盖シ前二者ハ財產權ニ非サルカ故問題ヲ生セサルヘシト雖モ扶養ヲ受ルノ權ハ財產權ナルヤ若シ財產權トスルモ之ヲ讓渡シ得ヘキモノナルヤ否ヤ疑ナキ能ハス余輩ハ扶養ヲ受ルノ權利ハ之ヲ財產權ト謂フヘキヤ否ヤハ暫ラク別論トシ（後ニ財產權ノ意義ナ明ニスベシ）讓渡シ得サルモノナリト信ス何トナレハ是其人ノ身分ニ基ク權利ニシテ其人ト共ニ終始スヘキ權利ナレハナリ
之ト同シク恩給ヲ受クルノ權其他官吏ノ俸給請求權議員ノ歲費受領ノ權ノ如キ公法上ノ權利ハ之ヲ受クルノ結果財產ヲ構成スト雖モ權利其者ハ讓渡スヿヲ得ス又財產權ニ非サルカ故相續財產ニ非サルヤ論ナカルヘシ
然レトモ現行ノ規定ハ官吏ノ俸給、恩給金、遺族扶助料ノ如キ之ヲ受クヘキ權利者ノ死亡スルモ直ニ其權利ヲ消滅セス相續人ニ支拂ヲ爲スヘキモノトス是法ノ特ニ附與シタル恩典ニシテ相續當然ノ効果ニ非サルナリ

我相續稅法ハ被相續人ノ遺シタル「相續財產ノ價額ヲ課稅標準トシテ課稅スルモノナルコト前ニ述ヘタルカ如シ本條ニ「相續財產ニ相續稅ヲ課ス」ト謂フモノ即チ是ナリ其他本法各條ヲ通覽スルトキハ其趣旨ノアル所自ラ明白ナルヘシ相續稅法施行規則第十四條ニ於テ相續人二人以上ナル場合ニ於テ相續稅納付前相續財產ノ分割ヲ爲スモ相續稅ハ各相續人連帶シテ之ヲ納付スルコトヲ要スト定メタルハ相續財產カ相續人ニ移ラサル以前ニ於テ相續稅ヲ賦課スルモノナルコトノ趣意ヲ明ニスルモノト謂フヘキナリ即チ相續財產ヲ一ノ財團ノ如キモノト看做シ之ニ對シ課稅スルモノナリトノ觀念ヲ胸中ニ浮ヘテ本法ヲ解釋セハ蓋シ當ラスト雖モ遠カラサルニ庶幾カランカ此ノ如ク相續財產カ直接ニ課稅ノ目的トナルカ故ニ我相續稅ハ財政學上ノ所謂對物稅ノ一種ナリト謂フヘシ然ルニ本法第八條カ相續人ノ親等ノ異ナルニ從ヒ稅率ヲ異ニスルヨリ相續稅ヲ以テ對物稅ト對人稅ノ混同ナリト批難スル者アリ蓋シ財政學上ニ

所謂對人稅對物稅ノ區別ハ唯其ノ課稅標準カ人又ハ人ノ所得ニ在ルト物又ハ物ヨリ生スル收益ニ在ルトニ依リ區別シタルニ過キスシテ租稅ハ總テ人ニ對シテ課スルモノナルハ同一ナリ人ニ對シ課稅スルニ當リ物ヲ課稅標準ト爲スト同時ニ稅率ノ適用ニ關シ人ノ關係ヲ斟酌スルノ必要アラハ之ニ其等差ヲ附スル何ノ妨カ之アランヤ

又本條ハ相續財產ニ課ストノミ謂ヒ何人カ納稅義務者タルヘキヤヲ明ニセスト雖モ既ニ相續財產ニ課稅スル以上ハ其財產ノ取得者ヲ以テ納稅義務主躰ト認ムヘキハ理論上殆ト自明ニ屬スルモノト謂ハサルヘカラス殊ニ本法第八條第九條ノ規定ヨリ看ルモ相續財產ノ取得者即チ相續人カ納稅義務ヲ負フ者タルヲ知ルニ足ルヘシ唯本法第十一條第十三條第十四條第十九條等ノ規定存スルヨリ遺言執行者又ハ相續財產管理人モ亦納稅義務者タルカ如キ觀アリト雖モ若シ之ヲ以テ納稅義務主體ト認ムル者アラハ是大ナル謬見ナリ蓋シ遺言執行者相續財產管理人カ相續人ト等シク財產目錄及其財產中ヨリ控除セラルヘキ金額ノ明細書ヲ提出スルノ義務ヲ負ヒ若ハ課稅價格決定ノ通知ヲ受ケ或ハ之ニ對シ異議申立ヲ

爲シ再審査ヲ求ムルヲ得ルノ權ヲ附與セラルヽハ獨立シテ納稅義務者ノ地位ニ在ルカ故ニ非ラス後ニモ說明スル如ク是等ノ者ハ相續財產ノ狀態ヲ熟知スルカ故之ニ對シテ申告ノ義務ヲ負ハシメ以テ課稅價格ヲ知ルノ便ニ供シ且ツ之ニ對シ異議申立ヲ爲サシムルハ相續人ノ權利ヲ保護セシムルノ旨趣ニ出タルモノニシテ遺言執行者相續財產管理人ハ恰モ法定代理人ノ地位ト相同シク其行フ事務ハ總テ相續人ノ代理タル資格ニ於テ管理行爲トシテ之ヲ行ハシムルニ過キス獨立シテ自ラ納稅義務ヲ負フ者ニ非サルナリ唯彼等ハ事實上納稅義務者タル相續人ト同一ノ手續ヲ行フニ過キサルノミ此ヲ以テ法理上納稅義務主體ト看做シ得ヘカラサルハ論ヲ俟タサルナリ

第二條　被相續人カ本法施行地ニ住所ヲ有スルトキハ左ニ揭クル財產ヲ以テ本法施行地ニ在ル相續財產トス

一　本法施行地ニ在ル動產及不動產

二　本法施行地ニ在ル不動產ノ上ニ存スル權利

三　前二號ニ掲ケタルモノ以外ノ財產權
被相續人カ本法施行地ニ住所ヲ有セサルトキハ前項第一號及第二號ノ財產ヲ以テ本法施行地ニ在ル相續財產トス
船舶ノ所在ハ船籍ノ所在ニ依ル
相續開始前一年內ニ本法施行地內ヨリ本法施行地外ニ轉シタル者ノ住所又ハ船籍ハ本法施行地內ニ在ルモノト看做ス

本條各項ノ解說ヲ爲スニ先タチ之カ規定ノ精神ヲ一言スヘシ
前條ニ於テ本法施行地ニ在ル相續財產ニ相續稅ヲ課スト謂ヘリ故ニ本條ニ於テ其ノ本法施行地ニ在ル財產トハ如何ナルモノナルヤヲ定メ被相續人カ本法施行地ニ住所ヲ有スルト否トニ依リ其ノ範圍ヲ異ニセリ相續稅ハ本邦施行地內ニ在ル相續財產ニ課スルコトハ前條ノ規定スル所ナリト雖モ財產ノ種類ニ依リテハ果シテ本法施行地內ニ在リト云フヲ得ヘキヤ疑ハシキモノアリ例之金錢債權ノ

如キ其他直接ニ物ヲ目的トセサル權利ニアリテハ債權者及債務者本法施行地內ニ在ル者ナラシメハ敢テ議論ノ餘地ナカルヘシト雖モ若シ債權者帝國內ニ在リテ債務者外國ニ在リ若クハ債權者外國ニ在リテ債務者內地ニ在ルカ如キ場合ニハ其債權ハ何レノ處ニ在リトスヘキカ或ハ債權者ノ住所ニアリト云ヒ或ハ又債務者ノ住所ニ在リト云ヒ其何レヲ是トスヘキヤ直チニ解決シ易カラサルナリ蓋シ動產不動產所有權及動產ノ上ニ存スル權利ノ如キハ直接ニ其物ヨリ利益ヲ得ルモノナレハ利益ヲ生スル本躰ノ在ル處ヲ以テ財產ノ所在ト見ルハ吾人一般ノ理想ニ合スルモノト謂フヘク反之權利ノ行使カ直ニ物ノ上ニ行ハレスシテ人ニ對シテ或要求ヲ爲スカ若クハ消極的ニ何人ニモ利益ヲ侵サレスシテ獨リ自ラ利益ヲ收ムルヲ得ル權利ノ如キハ權利享有者ノ所在ニ依リテ其權利(財產)ノ所在ヲ定ムルヲ相當トス何トナレハ權利ヲ有スルカ故利益ヲ享クルヲ得利益ヲ生スルカ故財產タルモノナレハ其權利主躰ノ在ル所ヲ以テ財產ノ所在ト見ルヘキハ條理ノ然ラシムル所ナレハナリ是本條ノ本法施行地ニ在ル相續財產ノ範圍ヲ定ムルニ當リ本法施行地ニ住所ヲ有スルト否トニ依リ其決定ヲ異ニシ第一項及第二

項ノ區別ヲ爲セシ所以ナリ

又船舶ノ如キ性質上常ニ轉輾シテ一定ノ場所ニ在ラサルモノニアリテハ相續開始ノ際偶々本法施行地外ニ在ルノ故ヲ以テ（外國航行中ニ於ケルカ如シ）相續財産ニ非ストシ課税セサルノ失當ナルト同時ニ本法施行地外ヨリ偶然本法施行地內ニ寄港中相續開始アリタルカ爲メニ之ニ課税スルカ如キ不條理ナル結果ヲ生センコトヲ慮リテ第三項ニ船舶ノ所在ハ船籍ノ所在ニ依ルト規定シ其他第四項ニ至リ相續開始前住所又ハ船籍ヲ轉シタルトキハ其轉住移籍ヲ認メス依然本法施行地內ニ在ルモノト見做シタル如キハ脫税ヲ豫防センカ爲ニ出テタルモノナリトス尙其詳細ハ各場合ニ臨ミテ之ヲ陳フルコトヽシ以下順次各項ノ意義ヲ明ニセントス

第一住所ノ意義

現今ノ法令中住所ノ語ヲ用ユルモノ甚タ多シト雖モ余輩ノ寡聞ナル民法ノ外別ニ其意義ヲ定メタルモノアルヲ知ラス本法亦住所ニ關シテ何等規定スル所ナシ然ラハ本項ニ所謂住所モ亦民法ノ意義ニ從ヒ解釋スヘキヤ曰ク然リ蓋シ同一國法ノ下ニ於テ同一語ヲ用ユル場合ニ彼此異ナル意義ヲ有スルモノト推測スルヲ

得ス若シ異ナル意義ヲ有セシメントスルトキハ別ニ其意ヲ明ニスルハ我立法ノ慣例タリ然レトモ之レ固ヨリ絶躰ノ原則ニ非ス或ハ私法ノ規定ニ存スル語ハ公法中ニ用ユル語ト同意義ニ非サルコトヲ推測シ得ラル丶場合アラン即チ若シ他ノ法律中ニ用ユル語ト同意義ニ解スルトキハ其規定ノ精神ヲ沒却セシムルカ若ハ他ノ規定ト甚シキ矛盾ヲ生スルカ如キ場合ニハ決シテ同意義ニ解スルヲ得サルナリ

今本條ノ規定ニ付テ之ヲ見ルニ民法第二十一條ノ定ムル住所ノ意義ニ從フモ全躰ノ規定ニ抵觸セサルノミナラス本條以下各條ニ用ユル例ヘハ動產、不動產、財產權、債務、贈與、遺贈ト云フカ如キ是等ノ語ハ總テ民法ト同一意義ニ用ヒラレタルハ本法ノ骨髓タル相續其者カ民法ノ支配スル所ナルニ依リ之ニ依リタリト認ムヘキハ至當ノ推理ナルニ因リ住所ノ意義亦之ニ從フテ解釋スヘキハ當然ナリト謂フヘシ而シテ民法ノ規定ニ從ヘハ住所トハ吾人ノ生計ノ本據地ヲ云フモノトス右ノ如ク住所トハ人ノ生活ノ本據地ヲ云フモノナルカ故ニ

（一）單ニ一時ノ居所ノ如キハ住所ニ非サルナリ然リ而シテ生活ノ本據地タルヤ否

ヤハ事實ニ依リ決スヘキ問題ニシテ即チ之ヲ決スルニハ其者ノ意思及之ニ伴フ事實ナカルヘカラス若シ其一ヲ缺クトキハ生活ノ本據地ト云フヲ得ス故ニ假令一定ノ地ニ住居スルノ事實アリト雖モ其者ノ意思永ク住居スルノ意思ニ非スシテ單ニ營業上ノ便宜ノ爲メナルカ若クハ或ル身分ヲ有スルカ爲メニ一定ノ地ニ居住セサルヘカラサルノ結果（官吏ノ如キ）此處ニ住居スル者ノ如キ之ヲ住所ト稱スルヲ得ス

（二）又單ニ永住セントスルノ意思ヲ有スルモ現ニ住所ト見ルヘキ外見上ノ要件ヲ備ヘサルトキハ住所ト云フヲ得ス例之原籍地ヲ以テ將來生活ノ本據ト爲サントスルノ意思アルモ現ニ其地ニ何等住所ト見ルヘキ設備ナキトキハ之ヲ以テ住所ト云フヲ得サルヤ言ヲ俟タス

之ヲ要スルニ果シテ生活ノ中心點タリヤ否ヤハ各場合ニ就キ前論セシ事實及意思ヲ討究シテ之ヲ決スヘキモノトス

以上說述スル所ニ依リ住所ノ意義ハ之ヲ知ルヲ得ヘシ然ラハ住所ニ關スル民法第二十二條第二十三條ハ當然本法ニモ亦適用スルヲ得ヘキヤ即チ住所ノ知レサ

ル場合ニ於テハ居所ヲ以テ住所ト見做スヘキヤ（第二十二條）又或ハ日本ニ住所ヲ有セサルモノハ其日本人タルト外國人タルトヲ問ハス日本ニ於ケル居所ヲ以テ住所ト見做スヘキヤ（第二十三條）

蓋シ民法カ住所ニ關スル規定ヲ設ケタル所以ノモノハ住所ハ法律關係ニ寡カラサル關係ヲ有スルモノナレハ（例へハ債務ノ履行ハ特別ノ意思表示ナキトキハ債務者ノ住所ニ於テ之ヲ爲スト云フカ如キ其他民事訴訟ニ關シテモ人ノ普通裁判籍ハ債務者ノ住所地ヲ管轄スル裁判所ト爲スカ如シ）若シ住所ノ何モノタルヤヲ明ニセサルトキハ紛議ヲ免レサルヲ以テ之ヲ明確ナラシメタルモノトス而シテ住所ノ知レサル者若クハ日本ニ住所ヲ有セサル者ニ債務ノ支拂ヲ爲スカ又ハ訴訟ヲ提起セントスル場合ニ住所ナキモノトシテ取扱フハ相互ノ不便タルヲ以テ民法第二十二條第二十三條ハ便宜ノ爲メ本來住所ニ非サルモ變例トシテ住所ト見做シタルニ過キサルナリ即チ同條ノ規定ハ法文自躰既ニ明カナル如ク住所ヲ有スルカ有セサルカ判明ナラサル場合若クハ本邦ニ住所ヲ有セサルコト明カナル場合ニ關スルモノナリ然ルニ本條ハ明カニ本法施行地ニ「住所ヲ有スルトキハ又ハ住所ヲ有セサルトキハ」ト謂ヒ其住所ヲ有スルカ有セサルカ明ナラサル場合若クハ外國

其他本法施行地外ニ住所ヲ有スル者カ日本ニ居所ヲ有スル場合ニ關シテハ何等規定スル所ナキヨリ見レハ租税徴收ニ關シテハ民法カ私法關係上特別ニ定メタルモノヲ全然適用シ得サルヤ論ヲ俟タス若シ反之民法ノ住所ニ關スル總テノ規定ヲ適用スルトキハ本法施行地ニ現在セル者（居所アルモノ）ハ縱令本法施行地外ニ現ニ住所ヲ有スルニ拘ハラス本邦施行地ニ住所ヲ有スル者トシテ取扱ハサルヘカラス此ノ如キハ本條ノ豫期スル所ニ非サルナリ然レトモ住所ノ知レサル者即チ何レニ住所アリヤ判明ナラス又ハ住所ナキコト明カナル者ニシテ本法施行地ニ居所ヲ有スル者ニ對シテハ實際ノ運用上事實ノ如何ニ依リ之ヲ住所ト看做シ得ヘキ場合多カルヘシ故ニ結果ニ於テハ殆ト民法第二十二條ヲ適用シタルト同一ニ歸着スルモノト謂フヘシ

第二　動産及不動産ノ意義

動産不動産ノ區別ハ物ノ動不動ニ依リ之ヲ區別シタルモノナリ而シテ物トハ物質的形躰ヲ有スルモノナルコトハ民法第八十五條ノ規定ニ依リ明白ナルカ故ニ無形ノ權利ハ動産ニ非ス亦不動産ニ非サルナリ但シ無記名債權ハ（無記名債權トハ債權ノ存在

ヲ證スル書面ニ債權者ノ名義ヲ掲ケサルモノヲ云フ即チ何人ト雖モ其證書ノ所持人ハ證書記載ノ債權ヲ有スル者ト看做サルヘキモノヲ云フ）其債權ノ讓渡ニ債務者ノ承諾若クハ之ニ通知ヲ要セス單ニ證書ノ受授ヲ以テ完全ナル移轉ノ效力ヲ生スルモノニシテ恰モ他ノ物品ノ讓渡ニ單ニ其物ノ引渡ヲ以テ權利移轉ノ效力ヲ生シ何人ニモ對抗スルヲ得ルト同一性質ノモノナレハ之ヲ動產ト看做スハ實際ノ便宜ニ適スルヲ以テ民法第八十六條第三項ハ之ヲ動產ト看做セリ

一、不動產トハ土地及其土地ニ定着スルモノヲ云フ

土地ハ別ニ說明ヲ要セサルヘシ即チ田畑、宅地、山林、原野、河床、寄洲等是ナリ土地ノ定着物トハ土地ニ固着スルモノヽ總テヲ云フ即チ土地ト離ルヘカラサル狀態ニ在リ土地若クハ其物ヲ毀損スルニアラサレハ分離スルヲ得サルモノヲ云フ故ニ土地ノ上ニ立テラレタル建築物ハ勿論竹木其他田畑等ニ在ル植物モ土地ト離レサル間ハ總テ土地ノ定着物ナリトス然レトモ一時單ニ定着セシメタルモハ茲ニ所謂定着物ニ非ス例ヘハ建築ノ爲ニスル足場掛ノ如キ又賣買ヲ目的トスル草木類ニシテ園丁ノ一時土地ニ植付ケ置クモノヽ如キハ定着物ニ非

サルナリ

二、動產トハ土地及其定着物ヲ除キタル總テノ有形物ヲ云フ即チ動產ハ轉々其所在ヲ變シ毫モ其物ニ變化ヲ生セサルモノナリト知ルヘシ而シテ物ニ非サルモ無記名債權ニ限リ動產ト看做サルヽハ前ニ述ル所ノ如シ

第三不動產ノ上ニ存スル權利

不動產ノ上ニ存スル權利ト不動產ヲ目的トスル權利トハ混同スヘカラス不動產ノ上ニ存スル權利トハ其權利ノ行使カ直接ニ不動產ノ上ニ行ハルヽモノヲ云フ即チ各種ノ物權等之ニ屬ス之ニ反シ不動產ヲ目的トスル權利ハ其權利ノ行使カ未タ直ニ不動產上ニ行ハルヽモノニ非ス例ヘハ賣買ニ基キ土地又ハ家屋ノ取有權移轉ヲ請求スル債權ノ如キ是ナリ然レトモ不動產ノ上ニ存スル權利ハ物權ニノミ限ルモノト速斷スヘカラス債權ニアリテモ土地又ハ家屋ノ賃借權及使用借權ハ直接ニ不動產ノ上ニ行ハルモノナレハ亦不動產上ノ權利ナリトス其他鑛業法ニ因ル鑛業權ノ如キ亦不動產ノ上ニ存スル權利ナリト謂フヲ得ヘシ

今左ニ不動產ノ上ニ存スル權利ヲ具躰的ニ說明セントス

イ、占有權

占有權トハ自己ノ爲ニスルノ意思ヲ以テ物ヲ所持スルニ依リテ取得スルモノトス故ニ占有權ハ物ヲ所持スル狀態タルニ過キス物ヲ所持スルノ狀態ハ一ノ事實タルニ過キスト雖モ民法ハ此所持ノ事實ヲ保護シ自己ノ爲メニスル意思ヲ以テ物ヲ所持スル者ハ即チ占有權ヲ有スルモノトシ（民法第百八十條）種々ナル効力ヲ附與セシメタリ即チ

（一）占有者カ占有物ノ上ニ行使スル權利ハ適法ニ有スルモノト推定ス（民法第百八十八條）

（二）善意ノ占有者ハ占有物ヨリ生スル果實ヲ取得ス（同百八十八條）

（三）占有物ヲ妨害セラレ若クハ占有物ヲ防害セラルヽ虞アルトキ又ハ其占有物ヲ奪ハレタルトキハ占有權者トシテ獨立シテ其防害ノ排除、防害ヲ豫防スルカ爲メ適當ナル處分、奪取セラレタル物ノ回復等ヲ請求スルヲ得（第百九十七條乃至第二百二條）

（四）平穩且公然ニ動産ノ占有ヲ始メタル者カ善意ニシテ且過失ナキトキハ即時ニ其動産ノ上ニ行使スル權利ヲ取得ス（民法第百九十二條）

蓋シ人ノ物ヲ所持スルヤ多クハ正當ナル方法ニ依リ取得スル者ナルハ一般普通ノ狀態ナリトス故ニ(一)ノ規定アリ又善意ノ占有者ニ果實ヲ取得セシムルハ當然ノコトナルベシ故ニ(二)ノ規定ヲ設ク又占有者ハ假令其物ニ完全ナル所有權ヲ有セスト雖モ占有ノ事實ニ依リ利益ヲ有スルモノナリ然ルニ若シ其利益ヲ侵害スル者アル場合ニ所有權其他ノ權利ナキノ故ヲ以テ何等救濟ノ途ヲ與ヘサルトキハ其所持者ノ利益ヲ害スルヤ勿論所有權其他ノ本權ヲ有スル者ノ不利不便タルヤ明カナリ是其獨立シテ(三)ノ所謂占有訴權ヲ與フル所以ナリ(四)ハ學者ノ所謂即時取得ト稱スルモノニシテ是等ノ條件ヲ具備スル者ニ其行フ權利ヲ附與スルハ公益上固ヨリ至當ノ規定ナリト謂フヘシ

以上ハ民法上ヨリ占有權ノ性質ヲ說明シタルニ過キサレトモ玆ニ本法ノ適用上最モ注意ヲ要スルハ不動產上ノ占有權者即チ所有權、地上權、永小作權、質權ヲ有スル者若クハ賃借權者使用借權者等ハ其權利ノ性質上當然占有權ヲ有スルモノナレハ一ノ不動產ニ付キ既ニ所有權地上權永小作權賃借權等ヲ有スルモノトシ是等ノ價格ヲ算定シタルトキハ其以外ニ更ニ占有權トシテノ價格ヲ算入スヘキモ

ノニ非サルコト是ナリトス

元來占有權ナルモノハ單ニ物ノ所持ノ狀態ヲ保護スルニ過キサルモノナルハ既ニ前述スル所ノ如ク而テ物ヲ所持スルニハ必スヤ其目的ヲ有スヘシ例之竹木又ハ工作物ヲ所有スルカ爲メ他人ノ土地ヲ占有スルカ或ハ住居センカ爲メ他人ノ家屋ヲ占有スト云フカ如シ此場合ニ於テハ他人ノ土地ニ於テ竹木又ハ工作物ヲ所有スルヲ得ルノ利益ヲ有シ家屋ニ住居スルノ利益ヲ有スルカ故ニ地上權賃借權ハ財産上ノ價値ヲ有スルモノナリ而テ所持ノ事實ハ利益ヲ得ルノ目的ヲ達スルノ手段タルニ過キス所持ノ利益トナルハ其目的ヲ達セラルルカ爲ナリトス所持其者カ利益アルニ非ス既ニ其目的トスル利益ヲ一定ノ價格ヲ有スルモノトシ更ニ其手段タル所持ヲ以テ之ト同一價格ヲ有スルモノトシ算定スルトキハ一個ノ利益ヲ双面ヨリ二重ニ計算スルノ結果ヲ生ス故ニ占有權トシテハ課稅價格ニ算入スヘキモノニ非ス是レ占有權ハ物ト離ルヘカルサル關係ヲ有シ性質上單ニ占有權ノミノ讓渡(物チ移サスシテ)ヲ爲スヲ得サルヨリ之ヲ見ルモ明白ナルモノアラン

ロ、所有權　所有權トハ物ヲ自由ニ使用シ收益シ處分スルノ力ヲ云フ即チ物權中最モ完全ナルモノトス自由ニ使用收益處分スルヲ得ルカ故ニ所有權者ハ自ラ使用シ利益ヲ收ムルヲ得ヘク又ハ使用セスシテ利益ヲ收メサルヲ得ヘク或ハ他人ニ讓渡シ若クハ物ヲ毀壞シテ形ヲ失ハシムルヲ得ヘク其欲スル所ニ從ヒ處分スルヲ得ルモノトス只法律命令ノ制限ニハ從ハサルヘカラサルナリ

（參照　舊民法財產編第三十條　民法第二百六條）

蓋シ不動產ノ上ニ存スル權利中主ナル者ハ所有權ナリトス然レトモ本條第一項第一號ニハ動產不動產トシテ既ニ不動產所有權ヲ此ニ規定セシヲ以テ本號不動產ノ上ニ存スル權利中ニハ包含セサルナリ其前號ニ動產及不動產トシ其所有權タルヲ言明セサルハ動產不動產ノ財產タルハ其所有權ヲ有スルカ爲メナルコトハ殆ト自明ノ理ニ屬スルノミナラス普通ノ用語トシテ動產不動產ヲ有スト謂ヘハ其所有權者タルハ明カナル故ノミ而シテ余輩ノ此ニ之ヲ說クノ所以ハ只不動產ノ上ニ存スル權利ノ一例トシテ之ヲ述ヘタルニ過キス或ハ曰フ不動產ノ上ニ存スル權利トハ不動產所有權上ニ存スル權利ヲ云フニ外ナラス故ニ所有權其者ハ不動產ノ上ニ存スル權利ニ非スト然レトモ余輩ハ學理上

所有權ハ不動產ノ上ニ存スル權利ナリト云フモ決シテ誤ニ非サルヲ確信ス終ニ臨ンテ便宜此ニ民法第二百六十三條ニ規定スル共有ノ性質ヲ有スル入會權及同法第二百九十四條ノ共有ノ性質ヲ有セサル入會權ニ付キ一言スヘシ入會權ノ性質ヲ抽象的ニ說明セントスルハ頗ル困難ナリ何トナレハ各地方ノ慣習ニ依リ其性質ヲ異ニスレハナリ今其一例ヲ示スニ先タチ入會權ノ何モノタルヤヲ約言セハ一地方ノ住民カ山林原野ニ入リ秣ヲ苅リ若クハ薪等ヲ採取スルノ權ヲ云フ而シテ其山林ノ所有者一個人ニ屬セスシテ其村落ノ所有地ナル場合ニ於テ其地ニ住スル人民ノ總テカ此ノ權ヲ有スルカ如キモノナルトキハ共有ノ性質ヲ有スル入會權ナリト謂フヘシ反之若シ其山林ノ下草薪等ヲ苅取ルヘキ場所カ他ノ村落又ハ其他ノ所有ナル場合ニ於テ古來ノ慣習ヨリ甲地ノ住民ニ此權ヲ認ムルカ如キハ地役權ノ性質ヲ有スルモノト謂フヘシ要ハ各場合ニ臨ミ其事實ニ依リ何レニ屬スヘキヤヲ決定スヘキモノトス而シテ右入會權ハ何レモ不動產上ニ存スル權利トシテ課稅價格ニ算入スヘキハ勿論ナリ

ハ、地上權　地上權トハ他人ノ土地ニ於テ工作物又ハ竹木ヲ所有スルカ爲メ其

土地ヲ使用スル權利ナリ(民法第二百六十五條)

他人ノ土地ヲ使用スルハ獨リ地上權者ニ限ルモノニアラス永小作權賃借權使用借權ヲ有スル者ハ皆他人ノ土地ヲ使用スル權利ヲ有ス然ラハ是等ノ權利トハ如何ニシテ區別セラルヽヤト云フニ就中永小作權トノ區別ハ最モ明了ナリ即チ永小作權者ハ其土地使用ノ目的耕作又ハ牧畜ヲ爲スカノ二途ニ出テス又永小作權ノ成立ニハ地代即小作料ヲ支拂フヘキコトヲ要件トス然ルニ地上權ハ工作物又ハ竹木ヲ所有スルカ爲メ他人ノ土地ヲ使用スルモノナリ例之家屋ヲ建築スルカ爲メ宅地ヲ借入レ或ハ樹木ヲ栽培スルカ爲メ山ヲ借入レ使用スルカ如シ又地上權ニハ地代ヲ支拂フコトヲ要件トセサルナリ

次ニ賃借權トノ區別ハ法理上ハ明カナリト雖モ實際ニ臨ンテハ甚タ疑ハシキ場合ヲ生ス余輩カ法理上ノ區別明白ナリト謂フハ即チ賃借權ハ債權ニシテ地上權ハ物權ナリ賃借權ノ目的物ハ單ニ土地ノミニ限ラス總テノ動產不動產ヲ以テ其目的トス且ツ借賃ヲ支拂フハ賃貸借成立ノ要件タルモ地上權者ハ地代ヲ支拂フヲ要セス加之賃借權ノ期間ハ二十年ヲ超ユルコトヲ得サルニ反シ地

上權ニハ何等ノ制限ナシ故ニ五十年百年ノ長期間ヲ以テ地上權ヲ設定シ得ル等ノ大差アルヲ以テナリ

其實際上疑ハシキ問題ヲ生ストハ今若シ十年ノ期間トシ一定ノ借賃ヲ支拂フヘキコトヲ約シ家屋ヲ建築スルカ爲メ他人ノ土地ヲ借入レ使用スルモノアリ而シテ當事者ハ別ニ地上權ノ設定ト云ハス又賃借權ト云ハサル場合ニ此權利ハ地上權ト見ルヘキヤ將タ賃借權ナルヤ不明ナルカ如キ是ナリ之ヲ地上權ナリトセハ本法第四條第二項第二號ニ依リ其價格ヲ算定セサルヘカラス

余輩ノ考フル所ニ依レハ此場合ハ期間ノ短キト且ツ借賃支拂ノ義務アルトニ依リ賃貸借契約ヲ爲シタリト認ムルヲ至當トス然レトモ若シ契約ノ內容ニシテ土地所有者ハ其土地ニ關スル修繕等ノ義務ヲ負ハサル旨ヲ表示シタル場合ノ如キ却テ地上權ノ設定ト見ルヘキハ當事者ノ意思ニ適合スルモノヽ如シ何トナレハ賃借權ハ債權ナルカ故貸主ハ其土地ヲ充分ニ借主ニ使用セシムル義務ヲ負フ而シテ完全ナル使用ヲ爲サシムルニハ自ラ其土地ヲ修繕セサルヘカラス然ルニ此ノ場合ニハ土地所有者ハ其義務ヲ負ハサルコトヲ明言セルカ故

賃借權ニ非スシテ地上權ヲ設定シタリト認ムルハ穩當ナレハナリ要之此ノ如キ場合ニハ總テ當事者ノ意思ヲ探究シテ之ヲ決スヘキモノトス

二、永小作權　永小作權ハ民法第二百七十條ノ規定スル所ニシテ小作料ヲ拂ヒ他人ノ土地ニ耕作又ハ牧畜ヲ爲スノ權ヲ云フ故ニ其土地使用ノ目的ハ地上權ト同シク制限ヲ受ク又小作料ヲ支拂ブハ永小作權ノ要件タルカ故無償ノ永小作權ナルモノナシ而シテ玆ニ小作料トアルハ金錢タルト米穀タルトヲ問ハス總テ土地使用ニ對スル報償トシテ支拂フ對價ハ小作料ト稱スルコトヲ得

尙永小作權ノ設定ニハ期間ニ一定ノ制限アリテ二十年以上五十年以下ノ存續期間ヲ有スル者ナラサルヘカラス(民法第二百七十八條)故ニ一般普通ノ小作人ト稱スルモノハ永小作權者ニ非スシテ賃貸借契約ニ依ル賃借權ヲ有スルモノタルニ過キス

永小作權ト賃借權トハ其結果ニモ著キ差異アリ即チ永小作權者ハ其目的タル土地ヲ他人ニ使用セシムルヲ得ルニ反シ賃借權ハ之ヲ讓渡スルヲ得ス從テ他ニ賃貸スルヲ得ス但シ前者ニ在リテハ反對ノ契約在ルトキハ永小作權ノ讓渡

又ハ其期間内ニ於ケル使用ヲ他人ニ爲サシムルヲ得ス後者ニ在リテモ若シ貸貸人ノ承諾ヲ得ルトキハ他人ニ轉貸スルコトヲ得ルハ勿論ナリ

*、地役權　地役權トハ自己ノ土地ノ便益ノ爲ニ他人ノ土地ヲ使用スルモノナリ即チ設定行爲ヲ以テ定メラレタル目的ニ從ヒ他人ノ土地ヲ自己ノ土地ノ便益ニ供スルノ權ヲ云フ例ヘハ自己ノ土地ヨリ公道ニ出ツルヨリハ他人ノ邸宅内ヲ通過スルノ捷徑ナル場合ニ契約ヲ爲シ其他人ノ土地ヲ通行スルカ如キ又或ハ自己ノ土地内ニ井水無キカ爲メ隣地ノ井水ヲ汲ミ取ルカ如キ皆自己ノ土地内ノ便宜ノ爲メ他人ノ土地ヲ使用スルモノナリ而シテ地役權ハ其目的ノ範圍内ニ於テ存スルモノナレハ契約ニテ定メタル目的以外ニ使用スルヲ得サルハ勿論ナリ故ニ前例ニ於テ通行權ヲ有スルモ其他人ノ土地ヲ農作物ノ乾場ト爲スヲ得ス汲水權ヲ有スルモ汲水以外ニ他人ノ土地ヲ通行スルヲ得サルナリ

一、地役權ハ自己ノ土地ノ便益ノ爲メニ他人ノ土地ヲ利用スルノ權ナルカ故土地其者ノ便宜ノ爲ニアラスシテ其人ノ利益ノ爲メニ他人ノ土地ヲ使用スルハ此ニ所謂地役權ニ非サルナリ例ヘハ狩獵家カ狩獵ノ爲メニ他人ノ土地ヲ

使用スルモ是其人ノ娯樂ノ爲メニスルモノナレハ地役權ヲ生セスシテ單ニ債權ヲ生スルニ過キス他人ノ池中ニ魚ヲ釣ルノ權ヲ有スルモ亦同シ是等ハ學者ノ所謂人的地役ト稱スルモノナレトモ我民法ハ人的地役ヲ地役權ト認メサルナリ

二、地役權ハ原則トシテ契約ニ依リ生スルモノトス只例外トシテ繼續且ツ表現ノモノニ限リ時効ニ依リ取得スルコトアルノミ（表現トハ使用ノ事實外觀ニ表ハルヽヲ云フ地下ニ樋ヲ數キ水ヲ吸收セシムルカ如キハ表現ニアラス時効ニ依リ所得スヘカラス之レ表現ノモノニアラサレハ被使用者ニ怠慢アリト謂フヲ得ス又隱密ノ使用者ニ權利ヲ取得セシムルハ時効ノ制度ヲ認ムル公益上ノ理由ニモ反スルカ故ナリ）故ニ民法第二百十條ニ規定スル袋地通行權及第二百十四條ノ疏水權ノ如キ法律上當然ノ結果トシテ享有スル權利ハ亦地役權ニ非ス

三、地役權ハ土地ノ便宜ノ爲メニスルモノナレハ土地ヲ有スル者ニ非サレハ地役權ヲ得ルニ由ナシ從テ地役權ハ土地所有權ノ從タル性質ヲ有スルモノト謂フヘシ

土地ノ從タル性質ヲ有スルカ故土地ト共ニ當然此權利モ移轉スヘク又其土

地抵當權質權等ノ目的タル場合ニハ從タル地役權モ亦此等ノ權利ノ目的トナルヘキハ主ハ從ニ隨フ一般ノ條理ヨリスルモ明カナリトス是民法第二百八十一條ノ存スル所以ナリ但シ當事者ハ反對ノ意思ヲ表示シテ此原則ニ從ハサルコトヲ得而シテ地役權ノ附着スル土地ヲ要役地ト云ヒ地役權ノ目的タル土地卽使用セラルル土地ヲ承役地ト云フ

地役權ハ從タル權利ナルカ故ニ其主タル要役地ヨリ分離シテ地役權ノミノ讓渡ヲ爲スヲ得ス又地役權ノミヲ質權抵當權ノ目的トナスヲ得サルハ此權利ノ性質上當ニ然ルヘキ所ナリ（民法第二百八十一條第二項）故ニ契約ヲ以テスルモ地役權トシテハ分割讓與ヲ爲スヲ得サルナリ

四、地役權ハ性質上不可分的ナラサルヘカラサルカ故ニ共有者ノ一人地役權ヲ拋棄スルコトアルモ他ノ共有者ノ權利ニ影響ヲ及ホスモノニ非ス若シ地役權ヲ分割スルトキハ其目的ヲ達スルヲ得サルカ故此ニ不可分ノ原則ヲ生スルモノトス

地役權ノ性質ハ以上說明スル所ノ如シ故ニ課税價格ヲ決定スルニ當リテハ要

役地所有權ノ價格何程地役權ノ價額幾何トシ別個ニ計算スルハ固ヨリ妨ケナシト雖モ若シ要役地ノ價格ヲ算定スルニ當リ地役權ノ附着スルカ故其土地ノ價ヲ高ク見積リタリトセハ既ニ地役權ノ價格ハ其土地ノ價ニ包含セラルルモノナレハ更ニ地役權ノ價格ヲ算入スルヲ得サルハ勿論ナリ

へ、留置權

本號以下抵當權ニ至ル迄ハ所謂物的擔保ト稱スルモノニシテ債權ノ特別擔保ト爲ルモノナリ蓋シ債務者ノ總財產ハ一般債權ノ特別擔保ト爲ルモノナレハ若シ特別擔保權ヲ有スル者ナクンハ債權者間ニ其債權額ニ比例シ平等ニ分配セラルルモノトス然ルニ物的擔保權ヲ有スル者ハ其擔保物ニ關シテハ他ノ債權者ニ先タチ自己ノ債權ノ辨濟ヲ受クルニ至ルモノタリ此ノ如ク物的擔保權ハ甚タ有力强固ノ權ナリト雖モ擔保權ノ種類ニ依リテハ固ヨリ其間ニ優劣强弱ノ差ナキニアラス此點ニ付テハ各項ノ說明ヲ爲スニ依リ自ラ明カナルニ至ラン。只此ニ留置權ノ性質ヲ述フルニ先タチ各種ノ物的擔保權ニ共通ナル效力ヲ說明セントス物的擔保權ハ物權ノ一種タルカ故ニ一般共通ノ效力ハ亦物權一

般ノ效力ノ外ニ出テス即チ

（一）優先權　トハ他債權者ニ先チ自己ノ債權ノ辨濟ヲ受クルヲ云フ擔保權ヲ有セサル債權者ハ此權利ナキカ故平等ニ分配セラルルハ前述セル處ノ如シ

（二）追及權　トハ其目的タル物件何人ノ手ニ轉輾スルコトアルモ之ニ追及シテ自己ノ權利ヲ主張シ取戻スヲ得ルノ權ヲ云フ尙理論的正格ニ言ヘハ假令其物ノ權利ハ他人ニ移轉スルコトアルモ其權利ヲ無視シテ自己ノ權利ヲ主張シ得ル力ナリトス例之質抵當權ノ目的タル土地ヲ他人ニ賣却シタルカ爲メ其ノ權利ハ他人ニ移轉スルモ物的擔保權ハ自己ノ權利ヲ完全ニ執行スルヲ得ルカ故其他人ニ屬シタル土地ヲ賣却シテ以テ自己ノ債權ノ辨濟ニ充ツルヲ得ルカ如キ是ナリ

（三）不可分權　トハ物的擔保權者ハ假令債權一部ノ辨濟ヲ受クルモ擔保權ノ減少ヲ來タサス債權全部ノ償却ヲ受クル迄ハ依然其物全體ニ權利ヲ有スルヲ云フ學者ノ所謂「物ノ全部ハ債權ノ各部分ヲ擔保シ物ノ各部分ハ債權ノ全部ヲ確保ス」ト云ヘルハ此ノ意味ニ外ナラサルナリ

留置權トハ他人ノ物ノ占有者カ其物ニ關シテ生シタル債權ヲ有スルトキ其債權ノ辨濟ヲ受クル迄其物ヲ留置スルヲ云フ（民法第二百九十五條）例之時計商カ時計ノ修繕ヲ依頼セラレ之ニ應シ修繕ヲ爲シタルトキハ修繕料ヲ請求スルヲ得ヘシ此ノ修繕料タルヤ其物ニ關シ生シタル債權ナルヲ以テ之レカ支拂ヲ受クル迄時計ヲ留置スルヲ得ルカ如シ

此ノ如ク留置權ハ單ニ其物ヲ留置スルニ過キスシテ他ノ物的擔保ノ如ク賣却シテ代價ヲ其支拂ニ供セシムルヲ得サルカ故其效力甚タ薄弱ナルカ如キモ而カモ其物ヲ得ント欲スル者ハ何人ト雖モ留置權者ニ其債權ヲ辨濟セサルヘカラサルモノナレハ結局最先ニ支拂ヲ受クルニ至ルヘキヲ以テ擔保ノ方法トシテハ單純ニシテ便利ナルモノト謂フヘシ況ンヤ留置權者ハ其留置物ヨリ生スル果實ハ之ヲ其債權ノ利息ニ充テ尚剩餘アルトキハ元本ニ充當スルノ權ヲ認メラルヽニ於テヲヤ

留置權ハ物ニ關スル債權ヲ有スルニ依リ生スルモノナリト雖モ若シ其債權ニシテ直ニ實行ヲ爲ス能ハサル場合卽チ履行ノ期日アリテ未タ其辨濟期日ニ在

ラサルトキハ其物ヲ留置スルヲ得サルナリ蓋シ此ノ如キ場合ニアリテハ果シテ履行セサルヤ否ヤ未タ知ルヘカラス元來留置權ヲ認ムル所以ハ所謂同時履行ノ原則ヨリ來ルモノニシテ一方カ債務ノ履行ヲ爲サス他方ニ對シテノミ義務履行ヲ命スルハ公平ナラサル處ナリ然ルニ未タ一方ノ債務支拂時期ニ在ラサル間ハ其物ヲ抑留セシムルノ要ナケレハナリ否ナ其要ナキニアラサルモ法律ノ進ンテ干渉スヘキ程度ニアリト謂フヲ得サルナリ是民法二百九十五條但書ノ規定アル所以ナリ

又假令他人ノ物ニ關スル債權ヲ有スルモ其物ノ占有カ不法行爲ニ因ルトキ例之他人ノ物ヲ竊取シタル場合ノ如キハ留置權ヲ生セサルナリ（第二百九十五條第二項）若シ然ラサレハ不法行爲者ヲ保護スルノ結果ヲ生スルカ故ナリ即チ竊取者ハ其物ヲ所有者ニ還附セサルヘカラス但シ其物ノ有益費ヲ出シタルトキハ其利益ノ存スル限度ニ於テハ所有者ニ對シテ返還ヲ請求スルヲ得ルハ勿論ナリ之レ所有者ト雖モ不當ニ利得スヘキ理由ナキカ故ナリトス其他留置權者ノ不可分權ヲ有スルハ民法第二百九十六條ノ明ニ規定スル所ナリ

以上ノ如ク留置權ハ留置物ニ關スル債權ヲ有スル者ノ特權トシテ法律カ當然附與スル所ノモノナレハ契約ニ依リテ留置權ヲ生セシムルヲ得サルナリ
此ニ本法ノ適用ニ關シ一言注意ヲ要スルモノアリ卽チ留置權ノ目的物ノ物ニ在ルコト前述セル所ニ依リ明カナリ而シテ物ト云フトキハ廣義ニ於テ動產不動產ヲ包含スヘシト雖モ玆ニ留置權ノ目的タル物ハ動產物ニ限ルト解スヘシ蓋シ不動產ノ留置。モ想像シ得サルニアラスト雖モ不動產ニ關シテハ別ニ民法第三百二十五條以下ニ先取特權ノ規定アリテ之ニ據ラシムルカ故不動產ニ留置權ナシト解スルヲ正當トス從テ不動產ノ上ニ存スル權利中ニ留置權ヲ入ルヘキモノニ非サルナリ

ト、先取特權　先取特權トハ民法其他ノ法律ノ規定ニ從ヒ債務者ノ財產ニ付キ他ノ債權者ニ先タチ自己ノ債權ノ辨濟ヲ受クルノ權ヲ云フ
先取特權ハ留置權ト同シク法律ノ規定ニ依リ當然生スルモノニシテ契約ニ依リ此權利ヲ生セシムルヲ得ス蓋シ先取特權ヲ認ムルノ理由ハ或特種ノ債權ヲ有スル者ハ他ノ一般債權者ヨリ保護スヘキ必要アルニ依ルモノトス然ルニ若

シ契約ニ依リ設定セシムルトキハ當事者共謀シテ恣ニ他ノ債權者ヲ害スルニ至ルヘキヲ以テ合意ニ依リ先取特權ノ設定ヲ許サヽルナリ其如何ナル場合ニ先取特權ヲ有スルヤハ民法第三百六條以下ノ規定スル所ニシテ債權發生ノ原因如何ニ依リ一般ノ先取特權（第三百六條）動產ノ先取特權（第三百十一條）不動產ノ先取特權（第三百二十五條）ニ區別セラル

先取特權ノ效力ハ債務者ノ財產ヲ賣却シテ其代價ヲ自己ノ債權ノ辨濟ニ充ツルコトヲ得ルニアリ是留置權ト大ニ異ナル點ナリ又先取特權者ハ其目的タル物件ノ賣却セラレ（先取特權者ハ留置權質權ト異ナリ物ヲ占有セサルカ故ニ此ノ事實ヲ生スルコト甚タ多シ）若クハ貸渡サレ或ハ滅失毀損等ニ依リ其債務者カ受クヘキ賣却代金賃貸料損害賠償金等ニ對シテモ拂渡ヲ爲サヽル以前ニ之ヲ差押ヘテ自己ノ辨濟ニ充ツルコトヲ得ヘシ（民法第三百四條）尙債務者カ先取特權ノ目的物上ニ地上權永小作權等ヲ設定シ地代小作料ヲ請求スル權アル場合ニモ之ヲ差押ヘテ其債權ノ辨濟ヲ受ルヲ得（同條第二項）以上ハ先取特權ノ一般的効力ナリトス

而シテ本號ニ入ルヘキモノハ不動產ノ先取特權ノミナリトス然ラハ不動產ノ

先取特權ハ如何ナル原因ニ因リ發生スヘキヤト云フニ一般先取特權ハ（イ）共益ノ費用（ロ）葬式ノ費用（ハ）雇人ノ給料（ニ）日用品ノ供給ヨリ生シタル債權ヲ有スルトキ特別ノ先取特權ハ（イ）不動産ノ保存ノ爲ニ生シタル債權（ロ）不動産工事ノ爲ニシタル債權（ハ）不動産ノ賣買ニ基ク債權ヲ有スルトキ生スルモノトス

一般先取特權ハ總テノ不動産上ニ行ハルト雖モ民法第三百三十五條ノ制限アリテ先ツ不動産以外ノ財産ニ付キ辨濟ヲ受ケ尚ホ不足アルニ非サレハ不動産ニ付キ辨濟ヲ受クルコトヲ得ス反之特別ノ先取特權ハ債務者ノ特定不動産ニノミ行ハルルモノナリト雖モ直ニ權利ノ實行ヲ爲シ得ル點ニ於テ一般ノ先取特權ニ優ルモノト謂ヘシ左ニ特別先取特權發生ノ原因タル債權ヲ説明スヘシ

一、不動産保存ノ爲ニ生スル債權ハ例ヘハ家屋ノ借主其家屋ノ修繕ヲ爲シ若クハ第三者カ事務管理ニ依リ其家屋ノ修繕ヲ爲シタルトキハ所有者ニ對シ之ニ要シタル費用ヲ請求スルノ權ヲ有スルカ如シ其他不動産カ將ニ時效ニ係ラントスル際時效ノ中斷ヲ爲スカ爲ニ要セシ費用モ亦保存費ニ屬ス右不動産保存ノ先取特權ハ其保存ヲ爲シタル不動産其者ノ上ニ存在ス

二、不動產工事ノ爲メトハ別ニ說明セサルモ明カナルヘシ即チ工匠技師請負人等カ不動產ニ關シ爲シタル工事費用ヲ云フ是亦其工事ヲ爲シタル不動產ノ上ニ存在スルモノトス

三、不動產賣買ニ依ルモノハ即チ不動產ヲ賣却シテ未タ代價ヲ受取ラサレハ其代金及代價支拂ニ期限アリテ期限後支拂ハレサルトキハ其後ノ利息ニ付キ賣却シタル不動產上ニ此權ヲ行フコトヲ得

以上ノ原因ニ依リ發生シタル先取特權ヲ有效ニ行ハシメンニハ(一)ニアリテハ保存行爲完結ノ後(二)ニ在リテハ工事ヲ始ムル前ニ其費用ノ豫算額ヲ(但工事費カ豫算額ヲ超過シタルトキハ其超過額ニ就テハ先取特權ナシ)(三)ニアリテハ賣買契約ト同時ニ未タ代價利息ノ支拂ナキ旨ヲ登記セサルヘカラス若シ登記セサルトキハ其效力ナキモノト知ルヘシ(民法第三百三十七條、三百三十八條、第三百四十條)尚前(一)(二)ノ先取特權ヲ登記シタルトキハ抵當權ニ先タチ之ヲ行フコトヲ得ルノ利益アリ(民法第三百三十九條)

チ、質權

質權者ハ其債權ノ擔保トシテ債務者又ハ第三者ヨリ受取リタル物ヲ占有シ且ツ其物ニ付キ他ノ債權者ニ先チ自己ノ債權ノ辨濟ヲ受ルノ權利ヲ有

ス（民法第三百四十二條）

一、質權ハ其目的タル物ヲ賣却シテ自己ノ債權ノ辨濟ヲ受クルモノナレハ讓渡スコトヲ得サル物ヲ以テ質權ノ目的ト爲スヲ得サルハ當然ナリ（民法第三百四十三條）現行法令ノ下不動産ニシテ讓渡スヘカラサルモノハ華族ノ世襲財産ナリ（華族世襲財産法第十三條）動産ニシテ讓渡スヘカラサルモノハ風俗ヲ壞亂スヘキ文書圖畫ノ如キ是ナリ

二、質權ノ成立ニハ物ヲ占有セサルヘカラス此點ニ於テ先取特權抵當權ト異ナリ留置權ト相同シ故ニ其目的タル物ヲ引渡サヽル間ハ未タ質權タルノ效力ヲ生セス（民法第三百四十五條）但シ其物ハ債務者ノ所有物タルト將タ第三者ノ所有ナルトヲ問ハサルナリ

質權ノ成立ニハ物ノ占有ヲ要スルモ我民法ハ代理占有ヲ認ムルカ故質物ヲ他人ニ占有セシムルモ妨ケナシ然レトモ質權設定者ヲシテ質物ノ占有ヲ爲サシムルヲ得ス（民法第三百四十五條）是質權設定者ヲシテ質物ノ占有ヲ爲サシムル時ハ質權ノ效力發生ニハ其物ヲ債權者ニ引渡ヲ爲スヲ要スト定メタル趣旨ニ

反スルノミナラス延テ第三者ヲ欺キ損害ヲ與ヘシムルノ弊アルヲ以テナリ

三、質權ノ效力ハ主タル債權ノミナラス利息違約金、質權實行ノ爲メ要スル費用、質物保存ノ費用其他債務ノ不履行若クハ質物ニ隱レタル瑕疵アルニ依リ生シタル損害ノ賠償等ヲモ擔保スルモノナリ（民法第三百四十六條）但シ契約ヲ以テ之ト反對ノ意思ヲ表示スルハ當事者ノ自由ナリ

以上ハ質權ノ性質並ニ一般的效力ナリトス而シテ質權ニハ動產ヲ目的トスルモノ不動產ヲ目的トスルモノ他ノ一般財產權ヲ以テスルモノ等アリト雖モ其效果ニ於テ大差アルニ非ス只タ動產質權ニアリテハ正當ノ理由アル場合ニハ鑑定人ノ評價ニ從ヒ質物ヲ以テ直ニ辨濟ニ充ツルコトヲ得ルモ不動產質權者ハ此權ヲ有セス又不動產質權ハ其目的タル不動產ノ用法ニ從ヒ使用收益ヲ爲スコトヲ得ルモ動產質權者ニ此ノ權ナシ又不動產質權者ハ一方ニ使用收益ヲ爲スノ權アルニ依リ元本ニ對スル利息ノ請求權ナク又其不動產ニ關スル管理費用其他公課等ヲ負擔スヘキモノトシ以テ均等ヲ保タシメントス（民法第三百五十六條乃至第三百五十八條）

其他權利質ハ債權ノ準占有ヲ爲シ自己ノ債權ノ辨濟ヲ受クルノ權ナレハ質權設定ノ方法ニ關シ動産不動産質權ト趣ヲ異ニスルモノアルハ固ヨリ當然ノコトナリトス即チ債權ヲ以テ質權ノ目的ト爲ス場合ニ證書アルトキハ其證書ノ交付ヲ爲シ質權ノ設定ヲ爲スハ動、不動産ノ場合ト異ナルナシト雖モ指名債權ヲ以テ質權ノ目的ト爲シタルトキハ此ノ外尚第三債務者（此ニ第三債務者トハ質權ノ目的ト爲ス債權ニ對スル債務者ヲ云フ）ニ通知シ又ハ其承諾ヲ得ル等民法第四百六十七條ノ規定ニ從フニ非サレハ第三債務者其他ノ第三者ニ對抗スルヲ得ス但シ記名ノ株式ニハ此手續ヲ要セス（株式ハ讓渡性ヲ有スルヲ以テ債務者ノ承諾ヲ必要トセサルナリ）又記名ノ社債（社債トハ會社カ通常ノ貸借關係ヲ以テ一般ヨリ資金ヲ募集スルニ依リ會社ノ負フ債務ヲ云フ）ヲ質權ノ目的ト爲スニハ會社ノ帳簿ニ質權ノ設定ヲ記入スルニ非サレハ會社其他ノ第三者ニ對抗スルヲ得サルナリ（之レ社債ハ普通ノ債務ト其性質ヲ同フスルモノナレハ一般ノ債權ト同一ノ方法ニ依ラシムルモノトス）指圖債權ヲ以テ目的ト爲シタルトキハ（指圖債權者ノ指名シタル人ニハ何人ニモ支拂フベキ債權ヲ云フ）其證書ニ質權設定ノ旨ヲ裏書セサレハ第三者ニ對抗スルヲ得サルカ如シ

又權利質ハ債權ノ準占有ヲ爲ス（準占有トハ自己ノ爲ニ其債權ヲ行使スルヲ云フ）モノナレハ其目的タ

ル債權ヲ直接ニ取立テ且金錢債權ナルトキハ自己ノ債權額ニ相當スル部分ヲ取立テ自己ノ債權ノ辨濟ヲ受クルコトヲ得

以上質權ノ一般ノ性質ヲ明カナラシメタリ而シテ本號不動產ノ上ニ存スル權利中ニ入ルヘキモノハ不動產質權及地上權永小作權ヲ目的トスル權利質ノミナリトス

リ、抵當權　抵當權トハ債務者又ハ第三者ヨリ占有ヲ移サスシテ其債務ノ擔保ニ供シタル不動產ニ付他ノ債權者ニ先チ自己ノ債權ノ辨濟ヲ受クルノ權ヲ云フ(民法第三百六十九條)

一、抵當權ノ目的ハ不動產ニ限ル只地上權永小作權ハ不動產ノ上ニ存スル權利ニシテ所有權ニ次キ有力ナル權利ナルカ故抵當權ノ目的ト爲スヲ得質權ハ動產不動產ヲ目的ト爲スモ動產ノ抵當權ヲ認メス是レ抵當權ハ物ノ占有ヲ移サヽルモノナレハ若シ輾轉シ易キ動產ヲ抵當權ノ目的物ト爲ストキハ其間ニ詐欺奸策行ハレ債權者ハ擔保權ノ實行ヲ爲ス能ハサルニ至ル例之債務者又ハ第三者ハ一タヒ抵當權ヲ設定シ後占有ノ自己ニ在ルヲ奇貨トシ更ニ第二第三債務者ニ抵當ト爲スカ如キ弊害ヲ生スヘシ蓋シ動産ニハ登記ノ制ナキヲ以テ何人モ抵當權ノ存在ヲ知ル能ハサルカ故此ノ計ニ陷リ易シ是ヲ以テ民法ハ動産ニ對スル抵當權ヲ認メサルナリ

而シテ抵當權ノ實行ハ其目的タル不動産ヲ賣却シテ債權ノ辨濟ヲ受クルニアリ不動産ノ賣却トハ其所有權ヲ賣却スルニアリ從テ抵當權ハ不動産所有權ヲ目的トスルモノナリト謂フヲ得ヘシ既ニ所有權ヲ目的トスルヲ得ハ其所有權ノ支分權タル地上權永小作權ノ如キ强固ナル權利ニ在リテハ之ヲ以テ抵當權ノ目的ト爲スヲ得ハ實際上ノ便宜ニ適シ而シテ亦何等弊害ヲ生セサルヘキニ依リ民法第三百六十九條第二項ハ之ヲ明言セリ

二、抵當權者ハ物ノ占有權ヲ有セス是不動産質權ト大ニ異ナル點ナリトス從テ抵當權ノ目的物ヨリ生スル果實其他ノ收益ハ總テ物ノ所有者ニ歸スヘシ收益權ナキカ故抵當權者ハ不動産質權者ノ如ク不動産ニ關スル一切ノ負擔ヲ負ハサルナリ

三、抵當權ノ目的タル不動産（但シ家屋ヲ除ク）ニ附加シテ之ト一躰ヲ成シタル物アルト

キハ當然其物ニ抵當權ノ効力ヲ及ホスヘシ例之土地ニ草木ヲ栽ユル如ク人工的ノ增加ト河岸ニ寄洲ヲ生スル如キ自然ノ增加トヲ問ハス總テ其土地ニ定着セラレタルモノハ皆抵當權ノ目的トナル然レトモ契約ヲ以テ特ニ反對ノ意思ヲ表示シタルトキ及債務者カ抵當權ヲ有スル者以外ノ他ノ債權者ヲ害スルノ意思ヲ以テ抵當不動產ニ特ニ他ノ物ヲ附加セシメ抵當權者ヲ利セシメントスルカ如キ場合ニアリテハ其附加物ニ對シ抵當權ノ効力ヲ及ホスヲ得ス（民法第三百七十條）

又果實ハ土地ヨリ離レサル前ニ在リテハ之ト一躰ヲ爲スモノナリ故ニ前項ノ適用ヲ受ケサルヘカラサルモ如此ハ土地ノ收益ヲ所有者ニ與フルノ趣旨ニ反スルヲ以テ果實ニハ之ヲ適用セス（民法第三百七十一條）然レトモ既ニ抵當權ノ實行ヲ始メタルトキ即チ債務者其債務ヲ履行セサルニ依リ抵當不動產ヲ差押ヘタル後又ハ抵當不動產ノ第三取得者（第三取得者トハ債務者ヨリ抵當不動產ヲ買受ケ若クハ抵當不動產上ニ存スル地上權永小作權ヲ取得シタル者ヲ云フ）ニ豫メ抵當權ノ實行ヲ爲スヘキコトヲ通知シ其後一年內ニ抵當不動產ヲ差押ヘタルトキ（民法第三百八十一條）ハ果實モ亦抵當權ノ

目的ト爲ルヘシ

此ノ他抵當權者ハ不可分權、抵當目的物ノ賣却、賃貸滅失又ハ毀損ニ依リ債務者ノ受クヘキ金錢其他ノ物ニ對シ優先權ヲ有スルコト先取特權ト異ナルコトナシ

ヌ、賃借權　賃借權トハ賃金ヲ拂フテ或物ノ使用及收益ヲ爲スノ權ヲ云フ

一、賃借權ハ賃貸借契約ヨリ生ス賃貸借契約トハ當事者ノ一方カ相手方ニ或物ノ使用收益ヲ爲サシムルコトヲ約シ相手方ハ之ニ對シ賃金ヲ支拂フコトヲ約スルニ依リ效力ヲ生スルモノナリ（民法第六百一條）故ニ賃借權ノ成立ニハ賃金支拂ヲ以テ其要件トス若シ賃金ヲ拂ハサルモノナレハ使用借權ヲ生スルモ賃借權ヲ生セサルナリ又賃借權ノ目的ハ動産不動産ニ限ル而シテ其使用ノ目的耕作牧畜ノ爲メナルト又ハ工作物ヲ所有スルカ爲メナルトヲ問ハサルナリ

二、賃借權ハ債權ナリト雖モ不動産ノ賃借權ハ之ヲ登記スルトキハ爾後其不動産ニ付キ物權ヲ取得シタル者ニ對シテモ其效力ヲ主張スルヲ得（民法第六百五條）例

ヘハ土地家屋ヲ借受ケ登記ヲ爲セハ假令其土地家屋ハ第三者ノ手ニ移リ新所有者ヨリ明渡ヲ請求セラルルモ之ニ應セス賃借スルヲ得ルカ如シ故ニ其效果ニ於テハ他ノ一般物權ト異ナルコトナシ然レトモ登記ニ依リテ其性質ヲ變シテ物權トナリシモノト誤想スルナキヲ要ス

ル、使用借權　使用借權トハ無報酬ニ契約又ハ其目的物ノ性質ニ因リテ定マリタル用法ニ從ヒ他人ノ物ヲ使用收益スルノ權ナリトス其性質ハ賃借權ト異ナルコトナシ賃借權使用借權共ニ他人ノ物ヲ使用收益スルノ權ナリ只一ハ賃金ノ支拂ヲ爲スヲ要スルヲ以テ賃借權ノ名アルノミ

一、使用借權ハ無償ニ物ヲ使用收益スルノ權ヲ有スルカ故借主ハ借用物ノ通常ノ必要費ハ自ラ負擔セサルヘカラス反之賃貸借ニ在リテハ賃貸人ノ負擔タルヲ原則トス（民法第五百九十五條第六百六條）

二、又使用貸借ハ多クハ其人ノ信用ヲ基礎トスルモノナレハ借主死亡スルトキハ其權利ハ消滅シ相續人ニ移轉セス賃借權ハ一般債權ト同シク其人ノ死亡ニ依リ消滅スルモノニ非ス故ニ使用借權ハ不動産ノ上ニ存スル權利ナリト

雖モ相續人ニ移轉セス從テ相續財産ヲ構成スルモノニアラサルナリ其隱居ノ場合ニ於テモ明文ナシト雖モ民法第五百九十四條第二項ノ規定ヨリ相續人ニ當然移轉スヘキモノニ非サルヲ知ル

ヲ、鑛業權（採掘權及試堀權ヲ包含ス）　鑛業權トハ自己ノ土地タルト他人ノ土地タルトヲ問ハス其地下ニ存在セル鑛物（鑛業法第三條ニハ「未タ採掘セサル鑛物ハ國ノ所有トス」ト云ヒリ）ヲ採掘若ハ試堀スルノ權ヲ云フ而シテ此權利ハ契約ニ依リ生スルモノニ非ス亦法律上當然生スヘキモノニ非スシテ行政官廳ノ處分即チ特許ト云フ形式ノ下ニ發生スルモノトス舊鑛業條例ノ下ニ於テハ鑛業權ノ性質ニ付キ議論アリシト雖モ本年三月改正鑛業法第十五條ニ依リテ一種ノ物權タルコト爭ナキニ至レリ之ヲ物權トスルモ果シテ不動産ノ上ニ存スル權利ト云フヘキヤ否ニ關シ尙疑ヲ挾ムモノナキニアラスト雖モ元來鑛物其者カ之ヲ試堀若ハ採堀セサル間ハ土地ト合躰シテ存スルモノナレハ其所有權ノ國家ニ屬スルト否トニ論ナク不動産上ニ存スル權利ト見ルコソ穩當ナラン故ニ著者ハ之ヲ本號ノ中ニ入ルヘキモノトシ説明ス但此點ニ付テハ何レニ決スルモ共ニ課稅ノ目的トナルモノナレハ實際上ニ

害ナキモノナリ

第四動産不動産及不動産ノ上ニ存スル權利以外ノ財産權

抑モ財産ノ語ハ普通一般ノ慣用スル所ニシテ意義甚タ明白ナルカ如キモ而カモ法律上ヨリ之カ定義ヲ下サントスルハ至難ノ業ニ屬ス我民法中財産又ハ財産權ノ語ヲ用ユト雖モ其實質ノ何モノタルヤヲ明ニセンモノナシ然レモ從來ノ慣例ニ依レハ財産ト財産權トハ殆ト同意味ニ用ヒラルヽモノヽ如シ蓋シ權利アレハコソ吾人カ其利益ヲ享受スルヲ得ルモノナレハ其財産ヲ有スト謂ヘハ財産權ヲ有スルモノタルヤ殆ト自明ノ理ナルカ故ニ財産ヲ有スト云フモ二者全ク同義ニシテ何人モ怪ムモノナキニ至リシナリ本法ノ相續財産ト謂ヘタルハ一般ニ了解シ易カラシメンカ爲メナランノミ

然ラハ其所謂財産權トハ如何ニ解釋ヘキヤ是亦從來議論ノ存スル所ニシテ未タ歸着スル所ナシト謂フモ過言ニアラサルナリ今試ミニ二三ノ學説ヲ擧ケ鄙見ヲ陳述スヘシ

一説ニ曰ク吾人ノ幸福ヲ增進セシムル權利ハ財産權ナリト何ソ茫漠ノ甚シキヤ

若シ此說ヲ敷衍スルトキハ公權私權ノ別ナク總テノ權利ハ皆財產權ナリト云フニ歸ス故ニ今日此ノ如キ說ヲ主張スル者ナキハ固ヨリ當然ナランノミ

二說ニ曰ク吾人カ處分シ得ヘキ目的ヲ有スル權利ハ財產權ナリト更ニ此說ヲ詳說センカ所有權ノ目的タル動產不動產ハ處分シ得ヘキモノナリ故ニ所有權ハ財產權ナリ又債權ノ目的タル債務者ノ行爲不行爲モ權利者ハ之ヲ拋棄スルコトヲ得（拋棄ハ處分ノ一種ナリ）例ヘハ債務者ヲシテ或勞務ニ服セシムル權利ヲ有スル者ハ之ヲ拋棄シテ其勞務ニ服セサラシムルヲ得故ニ債權ハ亦財產權ナリト云フヲ得反之親族法上ノ權利例ヘハ親權夫權ノ如キ權利其者ハ勿論其目的モ亦處分シ得ルモノニアラス從テ財產權ニ非サルナリ然トモ扶養ヲ受ルノ權ハ齊シク親族法上ノ權ナリト雖モ其目的タル金錢米穀ハ何レモ處分シ得ルモノナレハ是亦財產權ト謂ハサルヘカラス之ヲ要スルニ財產權タルヤ否ヤハ權利自體ノ處分シ得ヘキヤ否ヤニアラスシテ其權利ノ目的ノ處分シ得ヘキヤ否ヤニ依リ之ヲ分ツコトヲ得從テ權利其自身ハ處分シ得サルモ財產權タルニ妨ケナシト謂フニ在リ

此ノ說ハ大家ノ唱フル所ナリト雖モ（一）余輩ノ不明ナル何カ故ニ財產權ハ處分シ

得ヘキ目的ヲ有セサルヘカラサルヤノ理由ヲ解スル能ハサルト（二）若シ此ノ如ク謂フトキハ甚タ廣キニ失シ例之俸給、恩給請求權ノ如キハ其目的金錢ニアリテ而シテ金錢ハ處分シ得ヘキ最モ顯著ナルモノナレハ是亦財産權ノ範圍ト爲リ（三）債權ハ總テ財産權ナリト斷定シ而シテ債權ハ其目的處分シ得ヘキニ依リ財産權ハ處分シ得ヘキ目的ヲ有スル權利ナリト主張スルカ如ク見ユルモ其前提ヲ維持スルノ理由ヲ發見スル能ハサルトニ依リ暫ラク此說ニハ疑ヲ措カサルヲ得サルナリ抑モ財産權ト云フトキハ其權利ノ性質總テ財産上ニ關係ヲ有スルモノタラサルヘカラサルハ其財産ト云フノ語ニ徵シテ疑ナキモノヽ如シ余輩固ヨリ財産ノ起源ヲ知ルモノニアラスト雖モ金錢經濟ノ行ハルヽ今日ニ於テハ少クトモ金錢上ノ價値ヲ有スルモノカ即チ財産ナリト云フノ妥當ナルヲ信ス是レ稍ヤ俗論タルニ似タリト雖モ然カモ世人一般ノ財産ニ對スル觀念ヲ外ニシテ其意義ヲ求ムルニ由ナカラントス固ヨリ法律上ノ語ハ普通ノ用語ト其意義ヲ異ニスルコトアルハ勿論ナリト雖モ此ノ場合ニハ自ラ特別ノ理由ナカルヘカラス若シ特ニ其理由ナカラン乎普通ノ意義ニ解セサルヘカラサルハ解釋法ノ一大原則ナレハナリ又利益ニハ金錢上ノ利益アリ或ハ精神上ノ利益アリ二者共ニ法律ノ保護ヲ要スヘキハ勿論ナリト雖モ其保護ヲ受クルカ故ニ直ニ財産權ナリト稱スルヲ得ス金錢ニ見積リ得サル債權モ我民法ハ之ニ保護ヲ與ヘルハ第三百九十九條ニ依リ明カナリ然レトモ債權ハ總テ財産權ナリトノ論結ヲ生セサルヘシ故ニ余輩ハ陳腐ナルカ如ク又通俗的ナルカ如キ觀アルモ寧ロ吾人ノ資産ヲ組成スルモノ即チ金錢上ノ價格ヲ有スル權利ヲ以テ財産權ト謂フノ穩當ナルヲ覺ユ然レトモ財産權ハ私權ノ一種ナルカ故ニ公權利ハ假令金錢上ノ價値ヲ有スルモ財産權ニアラサルナリ例之受俸給、恩給權議員ノ歲費請求權ノ如キ孰レモ財産權ニ非ラサルナリ故ニ「私權ニシテ金錢上ノ價値ヲ有スルモノハ總テ財産權ナリ」ト謂ハハ蓋シ大過ナキニ庶幾カラン

以上余輩ノ論定ニ從フモ

一、財産權タルニハ權利其者ノ處分シ得ルト否トヲ問ハサルナリ扶養ヲ受ルノ權ハ金錢上ノ價格ヲ有スルカ故ニ財産權ナリ但シ此權利ハ身分ニ基クモノナルカ故之ヲ分離シテ他人ニ讓渡、相續セシムルヲ得サルハ前ニ論セシ所ナ

リ其他法律ノ規定ニ依リ處分ヲ禁セラルルモノナリト雖モ金錢上ノ價格ヲ有シ從テ吾人ノ資產ヲ組成スルモノハ財產權ナリ例之債權ノ性質上讓渡シ得サルモノ（後ニ說明スル處アリ）華族世襲財產ノ目的タルモノ等ハ之ニ屬ス

二、右ノ如クナル故財產權ハ常ニ處分シ得ルモノナリト誤解スヘカラス

三、債權ハ悉ク財產權ナリト謂フヲ得ス債權ノ目的ハ金錢ニ見積リ得サルモノト雖モ之ヲ以テ其目的ト爲シ得ルハ我民法ノ認ムル處ナリ故ニ此種ノ債權ハ金錢上ノ價値ヲ有セサルモノナレハ財產權ニ非ラサルナリ

四、財產權ハ獨リ物權債權ノミナラス學者ノ所謂對世權ノ一種タル特許權、意匠、商標專用權、本年法律第二十一號ヲ以テ公布セラレタル實用新案法ニ基ク實用新案權ノ如キ即チ直接ニ物ノ上ニ行ハルヽモノ（物權）ニアラス又特定ノ人ニ或行爲不行爲ヲ求ムル（債權）ニアラスシテ汎ク何人ニ對シテモ其利益ヲ侵害セラレスシテ獨リ自ラ利益ヲ收ムルヲ得ルノ權ハ金錢上ノ價値ヲ有スルカ故亦財產權ノ一種ナリト謂フヘシ

余輩乞フ左ニ財產權中其主ナルモノヲ列擧說明セントス

一、債權　債權トハ或ル人ヲシテ一定ノ行爲ヲ爲サシメ又ハ爲サヽラシムルヲ云フ而シテ或行爲ヲ爲サシムルハ物ニ關スルコトアリ或ハ單ニ債務者ノ行爲ヲ以テ目的トスルコトアリ例ヘハ金錢ヲ支拂ハシメ時計ヲ引渡サシムルト云フハ物ニ關スル債權ノ一例タリ反之繪畫ヲ描カシメ若ハ技藝ヲ演セシムルト云フ債權ハ物ニ關係セス單純ニ債務者ノ作爲ヲ目的トスルモノナリ又債務者ノ行爲中爲スノ義務ニ非スシテ或行爲ヲ爲サヽラシムルモノ例ヘハ隣地ノ所有者ニ對シ觀望ヲ妨クヘキ行爲ヲ爲サヽルコトヲ約セシムル如キ卽チ消極的行爲モ亦債權ノ目的トナル

債權ノ目的ハ金錢ニ見積リ得ヘキモノニ限ラサルコトハ民法第三百九十九條ノ明ニ規定スル所ナリト雖モ金錢ニ見積リ得ヘカラサルモノハ財產權ニアラサルハ前ニ一言セシ所ナリ故ニ債權ハ總テ財產權トシテ課稅ノ範圍ニ在ルモノト斷スルヲ得ス

而シテ債權ノ種類ハ千差萬別今一々玆ニ擧クルハ到底不可能ノコトニ屬スルヲ以テ左ニ債權ノ發生原因ニ依リ大躰上ノ區別ヲ試ミント欲ス

イ、契約若ハ遺言ヨリ生スル債權

此種ノ債權ハ最モ多キニ依リ就中特種ノ性質ヲ有スル條件付債權ノミヲ解說スヘシ

條件付債權トハ或ル不確定ナル事實ノ到來ニ依リテ始テ其本來ノ效力ヲ生スヘキ權利ヲ云フ故ニ一般債權ノ如ク其效力ノ發生スルコト確實ナルモノニ非ス普通ノ債權ハ期限アルモノハ期限ノ到來ニ依リ期限ナキモノハ何時ニテモ債權者ノ隨意ニ其權利ヲ主張スルコトヲ得ルト雖モ條件付債權ハ條件成就セサル間ハ其債權ノ目的タル行爲不行爲ヲ求ムルヲ得サルナリ例之甲カ乙ニ對シ日露戰爭終局ノ際若シ我國カ露國ヨリ二十億ノ償金ヲ得シナラハ祝意ヲ表スル爲メ汝ニ金一萬圓ヲ與フヘシトノ契約ヲ爲シタリトセヨ乙ノ權利ハ直ニ其實效ヲ生スルモノニアラス我國カ露國ヨリ右償金ヲ得タル後ナラサルヘカラス而シテ二十億ノ償金ヲ得ルノ事實ハ必シモ確定的ノモノト謂フヲ得ス或ハ十五億ノ償金ト外ニ領地ノ一部ヲ割讓セシメテ降ヲ容ルヽヤハ豫メ期スヘカラス

條件付債權ハ此ノ如ク其本來ノ效力發生スヘキヤ否ヤ不確定ナルモノナレハ完全ナルモノニ非スト雖キ而カモ一種ノ債權トシテ之ヲ保護セサルヘカラサル必要アルニ依リ條件付債權トシテ有效ニ其存在ヲ認メ且ツ一般ノ債權ト同シク之ヲ處分シ相續シ保存シ若クハ擔保スルコトヲ得セシム(民法第百二十七條第百二十九條)處分シ得ルカ故ニ條件付債權ヲ讓渡シ幾分ノ對價ヲ得ルコトヲ得ン條件ノ到來確實ナルヲ豫想セラルヽ場合ニ於テハ投機心ノ盛ンナルモノハ比較的高價ニ其權利ヲ讓受クルモノアラン例之前例ト少ク趣ヲ異ニシ若シ日露戰爭ニシテ日本ノ勝利ニ歸シタルトキ一萬圓ヲ與フヘシト謂フカ如キ條件付債權ナランカ少クモ當時ノ金利ヲ控除シタル額迄ハ此ノ權利ヲ讓受ケントスル者ヲ生スヘシ是ニ於テカ條件付債權モ亦他ノ財產權ト異ナルコトナカルヘク其ノ財產權タルヤ明瞭ナルヘシ

以上ハ停止條件付債權ト稱スルモノナリ之ト反對ニ解除條件付債權ナルモノアリ

解除條件付債權トハ條件ノ成就ニ依リ其債權ノ消滅スルモノヲ云フ例ヲ以テ示

サンカ年々一定ノ金錢ノ支拂ヲ受クルノ權ヲ有スルモノアリ然レトモ此權利ハ或ル條件ノ到來ニ依リテ消滅スヘキモノナリトセハ是即チ解除條件付債權ナリトス但シ一般ノ定期金債權ト異ナルハ解除條件付債權ハ條件ノ成就スヘキヤ否ヤ不確定ナリ從テ消滅スヘキヤ否ヤ未確定ナルモノナルニ反シ定期金債權ハ必ス或ル時期ニ至リテ消滅スヘキコト確實ナルノ點ニ在リトス故ニ解除條件付債權ハ條件ノ到來セサル以前ニ於テハ全ク他ノ一般債權ト譯ナルコトナシ從テ其財產權タルヤ亦疑ナカルヘキナリ

ロ、事務管理ヨリ生スル債權

事務管理トハ義務ナキニ自ラ進ンテ他人ノ事務ヲ管理スルヲ云フ蓋シ他人ノ事務ニ關與スルハ本來爲シ能フヘキコトニ非スト雖モ本人不在ナルカ爲メ若クハ其他ノ事情ニ依リ自ラ其事務ヲ行フ能ハサル場合ニ於テ而カモ其事務ヲ爲サヽルトキハ本人ノ不利益ハ勿論延テ社會經濟上ニモ損害ヲ及ホスモノナルニ於テハ代テ之ヲ行ハントスル者ヲ排斥スヘキ理由ナク却テ其事務ノ管理ヲ爲サシムヘキ必要アルモノト謂フヘシ是民法第六百九十七條

ノ規定アル所以ナリ
而シテ他人ノ事務ノ管理ヨリ生シタル有益若クハ必要ノ費用ハ其利益ヲ受ケタル者ノ負擔ニ歸スヘキハ當然ナリ若シ然ラサレハ被管理者ハ謂ハレナク不當ノ利益ヲ受ルニ至ラン故ニ民法第七百二條ハ本人ニ償還義務ヲ負ハシメ事務管理者ニ損失ナカラシメントス
右ノ如クナルカ故ニ事務管理ヨリ生スル債權ハ其性質ハ全ク不當利得ノ原理ヨリ生スルモノト謂フヘシ
ハ、不當利得ヨリ生スル債權
不當利得トハ法律上ノ原因ナクシテ他人ノ財産又ハ勞務ニ因リ利益ヲ受ケ却テ他人ニ損失ヲ及ホスヲ云フ
故ニ利益ヲ受クヘキ法律上ノ原因存スルトキハ縱令ヒ他人ニ損害ヲ及ホスモ決シテ不當ノ利得ト云フヲ得ス又法律上ノ原因ナクシテ他人ノ財産又ハ勞務ニ依リ利益ヲ受クルモ若シ他人ニ損失ナクンハ不當利得ト云フヲ得サルナリ蓋シ他人ノ行爲ニ依リテ偶然利益ヲ受クルコトアリトスルモ若シ其

他人カ何等損害ヲ被ラサレハ受益者ヲシテ賠償若クハ償還セシムル必要ナキモノト謂フヘシ否ナ必要ナキノミナラス若シ償還セシムルニ於テハ却テ一方ヲシテ不當ニ利益セシムルモノト謂ハサルヘカラス何トナレハ損害ナキニ賠償若クハ償還ヲ爲サシムルモノナレハナリ(民法第七百三條)

二、不法行爲ヨリ生スル債權

不法行爲トハ故意又ハ過失ニ依リテ他人ノ權利ヲ侵害スルヲ云フ他人ノ權利侵害ヨリ生シタル損害ヲ賠償スルハ不法行爲者ノ責任ナリトス(民法第七百九條)其權利ノ侵害セラレタルニ因リ賠償請求ヲ爲スノ權ハ即チ不法行爲ヨリ生シタル債權ナリトス

而シテ不法行爲ニ依リ侵害セラレタル權利ハ財產權ニ限ラス身體自由又ハ名譽ヲ害セラレタル場合ニ於テモ即チ財產以外ノ損害ニ對シテモ亦賠償請求ヲ爲シ得ルモノトス(民法第七百十條)就中財產權侵害ヨリ生スル賠償請求權ニ關シテハ議論ナシト雖モ財產權以外ノ權利侵害ヨリ生スル損害賠償請求權ハ之ヲ讓渡シ若クハ相續シ得ヘキヤハ學說紛々トシテ未タ一定セサルモノヽ

如シ今左ニ其學說ノ要旨ヲ揭ケ併テ鄙見ヲ述ヘント欲ス

想フニ不法行爲ニ基ク損害賠償請求權ハ一ノ債權ナリト謂フヲ得ヘシ何トナレハ加害者ニ對シテ或ル作爲ヲ要求スルノ權ナレハナリ或一派ノ學說ニ依ルニ賠償請求權其者ハ一種ノ請求權ニ過キス只タ裁判又ハ契約ニ依リ其義務額ノ確定シタルトキハ債權ノ範圍明瞭トナルカ故ニ一種ノ債權ヲ生ス然ルトキハ一般ニ讓渡スコトヲ得ヘシト謂ヘリ然レトモ此場合ニ於ケル判決又ハ契約ハ既存ノ權利ヲ明ニスルカ若クハ其權利ノ內容タル請求額ヲ決定スルニ過キスシテ權利其者ノ性質ヲ變更スルモノニアラス故ニ判決又ハ契約ノ前後ニ於テ權利其者ノ性質ニ於テ差異アルヘカラス（但シ更改アリタルトキハ別論ナリ）又債權ハ其目的確定ナルヲ要セス只タ確定シ得ヘキモノナレハ足ル故ニ不法行爲ニ基ク賠償請求權ハ始ヨリ一ノ債權タルヤ疑ナキ所ナリ

然ラハ此ノ賠償請求權ノ讓渡シ得ヘキヤ否ヤハ一般債權ノ讓渡シ得ヘキヤ否ヤニ依リ之ヲ定メサルヘカラス民法第四百六十六條ニ依レハ債權ハ當事者ノ意思及其性質ノ許サヽルトキハ之ヲ讓渡スコトヲ得スト云ヘリ然カモ如何ナルモノ

ハ性質上讓渡スヘカラサルヤハ全ク學者ノ判定ニ一任セリ故ニ學理上之ヲ決スルノ外ナシ而シテ不法行爲ニ基ク賠償請求ノ權ハ公益ノ爲メ特ニ法律ノ認ムルモノナレハ豫メ當事者カ不法行爲アリシトキ發生スヘキ賠償權ノ不讓渡ヲ約スルヲ得サルヤ言ヲ待タス又財產權ノ侵害ニ對スル賠償請求權ニ關シテハ其讓渡シ得ヘキヤ何人モ異論ナキ所ナリ只生命、名譽權等ノ所謂人格權ノ侵害ニ對スル賠償請求權ニ關シテハ議論ノ存スル所ナリトス讓渡スルヲ得ストノ論旨ニ曰ク是等ノ權利ハ其人ノ身分地位ヲ離レテ獨立ニ存在スヘカラサルヲ以テ其侵害ニ付テノ回復モ亦其人ヲ離レテ効ヲ見ルニ由ナシ例ヘハ民法第七百十一條ノ慰籍賠償ハ其性質ニ於テ被害者ノ感情悲痛ノ回復ヲ兼ヌルモノナルヲ以テ他人ニ讓渡シ他人ノ感情ヲ慰セシムヘキ性質ノモノニアラス故ニ是等ノ侵害ニ基ク賠償請求權ハ何人ノ手中ニモ讓渡スヲ得サルモノナリト

論者ノ說ハ甚タ巧妙ニ似タリト雖モ未タ俄カニ贊同スヘカラス抑モ生命、名譽、自由等ノ權利ハ固ヨリ其人ノ身分地位ヲ離レテ存在スルヲ得サルモノナレハ生命權名譽權其者ヲ讓渡スヲ得サルハ勿論ナリ然レトモ此權利ノ侵害ヨリ生シタル

債權ヲモ讓渡スヲ得ストノ論結ヲ生セサルナリ況ンヤ此種ノ論者ハ原權ト原權ノ侵害ヨリ生シタル賠償請求權ハ別異ノモノナリト謂フニアラスヤ既ニ別個ノ權利ナリトセハ原權讓渡スヲ得サルカ爲メ因テ生シタル賠償請求權モ當然讓渡スルヲ得ストノ理由ナキヤ明カナラン又論者ハ慰藉賠償權ノ如キハ他人ニ讓渡シ他人ノ感情ヲ慰セシムヘキ性質ノモノニアラサルカ故讓渡スヲ得スト謂フト雖モ若シ他人ニ讓渡シ或ル報酬ヲ得ルヲ以テ自ラ慰ムルニ足ルト信スル者モ之レアラン此ノ場合ニ其讓渡ヲ爲スハ他人ノ感情ヲ慰スルニアラス以テ自己ノ悲痛ヲ慰ムルモノナリ之ヲ讓渡セシムルハ寧ロ其本質ニ適フモノト謂ハサルヘカラス

之ヲ要スルニ不法行爲ニ基ク損害賠償請求權ハ性質上讓渡シ得サル權利ニアラス從テ此權利ハ當然相續人ニ移轉スヘキモノナリ

只タ此ニ注意ヲ要スルハ名譽回復ノ爲メニ損害賠償ニ代ヘ適當ナル處分ヲ求ムルノ權例之新聞紙ニ謝罪ノ廣告ヲ爲サシムルカ如キハ其人ノ身分ニ附着スル名譽ヲ毀損セラレタルニ依リ之ヲ回復スルノ方法トシテ此權利ヲ認ムルモノナレ

ハ性質上決シテ他人ニ讓渡スルヲ得ルモノニアラス何トナレハ讓受人ハ何等ノ名譽侵害ヲ受ケサルニ他人ヲシテ謝罪セシムヘキ謂ハレナク又讓受人ヨリ見ルモ自己ニ謝罪セシムル代リニ他人ニ謝罪セシムルト云フハ條理ノ許サヽル所ナレハナリ然レトモ名譽回復ノ爲メナルモ若シ損害賠償トシテ金錢ノ支拂ヲ請求スルノ權ハ一般不法行爲ノ場合ト同シク讓渡相續セシムルヲ得ルヤ勿論ナリ右論決ノ如何ハ左ノ如キ重大ナル結果ヲ生ス

若シ讓渡シ相續シ得ストセハ被害者タル被相續人カ裁判請求中死亡シタルトキハ之ニ依リ直ニ其權利ハ消滅スヘク從テ訴訟ノ目的ヲ失フカ故何人モ其權利ヲ承繼スルニ由ナシ一歩進ンテ判決確定シ被害者ノ權利及其權利ノ範圍確定シタル場合ニ於テモ同一ナルコトハ前論セシ所ナリ蓋シ判決ノ效果ハ決シテ權利其者ノ性質ヲ變更スルモノニアラサルハ一般ノ定論ナレハナリ

第三條　被相續人カ本法施行地ニ住所ヲ有スルトキハ相續開始ノ際本法施行地ニ在ル相續財產ノ價額ニ相續開始前

一年內ニ被相續人カ本法施行地ニ在ル財產ニ付爲シタル贈與ノ價額ヲ加ヘ其ノ中ヨリ左ノ金額ヲ控除シタルモノヲ以テ課稅價格トス

一、公課

二、被相續人ノ葬式費用

三、債務

被相續人カ本法施行地ニ住所ヲ有セサルトキハ相續開始ノ際本法施行地ニ在ル相續財產ノ價額ニ相續開始前一年內ニ被相續人カ本法施行地ニ在ル財產ニ付爲シタル贈與ノ價額ヲ加ヘタルモノヨリ左ノ金額ヲ控除シタルモノヲ以テ課稅價格トス

一、其財産ニ係ル公課
二、其財産ヲ目的トスル留置權、特別ノ先取特權、質權又ハ抵當權ヲ以テ擔保セラルヽ債務
三、其財産ニ關スル贈與ノ義務
永代借地權ハ相續稅ノ課稅價額ニ算入セス
公共團體又ハ慈善事業ニ對シ爲シタル贈與及遺贈ハ課稅價額ニ算入セス
本條ハ課稅價格ノ計算方法ヲ規定シタルモノナリ而シテ本法施行地ニ住所ヲ有スルト否トニ依リ其計算方法ヲ異ニシタルハ課稅スヘキ財産ノ範圍異ナルカ故ナリ
本法第一條ハ本法施行地ニ在ル相續財産ニ相續稅ヲ課スヘキコトヲ規定シ其第二條ハ本法施行地ニ在ル相續財産ノ範圍ヲ明確ナラシメタリ然レモ相續稅ヲ課

スル所以ノモノハ既ニ前屢々述ル如ク一時ニ財產上ノ利益ヲ取得スルカ故ナリトス然ラハ當然其財產中ヨリ支拂ハサルヘカラサルモノアリテ相續人ノ利益ニ歸セサルモノハ之ヲ除外スヘキハ固ヨリ至當ナリト云ハサルヘカラス然ラサレハ被相續人ノ債務額多クシテ相續財產ヲ以テスルモ尙足ラサル塲合ニハ相續人ハ相續ニ依リ何等ノ利益ナキノミナラス却テ大ナル義務ヲ負擔スルニ拘ハラス重テ租稅負擔ノ責ニ任セサルヘカラサルノ悲境ニ陷ルニ至ラン是本條第一項及第二項ノ規定アル所以ナリ

然レモ直ニ相續財產中ヨリ被相續人ノ債務額ヲ控除スルモノトセハ被相續人ハ豫メ相續財產額ヲ減少シ逋稅ヲ謀ラントスル者之ナキヲ保セス故ニ其相續財產ニ相續開始前一年內ニ爲シタル贈與ノ價額ヲ加ヘ其ノ中ヨリ義務額ヲ控除シ課稅價格ヲ決定スルモノトセリ然ラハ贈與ノ價額ハ贈與當時ノ價額ナリヤ將タ相續開始當時ノ價額ナリヤト云フニ贈與當時ノ價額ナルヤ勿論ナリ何トナレハ贈與物ハ受贈與者ニ於テ既ニ處分シテ現ニ存セサルト否トヲ問ハサルヲ以テ若シ相續開始當時ノ價額ニ依ルモノトセハ滅失其他ニ因リ贈與物現存セサルトキハ

其價額ヲ知ル能ハサルノミナラス毀損ニ依リ著シク價額ノ減少シタルトキハ之ヲ相續財產ニ加算スルモ殆ト有名無實ニ歸スヘケレハナリ而メ此ニ所謂贈與ハ既ニ履行ヲ終リタルモノ及契約ヲモ包含スルモノナリ民法第五百四十九條ニ依レハ贈與トハ當事者ノ一方カ無償ニ財產ヲ相手方ニ與フヘキ思意ヲ表示シ相手方カ承諾スルニ依リテ其効力ヲ生ストアリ故ニ民法上贈與ト云ヘハ常ニ契約ヲ指スモノナリト雖モ此ニハ契約及其履行セラレタル塲合ヲ包含スルモノニシテ普通ニ云フ贈與ト民法上ノ贈與トニノ意味ヲ有スルモノト知ルヘシ贈與ノ履行セラレタルト否トニ依リ左ノ如キ結果ヲ生ス

今茲ニ千圓ノ相續財產アリトシ而メ相續開始前一年内ニ五百圓ノ價額ヲ有スル物ヲ贈與シ既ニ履行ヲ終リタリトセハ其贈與價額ヲ加ヘテ千五百圓トシ此ノ中ヨリ公課其他ヲ控除スヘキモノトス此ノ塲合ニ於ケル贈與ハ履行ヲ終リタルモノナルヲ以テ債務トシテ控除スヘキモノニアラス反之若シ其贈與ニシテ未タニ履行ヲ終ラサルモノナルトキハ前例ニ付テハ千五百圓ノ財產ニ五百圓ノ贈與スヘキ額ヲ加ヘテ二千圓トシ更ニ本條第一項第三號若クハ第二項第三號ニ依リ贈

與スベキ債務額トシ五百圓ヲ控除セサルヘカラス然ラサレハ五百圓ハ二重ニ計算セラルヽノ結果ヲ生スレハナリ蓋シ立法ノ旨趣ハ結局一年內ノ贈與ヲ認メスト云フニ在ルモノニシテ卽チ相續財產ヲシテ贈與ナキ以前ト同一ノ狀態ニ在ラシムルヲ目的トスルモノナリ

從テ若シ贈與ニシテ負擔付ノモノナランカ受贈者ノ負擔ニ歸スヘキ部分ハ贈與者ノ得ヘキ對價ナルヲ以テ此部分ハ贈與セラレサルモノト云フヲ得ヘシ故ニ負擔付贈與ニアリテハ其負擔部分ヲ控除シタル殘價格ヲ贈與ノ價格トシテ計算スヘキモノトス

贈與ニ關シ尙一言スヘキハ不相當ノ對價ヲ以テ爲シタル有償行爲、及解除條件付贈與、定期ノ給付ヲ目的トスル贈與、寄附行爲ノ如キハ本法ノ適用上如何ニスヘキヤノ問題是ナリ

一、民法第千百四十二條ニハ不相當ノ對價ヲ以テ爲シタル有償行爲ハ當事者カ遺留分權利者ニ損害ヲ加フルコトヲ知リテ爲シタルモノニ限リ贈與ト看做ス規定アリト雖モ直ニ之ヲ本法ニ適用スルヲ得ス何トナレハ是贈與ニアラサルモ

ノヲ私法關係上特ニ贈與ト看做シタルニ過キサレハナリ然レトモ事實ノ如何ニ依リ負擔付贈與トシテ對價ヲ控除シタル殘價額ヲ以テ贈與價額ト爲シ相續財産ニ加算スルコトヲ得ヘシ

二、條件付贈與中停止條件付贈與ハ停止條件付債務ナルカ故贈與トシテ加算スヘカラサルハ勿論ナリ解除條件付與贈ハ既ニ履行ヲ終リタル贈與ナレハ單純ナル履行濟ノ贈與ト同一ニ相續財産ニ加算スヘキハ言ヲ俟タス

三、定期ノ給付ヲ目的トスル贈與ニアリテハ贈與者タル被相續人ノ死亡前一年内ニ爲シタル總テノ價額ヲ贈與價格トシテ相續財産ニ加算スヘキハ當然ニシテ別ニ説明ヲ俟タサルヘシ

四、寄附行爲トハ贈與ト似テ非ナル一種特別ノ法律行爲ニシテ贈與ノ如ク契約卽チ双面的行爲ニアラスシテ片面的行爲ナリ此ノ點ニ於テ贈與ト大ニ法律上ノ性質ヲ異ニス然レトモ無償ニ出損ヲ爲スノ點ハ贈與ト相似タルモノト云フヘシ卽チ寄附行爲ハ寄附財産ヲ以テ財團法人ヲ設立セントスルノ意思表示ニシテ生前處分ヲ以テスルモノト遺言ヲ以テスルモノトアリ生前處分ヲ以テスル

モノハ寄附財產ハ法人設立ノ許可アリタル時ヨリ法人ノ財產ヲ組成シ遺言ヲ以テ寄附行爲ヲ爲シタル時ハ寄附財產ハ遺言カ效力ヲ生シタル時ヨリ法人ニ歸屬シタルモノト看做サルヽモノナリ（民法第四十二條）故ニ被相續人カ生前處分ヲ以テ寄附行爲ヲ爲シ主務官廳ノ許可ヲ得法人設立シタルトキハ寄附財產ハ既ニ法人ノ財產トナリシモノナレハ相續財產ニアラサルハ論ナク又贈與ニ非ラサルカ故相續財產ニ加算セラルヽコトナシ遺言ヲ以テシタルトキニ於テモ寄附財產ハ遺言カ效力ヲ生シタル時卽チ死亡ノ時ヨリ直ニ法人ニ歸屬シタルモノトスルカ故相續財產ト爲ラサルヤ是亦明ナリ唯此ニ少シク疑ノ存スルハ生前處分ヲ以テ寄附行爲ヲ爲シ未タ主務官廳ノ許可ヲ受ケサル以前ニ相續開始シタル時ハ如何此ノ場合ニ於テハ其寄附財產ハ被相續人ノ權利ニ屬スルモノナレハ相續財產ト爲ルヘシ但シ之ト同時ニ一方ニ債務トシテ控除セラルヽニ至ルヘキハ勿論ナリ

相續開始前一年內ニ爲シタル贈與ノ價額ヲ相續財產中ニ加算スルコト右述フルカ如シト雖モ元之レ相續稅ノ逋脫ヲ防カレントスルモノナルヲ以テ財產ノ一部ヲ

分與シタリト認ムヘキ場合ニ限リ適用スヘキモノニシテ些細ナル贈與ヲ加算スルニ及ハサルハ大藏大臣訓示第六條ノ明告スル所タリ故ニ日常生活ニ於テ親族恩愛ノ間ニ行ハルヽ贈與、厚情ニ酬ユル謝禮、歳末年首等ニ一般ニ用ヒラルヽ贈物等ハ固ヨリ相續財產中ニ算入スヘキモノニアラサルナリ

之ト同時ニ一定ノ人ニ對シ一定ノ財產ヲ贈與シタル場合ニ於テ特ニ受贈者ノ地位ヨリ見ルモ將タ課稅取締上ヨリスルモ之ニ課稅スル必要ヲ認ムルトキハ之ニ對シテ獨立ニ課稅スルノ主義ヲ採リタルハ第二十三條ニ至リテ詳說スル所アルヘシ

尙此ニ特ニ「本法施行地ニ在ル財產ニ付爲シタル贈與」ト言ヒタルハ本法施行地外ニ在ル財產ハ始ヨリ課稅ノ目的ニアラサルカ故被相續人カ如何ニ處分スルモ固ヨリ其問フ所ニアラサルカ故ナリ

又一年內ノ贈與ニ限リタルハ元是程度ノ問題ニシテ必シモ一年內ニ限ラサルヘカラサル理論上ノ根據アルニアラス然レ𪜈數年以前ノ贈與ヲモ加算セシムルトキハ若シ相續財產ヲ以テ相續稅ヲ完納スルコト能ハサル事實ノ生シタル場合ニ

受贈者ハ其不足額ヲ納付セサルヘカラサル法制ノ（本法第二十條）下ニ於テハ受贈者ハ意外ノ時ニ於テ突然稅金納付ノ義務ヲ負ハサルヘカラサルニ至ルヲ以テ一年ノ範圍ニ止ムルヲ相當ト認メタルニ因ルモノナラン元來本規定ハ脫稅防止ノ必要ヨリ出テタルモノナルヲ以テ一年位ニ止ムルヲ適度トス長クスルトキハ只徒ニ取引ノ不案ヲ招クニ至ル

人或ハ贈與ニ付此ノ如キ規定アルヨリ賣買ニ付テモ同樣ノ規定ヲ要スヘシトノ疑ヲ有スル者アラン木法第二十三條ノ場合ニ於テモ亦然リ然レトモ（一）眞正ノ賣買ナランニハ對價ハ多クノ場合ニ於テ相續財產トシテ存在スヘク（二）不相當ノ對價ヲ以テ爲シタル賣買ハ場合ニ依リテハ其差額ヲ課稅價額ニ算入スルヲ得ヘク（三）脫稅ノ意思ヲ以テシタリト認メ得ヘクンハ第二十四條ノ制裁ヲ加フルヲ得ヘク（四）賣買ニ付テハ登錄稅法ニ於テ其所有權移轉ノ登記ニ對シ比較的高度ノ稅率ヲ適用スルヲ以テ本法ニ於テハ之ニ關シ何等ノ規定ヲ設ケサルナリ

本條第一項ノ相續財產中ヨリ控除スヘキモノ左ノ如シ

一、公課

（租稅手數料其他一切ノ）

公課トハ國家其ノ他ノ公共團體其ノ團體ノ經費ニ充ツル爲賦課徵收スル金錢其ノ他ノ財的給付ニシテ其ノ重モナルモノヲ擧クレハ國稅、府縣稅、市町村稅、水利組合費等ノ如キヲ云フ督促手數料、滯納處分費ノ如キハ手數料又ハ辨償金ノ性質ヲ有シ公課ト稱スヘキモノニ非ス然ラハ督促手數料又ハ滯納處分費ノ如キハ控除スルコトヲ得サルヤト云フニ公課トシテハ控除スルコトヲ得サルモ債務トシテ控除スヘキナリ

公課ハ如何ナル限度ニ於テ控除スヘキヤ法文ニハ單ニ公課トアリテ何等制限スル所ナシト雖自ラ一定ノ限界ナカルヘカラス

一、單ニ公課ト云ヘリ故ニ獨リ相續財產ヲ目的トシタル公課ノミナラス被相續人ニ屬スル總テノ公課ヲ包含スルモノトス

二、然レトモ被相續人カ民法第九八八條ニ依リテ留保シタル財產及營業ニ關スル公課ハ控除スヘキモノニ非ス

三、卽チ被相續人ニ於テ納稅義務確定シ相續人ニ於テ其ノ義務ヲ繼承スヘキ公

課ハ之ヲ控除スヘキモノトス

四、而シテ被相續人ニ於テ納稅義務確定セシヤ否ヤハ個々ノ公課ニ就キ之ヲ判斷セサルヘカラスト雖滯納稅金徵收猶豫又ハ延納許可ノ稅金ハ納稅義務ノ確定シタルモノトシテ控除スヘキモノトス

（イ）地租ハ土地臺帳記名者ヨリ之ヲ徵收ス而シテ納期開始前ノ土地臺帳記名者ノ異動ハ之ヲ更訂スヘキモ納期開始後ノ異動ハ之ヲ更訂セサルヲ以テ地租ハ相續開始ノ時現ニ納期中ニ在ルモノニ付テハ被相續人ニ對シ納稅義務ノ確定シタルモノナリトス

（ロ）所得稅ハ納期ノ如何ニ拘ラス所得金額ノ決定シタル以上ハ被相續人ニ對シ納稅義務確定シタルモノトス然ルニ隱居ノ場合ニ於ケル納稅義務ハ家督相續人ノ繼承スヘキモノナルヤ否ヤ國稅徵收法第四條ノ三ニ依レハ國稅ハ戶主ノ死亡以外ノ原因ニ依リ家督相續ノ開始アリタルトキハ被相續人ヨリモ之ヲ徵收スルコトヲ得トアリ故ニ所得稅ヲ被相續人ヨリ徵收スルトキハ之ヲ控除セス相續人ヨリ徵收スルトキハ之ヲ控除スルモノト爲

サヽルヘカラス

（ハ）営業税ハ営業ヲ繼續シ又ハ營業繼續ト認ムヘキ事實アルトキハ納期ニ於テ現ニ營業スル者ヨリ之ヲ徵收ス故ニ其ノ年ニ於テ確定シタル營業税ノ金額カ直ニ被相續人ノ納ムヘキ公課ナリト云フヲ得ス卽チ相續開始ト同時ニ營業ヲ繼續セルモノニ在リテハ納税義務者ハ繼續者タル相續人ナルヲ以テ其ノ營業税ハ控除スヘキ公課ニ非ス要スルニ納期ノ開始セル營業税ニ非サレハ控除スルコトヲ得サルモノトス

（ニ）相續稅現ニ開始スル相續税ハ控除スヘキモノニアラスト雖被相續人カ納稅義務ヲ有スル相續税ニシテ未納ニ係ルモノアルトキハ之ヲ控除セサルヘカラス

（ホ）酒稅查定濟ニ係ル酒類ニ對スル酒税ハ被相續人ニ對シテ確定シタル納税義務ニシテ相續ニ因リ相續人ハ承繼スヘキモノナルヲ以テ查定高ニ對スル未納税金ハ之ヲ控除セサルヘカラス

其ノ他類推スヘシ而シテ隱居ニ因ル相續ノ場合ニ於テハ其ノ相續シタル財產又

ハ營業ニ係ル公課ニノミ限ルヘキヲ記スヘキナリ

二、被相續人ノ葬式費用　葬式費用トハ直接ニ葬式ノ爲ニスル費用ニ限ラルヽカ故葬具費、埋葬費、布施料等ヲ含ムハ勿論ナルモ後日ニ於ケル法會墓牌等ニ要スル費用ノ如キハ死者ノ爲ニスルモノナリト雖モ茲ニ所謂葬式費用ニアラサルナリ

又民法一般ノ先取特權ノ發生原因タル葬式費用ハ其者ノ身分ニ應シタル費用ニ制限セリト雖モ本法ニハ民法第三〇八條ノ如キ制限ナキ故過分ノ葬式費用ナリトシテ排除スルヲ得サルナリ實際要シタルモノハ控除スヘキモノトス之ヲ控除スル理由亦自ラ明ナラン卽チ死者ニ對スル敬意ヲ表シ若クハ哀惜ノ念ヨリ葬式ヲ營ムハ古來ヨリノ美風ニシテ亦人倫ノ最モ大ナル義務ナレハ之ニ對スル費用ハ實ニ避クヘカラサルモノナルカ故ナリ

三、債務　債務トハ債權ニ相對スルモノニシテ既ニ債權ハ財產上ノ價値ヲ有スルモノナラサルヘカラサルハ前論セシ所ナレハ債務モ亦財產上ノ債務タルヲ要スルハ言ヲ待タス又其債務ハ相續人ニ移轉スヘキ債務ナラサルヘカラス若シ

被相續人ノ死亡ト同時ニ當然消滅スヘキモノハ既ニ債務アリト稱スルヲ得サルニ因リ控除スヘキモノニアラス而シテ被相續人ノ死亡ト同時ニ消滅スヘキ債務ハ其一身ニ專屬スルモノヽ如キ最モ著明ナルモノナリ一身ニ專屬スヘキ義務トハ例之被相續人カ書畫揮毫ノ義務ヲ負フ如キ其他自己ノ才能技藝等主トシテ其者ノ勤勞ヲ目的トスル債務ノ如キヲ云フ但シ生前ニ於テ被相續人カ是等ノ義務ニ背キタルニ因リテ損害賠償ノ義務既ニ發生シタル場合ニ於テハ恰モ不法行爲ニ基ク賠償請求權ノ相續人ニ移轉スルト同シク相續人ニ移轉スヘク從テ債務トシテ控除セサルヘカラス

（一）保證債務ハ控除スヘキ債務ノ中ニ包含スヘキヤ

保證債務トハ主タル債務者カ其債務ヲ履行セサル場合ニ於テ其履行ノ責ニ任スルヲ云フ故ニ其義務ノ內容ハ確定的ノモノニアラス只主タル債務者カ其債務ヲ履行セサル場合ニ於テ始テ之ニ代リテ其義務ヲ履行スルノ責任ヲ有スルノミ而シテ債務者カ履行ヲ怠リ若クハ履行不能ニ至ルヘキヤ否ヤハ未必ノ問題ナリトス此ノ點ニ於テ保證債務ハ寧ロ條件付債務ニ相類スルモノト謂フヘ

シ然レトモ條件付債務ニ在リテハ條件成就シタルトキハ其債務ハ自己固有ノ債務ナルカ故其義務ノ履行ヲ爲スモ何人ニ對シテモ求償ヲ得ルニ由ナシ反之保證債務ニ在リテハ主タル債務者カ其義務ヲ履行セサル場合ニ於テ債權保護ノ必要上保證人ヨリ代テ其義務ノ履行ヲ爲サシムルニ過キスシテ全ク從タル性質ヲ有ス卽チ保證人ノ義務ハ自己固有ノ義務ニ非サルカ故若シ主タル債務ヲ代償シタルトキハ主タル債務者ニ對シ自己ノ出損シタル限度ニ於テ求償權ヲ有スルモノナリ故ニ保證人ハ一種ノ債務ヲ負フト同時ニ其裏面ニハ一種ノ條件付權利ヲ有スルモノト謂フヘシ

保證債務ノ性質以上述ル所ノ如シトセハ其相續人ニ移轉スヘキ債務タルハ論ナシト雖トモ相續財產中ヨリ控除スヘキ債務ニアラス何トナレハ前述ノ如ク保證債務ハ一種ノ債務タルト共ニ一種ノ權利ヲ伴フ變態ノモノナレハナリ

（二）條件付債務ハ如何

相續財產ノ價格中ニ條件付權利ヲ加算スルヨリ見ルモ條件付債務モ亦債務トシテ控除スヘキモノナランカ或ハ云フ債務ハ確實ノモノナラサルヘカラス本法

第五條第二項ニモ「第三條ニ依リ控除スヘキ債務金額ハ政府カ確實ト認メタルモノニ限ル」ト云ヘリ然ルニ條件付債務ハ一種ノ債務タルニ相違ナキモ果シテ其債務ヲ履行スヘキモノナルヤ否ヤ確定スルモノニアラス若シ條件成就セサレハ何等ノ義務ヲ履行セスシテ止ム豈ニ必ス履行セサルヘカラサル一般ノ債務ト同一ニ論スヘケンヤト

然レトモ其ノ債務ノ確實ナルト否ト履行ノ確實ナルト否トハ全ク別個ノ問題ナリ蓋シ債務ノ確實タルヲ要スルハ其成立ノ確實タルヲ云フ換言セハ虚欺ノモノニアラサルヲ要スルノミ條件付債務ハ其目的タル履行ノ效力ヲ生セサルモ所謂條件付債務トシテハ有效ニ成立セルモノナリ恰モ條件付權利ハ其權利ノ目的タル本來ノ效力ハ未タ發生セスト雖モ而カモ一種ノ權利タルト其理相同シ既ニ條件付權利ヲ財產トシテ加算スル以上ハ條件付債務モ亦之ヲ控除セサルヘカラス然ラサレハ彼此權衡ヲ失フ只夫レ條件付債務ハ條件付權利ノ評價ニ困難ナルト同シク果シテ幾何ノ價ニ相當スル債務ト認ムヘキヤ評價ニ困難ヲ覺ユルノミ債務其者ハ確實ニ成立セルモノナレハ之ヲ控除スヘキハ當然

ナリトス蓋シ條件付債務ハ條件付權利ノ反面ナリ條件付權利ニ付テハ政府ノ認ムル所ニ依リ其價額ヲ評定スルハ第五條ノ定ムル所ナレハ條件付債務モ當然之ト同一ニ評定セラルヽモノト云フヘシ

（三）遺言執行ニ關スル費用ハ債務トシテ控除スヘキモノナルヤ

民法第千百二十三條ノ規定ニ依レハ「遺言ノ執行ニ關スル費用ハ相續財産ノ負擔トス」トシ明ニ相續財産ヨリ支拂ハルヘキモノナルコトヲ示セルニ因リ之ヲ控除スヘキハ當然ナリトス

（四）隱居又ハ入夫婚姻ニ因ル家督相續ノ場合ニ於テ被相續人ノ留保財産アルトキト雖モ債務ノ全額ヲ控除スヘキヤ

曰ク然リ民法第九百八十九條ニ依レハ此ノ場合ニ前戸主ノ債權者ハ其前戸主ニ對シ辨濟ノ請求ヲ爲スコトヲ得ルノ規定アリト雖モ是只債權者保護ノ爲メニ前戸主ニ對スル請求權ヲ認メタルニ過キスシテ爲メニ相續人ノ義務ヲ消滅セシムルモノニアラス（同條第三項）相續人ハ依然債務者トシテ辨濟ノ責任ヲ有スルヲ以テ何時債權者ノ請求ニ遇フモ知ルヘカラス故ニ債務トシテ其金額ヲ控除

スヘキハ當然ナリ

以上ハ被相續人カ本法施行地ニ住所ヲ有スル場合ニ於ケル課税價格計算ノ方法ナリトス若シ被相續人カ本法施行地ニ住所ヲ有セサルトキハ相續財産ノ範圍既ニ異ナルカ故ニ課税價格ノ計算方法亦異ナラサルヲ得ス即チ相續開始ノ際本法施行地ニ在ル相續財産ノ價格ニ相續開始前一年內ニ被相續人カ本法施行地ニ在ル財産ニ付爲シタル贈與ノ價額ヲ加ヘタルモノヨリ左ノ金額ヲ控除シタルモノヲ以テ課税價格トス

一、其財産ニ係ル公課

始メ住所ヲ有セサル者ノ財産ヲ定ムルニ本法施行地ニ在ル動産不動産及ヒ其不動産ノ上ニ存スル權利ノミニ限リ其他ノ權利ヲ除外セシヲ以テ控除スヘキ公課モ亦本法施行地ニ存在セル財産ニ係ルモノヽミトセルハ當然ナリ

其財産ニ係ル公課トハ例ヘハ土地ニ係ル地租、酒ニ係ル酒税家屋ニ係ル家屋税等ノ如ク直接ニ財産ヲ課税ノ目的ト爲スモノヲ云フ故ニ所得税、營業税ノ如キモ財産ニ係ル公課ト云フヲ得ス何トナレハ所得税ハ單ニ收入カ課税ノ標準ト爲ルニ過キスシテ財産カ直接ニ課稅ノ目的トナルモノト謂フヲ得サレハナリ又營業稅ハ營業ノ行爲ニ課稅スルモノニシテ財産ニ係ル公課ト云フヲ得サル言ヲ待タサルナリ要スルニ所得稅及營業稅ハ對物稅ニアラス從テ其ノ財産ニ係ル公課ニアラサルナリ

二、其財産ヲ目的トスル留置權、特別ノ先取特權、質權又ハ抵當權ヲ以テ擔保セラルヽ債務

例之本法施行地ニ住所ヲ有セサル者カ本法施行地内ニ動産不動産ヲ有スル場合（但シ外國人ハ土地所有權ヲ有スル能ハスト雖モ永代借地權ヲ有シ質權抵當權等ヲ設定スルヲ得）ニ其動産ニ關スル債務ヲ負ヒシ爲メ留置權ヲ生シ或ハ動、不動産ニ關スル債務ヲ負ヒシ爲メ特別ノ先取特權ヲ生シ又或ハ自ラ其動、不動産ヲ質抵當ト爲シ債務ヲ負フコトアラン若シ是等ノ債務ヲ履行セサルトキハ擔保物ハ失ハサルヲ得サルカ（先取特權質抵當權ノ實行トシテ）若クハ取戻スコト能ハサルモノ（留置權アル場合）ナレハ是等ノ財産ヲ承繼スルモ結局相續人ハ右債務額ヲ控除シタルモノニアラサレハ本法施行地内ニ在ル財産ノ利益ヲ享クルモノト云フヲ得ス是レ特別擔保ノ目的タル債務ヲ控除セシムル

所以ナリ

其他ノ一般債務ニ至リテハ之ヲ控除スヘキ理由ナシ何トナレハ相續財産トシテハ本法施行地ニ在ル財産ノミナレハ控除スヘキ債務亦此ノ財産ヲ目的トスルモノニ限ルハ當然ナレハナリ

三、其財産ニ關スル贈與ノ義務

是亦前號ノ趣旨ト同一ナリ相續人ハ財産ヲ承繼スルモ被相續人カ其財産ニ付生前贈與ノ契約ヲ爲シ未タ履行セサルモノナルトキハ之ヲ受贈者ニ與ヘサルヘカラス從テ相續人ハ此部分ニ於テハ利益ヲ受ルモノト云フヲ得ス是此ノ義務額ヲ控除セシムル理由ナリトス他ノ一方ヨリ之ヲ見レハ贈與ノ契約ヲ爲シタルノミニシテ未タ其履行ヲ爲サヽル場合ニ於テハ贈與ニ係ル財産ハ依然相續財産中ニ存留スヘシ從ツテ若シ之ヲ控除セサレハ二重ニ計算セラルヽニ至ルハ第一項ノ場合ト同一ナルカ故ナリ

玆ニ相續財産中例外トシテ課税價額ニ算入スヘカラサルモノアリ永代借地權ナルモノ即チ是ナリ

永代借地權ハ恰モ永久ナル地上權ト相均シク然カモ其使用ノ目的工作物又ハ竹木ヲ所有スルノミニ制限セラレサルニ於テ大ナル差異アルモノト云フヘシ永代借地權者ハ其目的タル土地ヲ使用收益處分スルヲ得ルノ點ニ於テハ所有權ト殆ト異ナラサルナリ

國家ハ何等ノ必要ニ基キ永代借地權ヲ認メタルヤハ吾人ノ知ル所ニアラスト雖モ外國人ニ土地所有權ヲ與フルノ不可ナルカ爲メ此ノ如キ一種異樣ノ權利ヲ認メタルモノナランカ焉ソ知ラン其効果ニ於テハ土地ノ所有權ヲ與フルト殆ト同一ナルヲ

明治三十四年九月法律第三十九號永代借地權ニ關スル法律第一條ニ曰ク

政府ノ永代借地券ヲ以テ外國人又ハ外國法人ノ爲ニ設定シタル永代借地權ハ之ヲ物權トシ民法中所有權ニ關スル規定ヲ準用ス永代借地權ハ民法ノ規定ニ從ヒ他ノ權利ノ目的タルコトヲ得

地劵、條約又ハ法令ニ別段ノ定メアル場合ニハ前二項ノ規定ヲ適用セス

ト亦以テ其性質所有權ト相類スルモノナルヲ知ルニ足ラン又永代借地權ハ外國

人又ハ外國法人ニアラサレハ享有スルヲ得サルハ勿論ナリ従テ若シ日本人カ永代借地權ヲ取得シタルトキハ明治三十四年九月勅令第百七十九號第一條ニ依リ管轄地方廳ニ永代借地劵ヲ提出シテ其抹消ヲ受ケサルヘカラス抹消ヲ受ケタルトキハ其土地ノ所有權ヲ取得スルニ至ルモノトス若シ此ノ場合ニ永代借地權ヲ目的トシタル權利ヲ有スル第三者アルトキハ其權利ハ所有權ヲ目的トシタルモノトシテ存在スルモノトス（同勅令第三條）永代借地權ハ此ノ如ク有力強固ナル財産權タルニ本法ハ何故之ヲ課税ノ範圍外ト爲シタルヤ想フニ永代借地權ニ關シテハ一切ノ租税ヲ免除スヘキカ如キ條約ノ存スルアリ殊ニ右永代借地權ニ關スル法律第三條モ「永代借地權又ハ之ヲ目的トスル權利ニ關スル登記ニ付テハ登錄税ヲ課セサル旨ヲ明言セルニ依リ本法亦此例ニ倣ヒ豫メ紛議ノ原因ヲ絶タシメントスルニアルモノナラン

今之ニ關スル條約ヲ參照ノ爲メ左ニ示サン

日英通商航海條約（二十七年八月締結）第十八條第四項尤モ前記外國人居留地ヲ日本國市區ニ編入ノ場合ニハ該居留地内ニテ現ニ因テ以テ財産ヲ所持スル所ノ現在永

代借地劵ハ有効ノモノト確認セラルヘシ而シテ右財産ニ對シテハ右借地劵ニ載セタル條件ノ外ハ別ニ何等ノ條件ヲ附セサルヘシ

日獨通商航海條約（二十九年十一月締詰）第十八條第四項（前同文ニ付略ス）日佛通商航海條約（三十一年三月締結）第二十一條第四項前記ノ變更ヲ終リタルトキ該居留地ニ於テ外國人カ現ニ因テ以テ不動産ヲ所持スル所ノ永代借地契約書ハ有効ノモノト確認セラルヘシ而シテ右ノ如キ性質ノ不動産ニ對シテハ特ニ右借地契約書ニ規定シタルモノヽ外ハ何等ノ條件ヲモ附セス又何等ノ租税、賦課金、取立金ヲモ徴收セサルヘシ

右條約ヲ對照スルトキハ日英、日獨條約ニハ「右借地劵ニ載セタル條件ノ外ハ別ニ何等ノ條件ヲ附セサルヘシ」トアリテ此ノ文意ヨリハ租税ノ賦課ハ條件ヲ附スルモノト云フヲ得ヘキヤ否ヤ直ニ解決シ得サルモノアリ然ルニ日佛條約ニハ其末段ニ「何等ノ條件ヲモ附セス又何等ノ租税、賦課金、取立金ヲ徴收セサルヘシ」トアルニ依リテ永代借地權ニハ一切ノ租税ヲ免除スヘキハ明瞭ナルモノヽ如シ故ニ日英、日獨條約ノ解釋上租税ヲ課スルハ妨ケナシト斷スルモ右日英、日獨條約ニハ各

最惠國約款ナルモノアリテ現ニ若クハ將來他國ニ許與シタル利益特權ハ當然之ニ均霑スルヲ得ルモノナレハ其ノ後ニ締結セラレタル日佛條約ニ於テ明ニ租稅免除ノ特權ヲ與フル以上ハ亦右最惠國約款ニ依リ英獨ニ對シテモ此利益ニ均霑セシメサルヘカラス之ニ依リ永代借地權ニハ租稅ヲ賦課スルヲ得サルモ是只永代借地權其者ヲ直接ニ課稅ノ目的ト爲スヘカラサルヲ約シタルニ過キスシテ其權利ノ移轉變更ヲ登記スルニ當リ登錄稅ヲ徵收スルカ如キハ登錄テフ事實ニ對シテ課稅スルモノナレハ永代借地權其者ニ對スル課稅ト云フヲ得サルカ如シ而モ登錄稅ヲ徵收セサルニ依リ本法ノ如キ其權利自躰ニ課スル租稅ナルヤ稍々疑ハシキモノニアリテハ寧ロ始ヨリ明ニ課稅ノ範圍外トシ爭ヲ未發ニ防クヲ可ナリトシ茲ニ之ヲ明言セシ所以ナラン

橫濱市ニ於ケル外人家屋稅課稅問題ノ發生ハ亦右條約ノ解釋ヨリ生シタルモノナリ橫濱市ハ元居留地內ニ於ケル外國人ノ永代借地劵ニ依リ保有スル土地上ニ存スル建物ハ土地ト共ニ課稅ヲ免除セラルヘキモノニアラストシ家屋稅ヲ課シタリシニ端ナク右條約國ノ抗議ト爲リ遂ニ此ノ國際論爭事件ヲ海牙國際紛爭平

和的處理條約ニ依準シテ仲裁々判ニ附スルコト、爲リ久シク其決定ヲ見ルニ至ラサリシモ此程漸ク解決セラレ裁決ノ結果ハ不幸ニシテ我國ノ敗訴ニ歸セリ而シテ其裁決理由ノ是非如何ニ拘ハラス本件ニ關シテハ之ニ拘束セラルヘク亦如何トモスル能ハスト雖モ學問上ヨリ之カ批評ヲ試ムルトキハ蓋シ大ニ與アルモノアラン

本條第三項ハ永代借地權ハ相續稅ノ課稅價格ニ算入セスト規定シ永代借地權ノ目的タル土地ニ課稅セサルコト、爲セルモ其ノ土地ノ上ニ建設セル家屋ニ付テハ課稅ノ外ニ置ケルコトナシ然レトモ右ノ如ク仲裁々判ハ永代借地上ニ建設セラレタル家屋ハ永代借地ト同シク課稅ノ目的タルコトヲ得スト判決シタルヲ以テ永代借地權ノ目的タル土地及其ノ上ニ建設セラレタル家屋ハ相續稅ノ課稅價格ニ算入スル能ハサルコトトナレルモノナリ

以下第四項ノ說明ニ移ラン

本條末項ハ第一項及第二項ニ對スル一部ノ例外ヲ設ケタルモノナリ即チ公共團體又ハ慈善事業ニ對シテ爲シタル贈與及遺贈ハ之ヲ課程價額ニ算入セサルコト

ヲ規定セリ蓋シ此ノ如キハ寧ロ奬勵スヘキモノナルヲ以テ之ニ對シ課税セサルハ洵ニ至當ノ立法ナリト云フヘシ

一、公共團體トハ國家ノ事務ヲ處理スルヲ以テ自己ノ生存目的トシ獨立ノ人格ヲ有シ且ツ國家ニ對シ其事務ヲ行フヘキ義務ヲ負フ團體ヲ云フ

イ、公共團體ハ獨立シテ權義ノ主體ト爲ル此點ニ於テ國家ノ官廳ト異ナルモノナリ

官廳ハ單ニ機關タルニ過キスシテ自己固有ノ意思ナク從テ人格ヲ有セス官廳ノ行フ事務ハ國家ノ事務ナリ官廳ノ發スル意思ハ即チ國家ノ意思ナリトス公共團體ハ國家ノ機關ナリト雖モ自己獨立ノ存在ヲ有スルカ故其行フ事務ハ國家ノ事務タルト同時ニ又自己ノ事務ナリトス官廳ハ直接ニ國家ノ目的ノ爲メニ公共ノ事務ヲ處理スルモノナリト雖モ公共團體ハ自己ノ目的ノ爲メ自己ノ名ヲ以テ公共ノ事務ヲ處理スルモノナリ以テ兩者ヲ區別スルヲ得

ロ、公共團體ハ國家ノ事務ヲ行フコトヲ自己ノ生存目的トスルモノニシテ又國

家事務ヲ行フヘキ義務ヲ負擔スルモノナリ此點ニ於テ私團體ト異ナル私法人ハ假令國家ノ事務ヲ行フコトアルモ之ヲ以テ其存在ノ目的トスルモノニアラス又一般ニ此ノ如ク國家事務ヲ行フヘキ義務ヲ負フモノニアラサルナリ

今公共團體ノ種類ヲ擧クレハ

一、郡組合二、水利組合三、町村組合、町村學校組合及其ノ區四、市町村内ノ區五、沖繩縣ノ區、間切、島、間切島組合、區内ノ部及間切島内ノ村

以上ハ本年五月九日勅令第百五十九號ヲ以テ地租條例第四條第一項第一號ニ依リ公共團體トシテ指定セラレタルモノナリ

勅令第百五十九號ハ單ニ地租ヲ免除スヘキ公共團體ヲ指定シタルニ過キサルヲ以テ總テノ公共團體ヲ網羅シタルモノト見ルヘカラサルハ勿論其ノ指定セラレタル公共團體ノ如キモ地租免除ノ點ニ於テ公共團體ト認メラレタルモノト見ルヘキナリ

市町村内ノ區ニ關シテハ學者間議論ノ存スル所ナリト雖モ我大審院ハ之ヲ以テ

公法人ナリト云フヲ否定セリ余輩ハ此ニ其當否ヲ論究スルニ先チ一言注意ヲ請ハサルヘカラサルハ單ニ一ノ行政區劃ニ過キサル市町村內ノ區ハ固ヨリ公法人ニ非ラス亦私法人ニモ非サルコト是ナリ

市制第六十條町村制第六十四條ニ依リ設クル區即チ市町村ノ區域廣濶ニシテ人口稠密ナルトキ處務上便宜ノ爲メ之ヲ數區ニ分チ各區ニ區長及其代理者ヲ置キ其區內ニ關スル市町村事務ヲ處理セシムル塲合ノ如キハ其區ハ單ニ行政便宜ノ爲メノ區劃ニ過キスシテ獨立シテ權利義務ノ主體タルモノニ非ルコトハ何人モ異論ナキ所ナリ右敕令ニ所謂市町村內ノ區トハ市制第百十三條第百十四條町村制第百十四條第百十五條ニ依リ規定セラルヽモノ卽チ市町村ノ一部ニ於テ有スル財產又ハ市町村ノ一部ニ於テ利用スル營造物アルトキ是等ノ事件ニ關シ市町村會ノ議決スヘキ事項ノ全部又ハ一部ヲ議決セシメンカ爲メ其一部ヲ區劃シ之ニ區會又ハ區總會ヲ設クルモノヲ云フ從來學者ノ腦漿ヲ絞リテ止マサルモノハ實ニ此ノ區ノ公法人タリヤ將タ私法人ニ過キサルヤノ疑問ニ在リトス

最近大審院判例ノ要旨ニ曰ク

市町村制理由書ハ聊カ明解ヲ缺クト雖モ「本制ハ一町村ノ統一ヲ尙フモノニシテ一町村內ニ獨立スル小組織ヲ存續シ又ハ造成スルコトヲ欲スルモノニアラス然レトモ强テ此原則ヲ斷行セントスルトキハ一地方ニ於テ正當ニ享有スル利益ヲ傷害スル恐レアリ云々大町村ニ於テハ現今既ニ特別ニ財產ヲ有スル部落アリ現今ノ小町村ヲ合併スルトキハ又此ノ如キ部落ヲ現出スヘシ其部落ハ卽チ獨立ノ權利ヲ存スルモノト謂フヘシ云々其特別財產又ハ營造物ノ管理ハ之ヲ全町村ノ理事者タル町村長ニ委任スルモ妨ナシ云々」ト明言セルヲ以テ觀レハ一町村內ニ於テ更ニ小ナル獨立組織ヲ存續スルコトハ法律ノ欲セサル所ナルモ特別ノ財產ヲ有スル部落ニ付テハ其享有スル利益ヲ全町村ノ爲メニ傷害スルコトアランヲ恐レ特別財產又ハ營造物ニ關スル獨立ノ權利ヲ存續セシムルニ止マルコトヲ知ルヘシ而シテ其所謂獨立ノ權利ヲ存スルトハ之ヲ特別營造物ノ管理ヲ町村長ニ委任シタルニ徵スルトキハ恰モ町村長ニ於テ町村有ノ財產及營造物ヲ管理スルト同シケレハ區ハ私法人ノ一面ノミヲ存スルモノト謂フヘシ隨テ其一時限リ特ニ其費用ヲ負擔シ區ノ各關係者ニ之ヲ賦課スヘ

キモ是唯費用ノ徴收ヲ町村税徴收ノ方法ニ準據セシメタルニ外ナラスシテ之ニ依リテ區カ獨立シタル公共團體ヲ組成スルモノト謂フヘカラス

ト云フニ在リ然レトモ市町村制理由書ハ市町村内ノ區ヲ以テ單ニ私法人タル一面ヲ有セシメタルニ過キスト云フハ未タ俄ニ首肯スルヲ得サルナリ理由書ニ於テ「一町村ノ統一ヲ尙フカ故一町村内ニ獨立スル小組織ノ存在ヲ欲セス然レトモ强テ此原則ヲ斷行セントスルトキハ一地方ニ於テ正當ニ享有スル利益ヲ傷害スルノ恐レアリ云々」ト説明スルヨリ觀レハ理由書ハ却テ之ヲ以テ公法人ト看做スノ旨趣ニアラサルナキヤ何トナレハ一町村ノ統一ヲ尙フカ故其町村内ニ更ニ獨立スル小組織ヲ存續又ハ造成ヲ欲セスト云フ其所謂獨立セル小組織トハ公法人ヲ指スモノトスルヲ至當ノ推測ト爲スヘク若シ獨立スル小組織ヲ私法人ノ意味ナリトセハ何ソ初ヨリ其之アルヲ憂フニ足ランヤ蓋シ町村内ニ單ニ財産享有ノ主體ヲ認ムルモ町村行政統一ニ何ノ妨クル所アラサレハナリ

又特別財産及營造物ノ管理ヲ町村長ニ委任スルヨリ觀レハ區ハ私法人ノ一面ノミヲ有スルニ過キスト謂フモ是唯自治行政便宜ノ爲全町村ノ執行機關タル町村

長ヲシテ管理ノ任ニ當ラシムルモノニシテ區自ラ管理權ヲ有セサルカ故ニ公法人ニ非スト云フノ理由ナキヤ余輩ノ辯ヲ俟タサル所ナリ殊ニ其財產及營造物ニ關スル事務例ヘハ其財產ノ處分營造物ノ存廢ノ如キハ區會又ハ區總會ノ決スル所ナルニ於テヲヤ蓋シ營造物其自身ノ作。用。トシテハ命令權ヲ用ヒサルヲ特質ト爲スト雖モ行政法上ノ意義ニ於ケル營造物ノ成。立。ニハ國家若ハ公共團體ノ意思ニ依ラサルヘカラサルハ一般學說ノ定マル所ナリ果シテ然ラハ區カ營造物存廢ノ權能ヲ有スル以上ハ之ヲ以テ公共團體ト認ムル必シモ不當ニ非ラサルヘキカ之ヲ要スルニ單ニ市町村制理由書ヲ以テ市町村內ノ區ヲ公法人ニ非スト爲スハ論據薄弱ナルノミナラス反テ敵ニ刄ヲ借スノ感ナクンハアラサルナリ前ニ余輩ハ公共團體トハ國家ノ事務ヲ以テ自己ノ生存目的トシ且ツ之ヲ行フヘキ義務ヲ國家ニ對シ負フ所ノモノヲ云フト謂ヘリ市町村內ノ區果シテ此ノ如キ目的ヲ有シ此ノ如キ義務ヲ負フモノナルヤ直接ノ明文ナシト雖モ營造物ニ關スル事務ノ爲區會又ハ區總會ヲ設ケ而シテ其區ハ監督廳ノ監督ヲ受ケサルヘカラサルヨリ觀ルモ其事務ニ關シテハ之ヲ行フヘキ義務ヲ有スルモノト謂フヲ得ヘク特ニ一

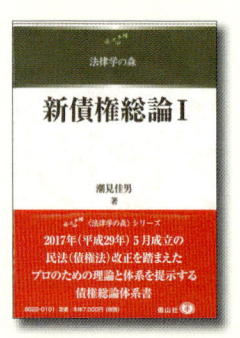

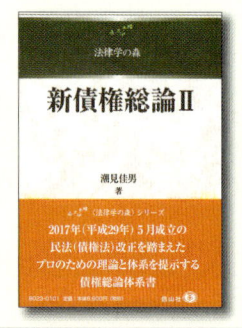

派ノ學者ノ主張スル如ク公共團體ノ特質ヲ以テ團體員トノ間ニ命令服從ノ關係即チ權力關係ノ存在スルニ在リトスニ於テハ市制第百十三條町村制第百十四條ニ於テ「營造物ヲ設ケ其區限リ特ニ費用ヲ負擔スルトキ」云々トアリ區カ其區ノ團體員ニ費用ノ負擔ヲ命スル（公課）ハ即チ權力關係ノ存在ニ基クモノナレハ之ヲ以テ公共團體ト云フハ當然ノ結果ニシテ毫モ怪ムニ足ラサルヘキナリ其他府縣市町村ノ公共團體タルハ論ヲ待タス又商業會議所ノ公法人タルコトハ今日一般學者ノ異論ナキ所ナリトス

二、慈善事業　營利ト慈善トハ兩立スルヲ得サルハ論ナシト雖モ營利ヲ目的トセサル事業ハ必スシモ慈善事業ナリト云フヲ得ス例之學校社寺敎會等ハ學術宗敎ノ發達及普及ヲ圖ルニアリテ固ヨリ營利ヲ目的トスルモノニアラサルヘシト雖モ直ニ之ヲ以テ慈善事業ナリト云フヲ得ス唯其學校カ貧民ノ子弟ヲ無報酬ニ敎育シ若ハ社寺敎會等カ宗敎ヲ普及セシムルト同時ニ特ニ細民ヲ救助スルヲ目的トシ現ニ救恤ヲ爲スモノナラシメハ慈善事業タリト云フヲ得

而シテ慈善事業ヲ經營スルモノハ國家若クハ公共團體タルト個人タルト將タ其事業ノ性質永續的ナルト一時的タルトヲ問ハサルナリ

登錄稅法ニ於テモ遺言、贈與其他無償名義ニ因ル所有權ノ取得ニハ不動產價格千分ノ四十ノ登錄稅ヲ徵收スルモ神社、寺院、祠宇、佛堂及民法第三十四條ニ依リ設立シタル社團又ハ財團法人カ寄附行爲ニ因リ所有權ヲ取得シタルトキハ其不動產價格千分ノ十トシ著シク其率ヲ低下セシメタルモノ亦本法ト其趣旨ヲ同フスルモノト謂フヘシ

第四條　相續財產ノ價額ハ相續開始ノ時ノ價額ニ依ル船舶地上權、永小作權及定期金ニ付テハ左ノ方法ニ依リ其價格ヲ評定ス

一、船舶ニ付テハ其製造費中ヨリ製造後ノ年數ニ應シ一年ニ付其二十五分ノ一宛ヲ控除シタルモノヲ以テ其價額トス但製造後二十年ヲ經過シタルモノハ製造費ノ五分

ノ一ヲ以テ其價額トス
一年ニ滿タサル端數ハ之ヲ一年トシテ計算ス
二、地上權ニ付テハ左ノ金額ヲ以テ其價額トス
殘存期間十年以下ナルモノ　地上權ノ目的タル土地ノ賃貸價格二倍
殘存期間三十年以下ナルモノ　地上權ノ目的タル土地ノ賃貸價格三倍
殘存期間五十年以下ナルモノ又ハ存續期間ノ定ナキモノ　地上權ノ目的タル土地ノ賃貸價格五倍
殘存期間百年以下ナルモノ　地上權ノ目的タル土地ノ賃貸價格七倍
殘存期間百年ヨリ長キモノ　地上權ノ目的タル土地ノ賃貸價格十二倍
三、永小作權ニ付テハ左ノ金額ヲ以テ其價額トス
殘存期間十年以下ナルモノ　永小作權ノ目的タル土地ノ賃貸價格二倍
殘存期間三十年以下ナルモノ又ハ存續期間ノ定ナキモノ　永小作權ノ目的タル土地ノ賃貸價格三倍
殘存期間五十年以下ナルモノ　永小作權ノ目的タル土地ノ賃貸價格五倍
四、有期定期金ハ其殘存期間ニ於ケル總金額ヲ以テ其價額

トス但シ一年ノ定期金ノ二十倍ヲ超ユルコトヲ得ス
五、無期定期金ハ其一年ノ定期金ノ二十倍ヲ以テ其價額トス
六、修身定期金ハ目的トセラレタル人ノ年齢ニ依リ左ノ期間ニ於ケル定期金ノ總額ヲ以テ其價額トス

二十歳未滿ノ者	十年
三十歳未滿ノ者	八年
四十歳未滿ノ者	六年
五十歳未滿ノ者	四年
六十歳未滿ノ者	二年
六十歳以上ノ者	一年

前項ニ於テ土地ノ賃貸價格ト稱スルハ貸主カ公課、修繕費、保

險料其他土地ノ維持ニ必要ナル經費ヲ負擔スル條件ヲ以テ之ヲ賃貸スル場合ニ於テ貸主ノ收得スヘキ金額ヲ謂フ

前數條ニ依リ課税スヘキ相續財產ノ範圍明ト爲リ課税價格ノ計算方法定マルモ其財產ノ價額ヲ量定セサレハ税金額ヲ定ムルニ由ナシ又其價ヲ定ムルニハ如何ナル時ノ價格ニ依ルヘキヤ又幾何ノ價格ニ見積ルヘキヤ是レ本條ノ規定アル所以ニシテ本條第一項ハ相續財產ノ價格ハ相續開始ノ時ノ價格ニ依ルト規定シ第二項以下ニ於テ特種ナル財產ノ價格評定ノ方法ヲ規定セリ

抑モ財產ノ種類ハ一ニシテ足ラス千差萬別殆ト數フルニ遑アラサラントス夫レ如此無定限ノ財產ニ付キ一々法律ヲ以テ之レカ價格算定ノ方法ヲ示スハ到底不可能ノ事タルノミナラス財產ノ種類ニ依リテハ却テ法律ニ之ヲ規矩スルノ實際ニ適セサルモノアラントス故ニ本法ハ唯容易ニ時價ヲ知ル能ハス比較的計算ニ困難ナルモノヽミ豫メ評價ノ方法ヲ定メ以テ高低區々ニ涉ラサルコトヲ企圖セリ

而シテ本條第一項カ相續開始ノ時ニ於ケル價格ヲ以テ其價格ト爲スヘキコトヲ規定シタルハ納稅義務ノ發生ハ相續開始ノ時ニアルヲ以テ此時ノ價格ニ依ラシムルハ尤モ至當ナルカ故ナリ蓋シ財產ノ價格ハ其種類ニ依リ日々ニ變動スルモノアリ又其變動急激ニシテ著シク高低ヲ異ニスルモノアリ然ルニ相續開始ノ申告アリテ後政府カ其價格ヲ決定スル時ニ於ケル價格ニ依ルモノトセハ其時期ノ遲速ニ依リ課稅課額ヲ異ニシ又納稅義務者ノ爲ニ價額ヲ左右セラル丶ノ結果ヲ生シ賦課公平ナラス之ヲ以テ第一項ニ原則トシテ相續開始ノ時ノ價格ニ依ルト規定シタルモノナリ

本條第二項ハ船舶、地上權、永小作權及定期金ニ付其價額評定ノ方法ヲ定メタリ

一船舶　船舶ノ時價ヲ知ルハ困難ナリ殊ニ船舶ノ構造如何ニ依リ著シク價ノ高低アルモノナレハ豫メ其價ヲ定ムルヲ得ス是其製造費ヲ標準トシテ價額ヲ定ムル所以ナリ然レモ製造費ヲ以テ直ニ其船舶ノ價格ト爲スヲ得サルハ勿論ナリ何トナレハ其使用ニ依リ自然價ノ減少セラルヘキハ睹易キノ理ナレハナリ今歐州諸國殊ニ海運業ノ最モ發達セル英國ノ實例ヲ見ルニ船舶ノ實際使用シ

得ヘキ年限ハ統計上ヨリ廿五年トスルハ一般ノ是認スル所ニシテ船舶會社ハ年々船舶ノ維持費トシテ船價ノ二十五分ノ一ヲ積立テ置キ二十五ケ年後船舶ノ朽廢ニ至ルモ之ヲ以テ更ニ新ナル船舶ヲ造リ補顚スルヲ例トストス云フ本法ハ此ノ例ニ倣ヒ船舶ノ使用シ得ヘキ年限ヲ二十五年ト定メ一年間ニハ其二十五分ノ一ノ價ヲ減スヘキモノト看做シ其ノ製造費中ヨリ製造後ノ年數ニ應シ一年ニ付其二十五分ノ一ヲ控除シタルモノヲ以テ其價額ト爲セリ例之一船舶ノ製造費十萬圓ノモノ製造後三年ヲ經過シタルモノナリトセハ製造費ノ二十五分ノ一ノ三倍即チ一萬二千圓ヲ控除シタル殘額八萬八千圓ヲ其價額トスルカ如シ

若シ此標準ニ依ルトキハ製造後二十年ヲ經過スルトキハ控除スヘキ金額ハ其製造費ノ廿五分ノ一ノ二十倍八萬圓ニシテ其船舶ノ價格ハ二萬圓ト爲リ更ニ進ンテ二十五年ト爲ルトキハ控除スヘキ金額ハ十萬圓ニシテ船舶ノ價ハ全ク零ト爲ル然レトモ船舶ハ二十五年ヲ經過スルモ決シテ價格ノ全滅ニ歸スルモノニアラサルハ勿論二十年以後ニ於テモ其割合ニ價格ノ減少スルモノニアラ

サルトニ依リ但書ヲ以テ製造後二十年ヲ經過シタルトキハ製造費ノ五分ノ一ヲ以テ其價格ト定メタリ故ニ前例ニ於テハ二十年以後ニ於テハ總テ二萬圓ノ價額ヲ有スルモノト云フヘシ

然ラハ若シ三十年四十年ヲ經過シ實際製造費ノ五分ノ一ノ價ヲ有セサルモ尙製造費ノ五分ノ一ヲ以テ其價額ト爲スヘキヤ曰ク然リ船舶トシテ存在スル以上ハ(實際稀ナルヘキモ)之ニ依ルノ外ナシ

尙本號末段ニハ製造後未タ一年ヲ經過セサルモノモ之ヲ一年トシテ計算スルカ故適用上疑ヲ生スルコトナシ

二　地上權　地上權ニハ有期ノモノアリ期限ノ定ナキモノアリ又地代ヲ拂フモノト然ラサルモノトアルハ前述セル所ノ如シ而シテ地代ノ有無又ハ期間ノ長短ハ地上權其者ノ價ヲ定ムルニ何等ノ關係ヲ有セサルナリ只其價額ヲ定ムルノ標準ト爲スニ足ルヘシ蓋シ價格ノ生スルハ一定ノ利益アルカ爲メナリ從テ又價額ノ大小ハ利益ノ多少ニ依リ定マルモノト云フヲ得固ヨリ價格ノ高低ハ物ノ利用(又ハ物能)ノ如何ニ依リテノミ定マルモノニアラスシテ需要供給ノ原則ニ支

配セラルヽハ言ヲ待タスト雖モ而カモ利用即チ物ノ効用多キモノニ向テハ需要益々多カルヘキニ依リ一般的永久的ニハ價格ノ大小ハ利益ノ多少ニ依リ決定セラルヽモノナリト云フモ決シテ過言ニアラス今若シ一年ノ地上權ヲ有スル者ト三年若クハ五年ノ地上權ヲ有スル者ト其利益ノ大小如何ト問ハヽ必スヤ長キ期間ノ利用ハ之ヨリ短キ期間ノ利用ヨリ其利益ノ大ナルハ論ヲ待タサル所ナレハ其期間ノ長短ニ依リテ地上權ノ價額ヲ定ムル決シテ背理ニアラサルナリ

而シテ地上權ノ利益ヲ金錢ニ評定スルニハ之ヲ他人ニ賃貸シテ得ヘキ利益ノ如何ニ依リ之ヲ定ムルヲ得然レモ今十年ノ地上權ヲ有スル者アリトシ一年賃貸スルトキハ百圓ヲ得ヘキニ依リ千圓ノ價アルモノト云フヲ得ス何トナレハ永年繼續シテ土地ヲ使用セシムル場合ハ借料ハ必ス一年度限リ若ハ之ヨリ短キ期間ヨリ低キヲ通常トスレハナリ故ニ本號ハ存續期間ニ應シ地上權ノ目的タル土地ノ賃貸價格ノ何倍トシ相當ナル範圍ニ於テ豫メ法定價格ヲ定メタルナリ

三、永小作權　永小作權ノ價格算定法亦地上權ト同一趣旨ニ基クモノナレハ別ニ說明ヲ要セス

四、有期定期金　本號以下第六號ハ定期金債權ノ價額算定法ナリトス而シテ定期金トハ定期ニ金錢若ハ其他ノ物ノ給付ヲ受クル債權ナリ定期金債權發生ノ原因ハ或ハ債務者ノ恩惠ヨリ年々若ハ年何回ニ一定ノ金錢其他ノ物ノ給付ヲ約スルコトアラン或ハ債務者カ一時ニ元本ヲ得テ之ニ對スル報酬トシテ一定ノ時期ニ一定ノ金錢其他ノ物ノ給付ヲ約スルコト是アラン其如何ナル原因ニ基クヲ問ハス定時ニ金錢其他ノ物ノ給付ヲ受クル債權ハ總テ定期金債權ナリト云フヲ得而シテ定期金ニハ一定ノ年限間定時ニ支拂ヲ受ルモノアリ有期定期金ト云フ又債權者債務者若ハ第三者ノ終身ヲ期シ定期ニ支拂ヲ受クルモノアリ終身定期金卽チ是ナリ又或ハ將來無期限ニ定時ノ支拂ヲ受ルモノアリ之ヲ無期定期金ト云フ

本號ハ有期定期金ニ關スル有期定期金ニアリテハ其殘存期間ニ於ケル總金額ヲ以テ其價額ト爲スヘキコトヲ定メリ例之明治三十八年ヨリ全五十八年迄每年

十二月ニ一回金五十圓ノ支拂ヲ受クヘキ定期金債權アリトシ明治四十年三月ニ相續開始アリタルトキハ殘存期間卽チ十九年分ノ總金額九百五十圓ヲ以テ其定期金債權ノ價額トス若シ此例ニ依ルトキハ五十圓ノ定期金債權カ殘存期間廿五年ナルトキハ千二百五十圓ノ價額ヲ有スルモノト爲ル然レトモ將來廿五年間每年五十圓ツヽ支拂ヲ受ル債權アリト雖モ之ヲ以テ千二百五十圓ノ價値アルモノトスルハ何人モ首肯セサル所ナルヘシ故ニ本號ハ但書ヲ加ヘ殘存期間ニ於ケル總金額ハ其一年分ノ二十倍ヲ超ユルコトヲ得ストシ例セハ前例ニ於テ五十圓ノ債權ナルトキハ二十倍卽チ千圓ヲ最高價額トシ是ヨリ以上ノ價額ヲ認メストト爲セシハ實際ニ適シタル公平ノ觀察ニ基クモノト云フヘシ

五、無期定期金　ハ前述セル如ク一定ノ期限ヲ限ラス年々永久ニ支拂ヲ受クルモノナレハ之カ價額ノ評定ハ頗ル困難ナリ故ニ前號ト同シク其一年ノ定期金ノ二十倍ヲ以テ其價額ト看做セリ卽チ二十年間ノ總金額ヲ以テ其價額ト爲ス其二十年間ニ限リタルハ有期定期金ノ塲合ニ殘存期間二十年分ノ總金額ニ制限シタルト同シク長キ期間ヲ無限ニ算入スルトキハ非常ニ莫大ナル價額ト爲リ

實際ノ價額ニ一致セサルニ至ルカ故此ノ範圍ニ止ムルヲ適當ト認メタルニ因ル

無期定期金ハ今ハ我國ニ於テハ未タ其例ヲ見サルカ如シト雖モ將來或ハ此ノ如キ債權ヲ生スルヤ保シ難キニ依リ本號ノ規定アルモノトス英國ニ於テハ公債募集ノ一法トシテ無期定期債權ヲ與フルコトアリト云フ

六、修身定期金　ハ其目的トセラレタル人ノ年齡ニ依リ（即チ債權者又ハ債務者ノ終身ヲ期シタルトキハ其人ノ年齡第三者ノ終身ヲ期シタルトキハ其第三者ノ年齡ヲ標準トスル）本號ノ定メシ期間ニ於ケル定期金ノ總額ヲ以テ其價格トス故ニ若シ五十圓ノ終身定期金ヲ有スル場合ニ（第三者ノ修身ヲ期シタル場合ト假定シ）其生存ヲ目的トセラレタル第三者二十歲未滿ナルトキハ十年間ニ於ケル定期金ノ總額五百圓ヲ以テ其定期金ノ價格トス而シテ本號ノ目的トセラレタル人ノ年齡ノ進ムニ從ヒ價格ヲ低下セシメタルハ終身定期金ハ目的トセラレタル人ノ死亡ニ依リ消滅スルモノナレハ死亡ノ期近キタル者ノ權利ハ其價額少カラサルヲ得サルハ當然ナレハナリ然レ圧六十歲以上ハ總テ一年間ノ定期金ヲ以テ其價額ト爲シ是ヨリ以上ノ細別ヲ爲サヽルナリ被相續人カ自己ノ終身ヲ期シタル定期金債權ヲ有スル場合ニ被相續人死亡シ相續開始シタルトキハ死亡ニ因リ直ニ其權利ハ消滅スヘキニ依リ本號ノ適用ナキハ勿論ナリ

尚本號ニ目的トセラレタル人ノ年齡ハ課稅價額ヲ決定スヘキ時ニ即チ相續開始ノ時ニ於ケル年齡ヲ標準トスヘキハ明文ノ存スルモノナシト雖モ疑ナキ所ナリ

本條末項ハ第二項第二號及第三號ニ所謂土地ノ賃貸價額ニ付キ注意規定ヲ爲セリ即チ前項ニ土地ノ賃貸價額トアルハ貸主カ其土地ニ關スル公課、修繕費、保險料其他土地ノ維持ニ必要ナル經費ヲ負擔スル條件ヲ以テ之ヲ賃貸スル場合ニ於テ貸主ノ收得スヘキ金額ヲ謂フモノトス多クノ賃貸借契約ニ於テハ貸主是等ノ費用ヲ負擔スルヲ約スルヲ例トスルモ時ニ或ハ賃借人ノ負擔ト爲スコトアリ此ノ場合ニ於テハ貸主ノ收得スヘキ賃貸料ハ自ラ其費用ヲ負擔スル場合ヨリ其額寡少ナルヘキハ見易キノ理ナリ法律ハ其一般ナル賃貸料ヲ以テ價格ヲ定ムルノ標準ト爲セリ尚其賃借料ハ個々ノ場合ニ於ケル實際ノ賃借料ニアラスシテ此ノ如

キ場合ニ於テ一般ニ至當ト認メラルヽ賃借料ヲ指スモノナルヤ勿論ナリ

第五條　條件付權利、存續期間ノ不確定ナル權利又ハ訴訟中ノ權利ニ付テハ政府ノ認ムル所ニ依リ其價額ヲ評定ス

第三條ニ依リ控除スヘキ債務金額ハ政府ノ確實ト認メタルモノニ限ル

條件付權利ノ何モノタルヤハ既ニ第二條ニ於テ說明セシ如ク條件付權利者ハ完全ナル利益ヲ有スルモノニアラス寧ロ條件ノ成就シタル場合其利益ヲ受クルトノ希望ヲ有スルニ過キス此ノ希望ハ或ハ條件成就セスシテ全ク水泡ニ歸スルコトナキヲ保セス是ニ於テカ一派ノ學者ハ條件付權利ハ權利ニアラスト主張スルモノアリ只我民法ハ此ノ如キ希望ヲ有スル者モ條件成就ノ場合ニハ其目的タル利益ヲ享受スルヲ得ヘキモノナレハ成就以前ニ於テモ保護セサルヘカラサル必要アルヨリ之ヲ一種ノ權利ト認メタルニ外ナラス此ノ如キ條件付權利ハ他ノ權利ノ如ク直ニ其目的トスル利益ヲ主張スルヲ得ルモノニアラサレハ之カ價額ヲ

評定スルハ頗ル至難ノ業ナリトス
存續期間ノ不確定ナル權利及訴訟中ニ繫ル權利ノ如キ亦評價ニ困難ナリ玆ニ存續期間ノ不確定ナル權利トハ其權利ハ何時マテ行使セラルヘキモノナルヤ其消滅時期ノ明カナラサルモノヲ云フ前述セシ無期定期金終身定期金ノ如キ其一種ナリト雖モ之ニ關シテハ前條ニ其評價方法ヲ定ムルニ依リ此ニハ包含セス其以外ニ於ケル存續期間ノ不確實ナル權利ヲ意味スルモノト知ルベシ存續期間ノ不確實ナルカ爲メ其價格ヲ定ムルニ困難ナルハ言ヲ待タス
訴訟中ニ係ル權利モ既ニ其權利ノ有無若ハ請求額ニ付キ爭アルヨリ訴訟提起ト爲ルモノ多キニ因リ原告主張ノ權利ハ果シテ正當ニ成立スルモノナルヤ否ヤ又正當ニ成立セルモノナリトスルモ其請求金額ハ至當ナルヤ否ヤハ直ニ判明スルモノニアラス例之損害賠償權ノ如キ裁判所ト雖モ容易ニ其額ヲ定ムルヲ得サルヘシ然ラハ判決ノ確定ヲ待チ之ニ依リテ其價額ヲ定メンカ判決ハ時ニ數年ヲ經サレハ其確定ヲ見サルコトアリテ徵稅ノ目的ヲ達セラレサルノ虞アリ加之判決必シモ確實ナルモノニアラス偶々誤判ナキヲ保シ難シ

之ヲ以テ總テ是等ノ權利ハ政府カ認ムル所ニ依リテ其ノ價額ヲ評定スト規定セ
ンハ蓋シ止ムヲ得サルモノト云フヘシ
又本條第二項ニ於テ「第三條ニ依リ扣除スヘキ債務金額ハ政府カ確實ト認メタル
モノニ限ル」ト規定セルモ之ト同一ノ趣旨ニ出ツルモノナリ故ニ形式ニ拘泥セラ
ルヽコトナク卽チ縱令公正證書ヲ以テ證スルモ若シ虛僞ノモノタルヲ推測スル
ニ充分ノ根據アルモノハ政府ハ之ヲ確實ト認メサルコトアルヘシ之ト同時ニ仮
令私署證書若クハ全ク證書面ノ證スルモノナシト雖モ眞實ナル債務ト認ムルニ
足ルモノハ總テ控除セラルヽニ至ラン
此ニ債務金額トアルモ債務ノ成立其者ノ確不確モ當然政府ノ認ムル所ニ依ルモ
ノナルヲ知ルニ足ラン何トナレハ債務ノ成立不確實ナルモノハ其金額亦不確實
ナルヘキハ自然ノ結果ナレハナリ
第四條及第五條ハ評定ノ方法ヲ定メタルモノニシテ只第四條ハ評定ノ基礎ヲ明
定シ第五條ハ政府ノ法定ニ任シタル差アルノミ
條件附權利ヲ第四條ニ規定セス別條ト爲シタルハ義務ノ方面ヨリノ評價モ之ニ

依ラシムルノ趣旨ナレハナリ

第六條　課税價格カ家督相續ニ在リテハ千圓遺產相續ニ在リテハ五百圓ニ滿タサルトキハ相續稅ヲ課セス

本條ハ相續財產ノ承繼アルモ其財產ノ價格ニシテ一定ノ程度ニ達セサルモノハ相續稅ヲ課セサルコトヲ規定セルモノニテ恰モ第三種所得稅ニ在リテ三百圓以上ノ所得アル者ニアラサレハ課稅セサルト同一ノ理由ニ基ク卽チ細民ヲシテ苦痛ヲ免レシメ以テ租稅負擔ノ眞正ナル公平ヲ得セシメントスルニ外ナラサルナリ而シテ家督相續ト遺產相續トニ依リ課稅價格ノ最低限ヲ異ニシタルハ前ニ述ヘタルカ如ク家督相續人ト爲ルモノハ家族扶養等ノ大ナル義務ヲ負フモノナレハ單純ナル財產相續者ト同一ニ課稅セントスルハ負擔ノ公平ヲ得サルニ是因ル卽チ法律ハ家督相續ニ在リテハ千圓以上遺產相續ニ在リテハ五百圓以上ノ價額ヲ有スル財產アルニアラサレハ課稅セサルモノトセリ

此ニ注意スヘキハ民法ノ規定ニ依レハ遺產相續人數人アルトキハ相續財產ハ其

共有ニ屬シ（民法千二條）而シテ同順位ノ相續人數人ナルトキハ其各自ノ相續分ハ相均シキモノト看做サル、（民法第千四條但直系卑族數人アルトキハ庶子及私生子ノ相續分ハ嫡出子ノ相續分ノ二分ノ一トス）カ故今若シ嫡出子タル直系卑族二人アルトキ遺産ノ價額五百圓ナリトセハ二人各自ノ取得スヘキ相續額ハ二百五十圓ナリトス然ラハ此ノ場合ニハ各相續人ヨリ見レハ二百五十圓ノ遺産相續ナルカ如キモ本法ハ其分割セラレサル以前ニ於ケル財産換言セハ被相續人ヨリ遺産相續人ニ移轉スヘキ財産ノ總額ヲ以テ遺産ノ價格ト爲スコト是ナリ從テ各相續人ハ一括シタル總遺産ニ對スル納稅義務ヲ負フモノトス相續稅法施行規則第十四條ハ明ニ此旨趣ヲ規定セリ曰ク相續人二人以上ナル場合ニ於テ相續稅納付前相續財産ノ分割ヲ爲スモ相續稅ハ各相續人連帶シテ之ヲ納付スルコトヲ要スト

第七條　軍人軍屬ノ戰死又ハ戰爭ノ爲受ケタル傷痍疾病ニ起因シタル死亡ニ因リ相續開始シタルトキハ相續稅ヲ課セス但シ傷痍者又ハ疾病者ニシテ負傷又ハ發病後一年ヲ

經過シテ死亡シタルトキハ此ノ限ニ在ラス

此ニ軍人、軍屬トアルハ陸海軍刑法ニ定ムル軍人軍屬ノ意義ニ從テ解スルノ外ナシ今陸軍刑法ヲ見ルニ

軍人ト稱スルハ將官及ヒ同等官上長官士官下士諸卒ヲ謂フ(同法第三條)

軍屬ト稱スルハ陸軍出仕ノ文官其他總テ宣誓若クハ讀法ノ式ニ依リ陸軍ニ從事スル者ヲ云フ(同法第四條)

トアリ又海軍刑法ニハ

軍人ト稱スルハ將官及ヒ同等官上長官士官下士諸卒ヲ謂フ(海軍刑法第五十條)

軍屬ト稱スルハ海軍出仕ノ文官其他海軍ニ從事スル者ヲ謂フ(同法第五十一條第一項)

トアリテ二者共ニ同一ニ出テタルハ固ヨリ其所ナルヘシ

而シテ右軍人軍屬ノ戰死又ハ戰爭ノ爲ニ受ケタル傷痍、疾病ニ起因シ死亡シタルモノハ普通ノ死亡ト異ニシ國家ノ爲メ一身ヲ犧牲ニ供シ、タルモノナレハ其死ヤ吾人ノ齊シク痛悼ニ堪ヘサル所ナリ本條ハ之ニ因リテ相續開始アルモ相續稅ヲ

課セサルコトトシ以テ國家ニ殉シタル者ノ功績ニ酬ヒントシタルハ洵ニ至當ノ特典ナリト云フヘシ

一、戰爭ノ爲受ケタル傷痍、疾病トアルニ依リ彼ノ敵彈ノ爲ニ斃レタル者ノミナラス戰地ニ臨ミ寒風膚ヲ裂キ爲ニ凍死シ若ハ凍傷其他ノ病發ノ爲メ死亡シタル者ハ皆此ノ中ニ包含セラルヘシ然レトモ內地ニ在リテ單ニ通常ノ軍務ニ從事スル間ニ疾病ニ罹リ死亡シタル者ノ如キハ戰爭ノ爲ナリト云フヲ得サルハ勿論ナリ

又例ヘハ出征ノ途中廣島滯在中馬ヨリ落チ若ハ汽車ニ觸レ成ハ落雷ノ爲メ死シタル場合ニ於テモ自己ノ過失ニ原因スルト否トニ論ナク之ヲ戰死若ハ戰爭ノ爲メ受ケタル傷痍疾病ニ基因シ死亡シタルモノト云フヲ得サル勿論ナリ更ニ一歩ヲ進メテ渡航中暴風ニ遇ヒ又ハ衝突シテ船舶沈沒シテ死亡スルニ至ルモ尚本條ノ適用ヲ受クルモノニアラサルナリ蓋シ戰死トハ讀ンテ字ノ如ク實際戰鬪行爲ノ結果死亡シタル場合ヲ謂ヒ又其「戰爭ノ爲メ」云々ハ「戰死」ヲ受ケタル語ナルカ故ニ少クトモ戰鬪線內ニ在リテ軍務ニ服スル間ニ於テ疾病傷痍ヲ

受ケ為メニ死シタル場合ナラサルヘカラス然レトモ彼ノ常陸丸其他ノ船舶ニ在リタル者敵艦ノ襲撃ニ遭ヒ非業ノ最後ヲ遂ケタル者ノ如キハ之ヲ戰死若クハ戰爭ノ為メ受ケタル傷痍疾病ニ因リ死亡シタルモノト謂フヘキハ是亦疑ナキ所ナリ

二、戰爭トハ如何ナルコトヲ意味スルヤ甚タ明瞭ナルカ如キモ戰爭テフ語ニハ二様ノ意義アリ一ハ國內戰爭一ハ外國戰爭是ナリ國際法上ニ於テ戰爭ト稱スルヘキハ常ニ國ト國及ヒ國ト國ニ準セラルヘキモノ（之ヲ交戰主體ト云フ即チ戰爭ニ關シテノミ國家ト同一ニ看做サルヘキモノヲ云フ如何ナルモノハ交戰主體ト認メラルヽヤト云フニ國內ノ暴動團體カ秩序的ニ國際法規ニ從ヒ戰爭ヲ繼續スル狀態ニ至ルトキナリトス）トノ間ニ於ケル兵力ノ爭ヲ謂フ故ニ國內ニ於ケル叛亂者ヲ征服スル為ニスル戰爭ハ國際法上ノ戰爭ニアラサルナリ然レトモ此ニ所謂戰爭トハ廣義ニ解シ國內戰爭ヲ含ムモノト知ラサルヘカラス何トナレハ內亂ハ戰爭ニアラストノ理由ナケレハナリ蓋シ戰爭トハ元來武力ノ爭ヲ意義スルノ語ナレハ廣ク解スルハ本來ノ意義ニ適合スルモノト云フヘシ例之往年ニ於ケル西南役ノ如キ之ヲ國內戰爭ト稱スルヲ得然レトモ國內戰爭ト所謂一揆暴動トハ自ラ異點アルコトヲ注意セサルヘカラス是固ヨリ程度ノ問題タルヘシト雖モ單ニ一部ノ人民カ蜂起騷亂ヲ爲スニ當リ軍隊ノ力ヲ以テ鎭壓セントスルカ如キ場合ハ未タ以テ戰爭アリト云フヲ得サルヘシ例ヘハ講和問題國民大會後ノ騷擾ノ如キハ假ニ戒嚴令ノ施行ヲ見ルニ至リタリト雖之ヲ以テ戰爭ナリト謂フヘカラス故ニ國內戰爭ノ如キハ明治聖代ノ泰平ナルト共ニ將來斷シテ此ノ如キ現象ヲ呈スルコトナカルヘク實際上ニハ殆ト此ノ如キ區別ハ要ナキモノト云ツヘシ

以上ノ如ク廣ク戰爭ノ爲ニ受ケタル疾病傷痍ニ起因シ死亡シタルトキハ相續稅ヲ課セストセハ數年ヲ經過シタル後遂ニ死亡シタル者モ此範圍ニ入リ際限ナキニ至ル然ルニ實際上疾病後一年ヲ經過シ死亡シタルモノヽ如キハ果シテ其戰爭ノ爲ニ受ケタル傷痍疾病カ原因ト爲リ死亡シタルヤ果タ他ノ原因ニ因リタルモノナルヤハ容易ニ判明シ得ヘキコトニアラス故ヲ以テ本條但書ハ此ノ場合ニハ右ノ特典ニ浴スルヲ得サルコトヽ爲セリ

第八條　相續稅ハ課稅價格ヲ左ノ各級ニ區分シ相續人ノ種

類ニ從ヒ遞次ニ各税率ヲ適用シテ之ヲ課ス

家督相續

課税價格	税率		
	相續人カ被相續人ノ家族タル直系卑族ナルトキ	相續人カ被相續人ノ指定シタル者、民法第九百八十二條ニ依リ選定セラレタル者被相續人ノ家族タル直系尊族又ハ入夫ナルトキ	相續人カ民法第九百八十五條ニ依リ選定セラレタル者ナルトキ
五千圓以下ノ金額	千分ノ十二	千分ノ十五	千分ノ二十
五千圓ヲ超ユル金額	千分ノ十五	千分ノ十七	千分ノ二十五
一萬圓ヲ超ユル金額	千分ノ十七	千分ノ二十	千分ノ三十
二萬圓ヲ超ユル金額	千分ノ二十	千分ノ二十五	千分ノ三十五
三萬圓ヲ超ユル金額	千分ノ二十五	千分ノ三十	千分ノ四十
四萬圓ヲ超ユル金額	千分ノ三十	千分ノ三十五	千分ノ四十五
五萬圓ヲ超ユル金額	千分ノ三十五	千分ノ四十	千分ノ五十
七萬圓ヲ超ユル金額	千分ノ四十	千分ノ四十五	千分ノ五十五
十萬圓ヲ超ユル金額ハ其五萬圓毎ニ（百萬圓ニ至テ止ム）	千分ノ五ヲ加フ	千分ノ五ヲ加フ	千分ノ五ヲ加フ

課税價格	税率　相續人カ直系卑族ナルトキ	税率　相續人カ配偶者又ハ直系尊族ナルトキ	税率　相續人カ其ノ他ノ者ナルトキ
千圓以下ノ金額	千分ノ十五	千分ノ十七	千分ノ二十五
千圓ヲ超ユル金額	千分ノ十七	千分ノ二十	千分ノ三十
五千圓ヲ超ユル金額	千分ノ二十	千分ノ二十五	千分ノ三十五
一萬圓ヲ超ユル金額	千分ノ二十五	千分ノ三十	千分ノ四十
二萬圓ヲ超ユル金額	千分ノ三十	千分ノ三十五	千分ノ四十五
三萬圓ヲ超ユル金額	千分ノ三十五	千分ノ四十	千分ノ五十
四萬圓ヲ超ユル金額	千分ノ四十	千分ノ四十五	千分ノ五十五
五萬圓ヲ超ユル金額	千分ノ四十五	千分ノ五十	千分ノ六十
七萬圓ヲ超ユル金額	千分ノ五十	千分ノ五十五	千分ノ六十五
十萬圓ヲ超ユル金額ハ其ノ五萬圓毎ニ（百萬圓ニ至テ止ム）	千分ノ五ヲ加フ	千分ノ五ヲ加フ	千分ノ五ヲ加フ

外國ノ法律ニ依リ開始シタル相續ニ關シテハ遺產相續ニ關スル稅率ヲ準用ス

前數條ニ依リ相續財產ノ範圍及價格定リ且ツ相續稅ヲ課スヘキモノト決定シタルトキハ稅金額ヲ定ムルノ方法ナカルヘカラス本條ハ其之ヲ規定シタルモノナリ

而シテ本條カ先ツ家督相續ト遺產相續トニ依リ其稅率ヲ異ニシタルハ第六條ニ於テ課稅價格ノ最低限ヲ異ニシタルト同一ノ理由ニ基ク即チ遺產相續ニ在リテハ單ニ財產ヲ相續スルノミニシテ家督相續ニ於ケル如ク家族扶養ノ義務ナキヲ以テ之ヨリ其負擔ヲ重カラシムルハ寧ロ衡平ナルカ故ナリ

又家督相續及遺產相續ニ在リテモ各其相續人ノ種類ニ依リテ稅率ヲ異ニセシメ即チ被相續人トノ續柄ノ遠近ニ依リ稅率ニ等差ヲ立テタルハ是主トシテ自然ノ人情ヲ斟酌シテ被相續人ノ意思ヲ重ンシタル結果ナリ試ニ被相續人ノ意思ヲ推敲セラレヨ自已ノ最近親ノ者ニハ多クノ財產ヲ相續セシメントスルノ念深カルヘキハ人生自然ノ情義當ニ然ルヘキ所ナラン

元來相續ニ關スル規定ハ唯リ我國ノミナラス何レノ國ノ法制ニ於テモ被相續人ノ意思ヲ重ンシ且人情ヲ斟酌スルヲ常トスルカ故課稅上ニモ亦之ヲ認メ彼ニ比シ負擔ヲ輕減セシメタルハ自然ノ要求ニ應スルモノト謂フヘシ

左ニ家督相續人及遺產相續人ノ種類ヲ列擧說明スヘシ

第一、家督相續人

イ、法定家督相續人　法定家督相續人トハ法律ノ規定ニ依リ家督相續ト爲ルノ權ヲ有スル者ヲ云フ故ニ法定ノ推定家督相續人トハ自ラ其意味ヲ異ニス法定ノ推定家督相續人トハ戶主ノ死亡若ハ其他ノ相續開始原因發生ノ時法律上當然其戶主タルノ地位ヲ承繼スヘキ位地ニ在ル者ヲ云フ即チ最先ノ順位ニ在ル者ヲ云フ然ルニ法定家督相續人トハ必スシモ最先ノ順位ニ在ル者タルヲ要セス例之直系卑族數人アルトキハ其數人ハ總テ法定ノ家督相續人タリト云フヲ得ヘシ故ニ此ニ法定家督相續人トハ民法第九百七拾條以下第九百七拾四條ノ規定ニ依リ家督相續人ト爲ルモノヲ謂フノ義ト知ルヘシ

民法第九百七十條ニ依レハ被相續人ノ家族タル直系卑族ハ左ノ規定ニ從ヒ家

督相續人ト爲ルト云ヘリ故ニ直系卑族タルモ家族ニアラサレハ家督相續人タルヲ得サルナリ既ニ他家ニ入リタル者ノ如キハ家族ニアラス而シテ家族トハ原籍上被相續人ノ戸籍内ニアルモノヲ云フ同居ノ如何ヲ問ハサルナリ

又家族タル直系卑族タル以上ハ嫡出子ニ限ラス庶子タルト私生子タルト親等ノ異ナルト(子ト孫)將タ養子縁組ニ因リタルト民法第七百三拾條ニ依リ戸主ノ親族ニシテ他家ニ在リタル者カ戸主ノ同意ヲ得テ其家族ト爲リタル者ナルト又民法第七百三拾八條ニ依リ婚姻又ハ養子縁組ニ因リテ他家ニ入リタル者カ自己ノ親族ヲ婚家又ハ養家ノ家族ト爲シタルニ因リ(俗ニ連レ子ト云フ如キ場合之ナリ)其家ノ家族ト爲リタル者タルトヲ問ハス均シク家督相續人タルヲ得只其順位ニ先後ノ差アルノミ

例之親等ノ異ナリタル者ノ間ニ在リテハ(子ト孫トアル場合ニハ)其近キ(子)者ヲ先ニシ親等ノ同シキ嫡出子、庶子私生子ノ間ニ在リテハ嫡出子及ヒ庶子ハ女ト雖モ之ヲ私生子ヨリ先キニシ又養子縁組ニ依リ嫡出子タル身分ヲ取得シタルモノハ家督相續ニ付テハ其嫡出子タル身分ヲ取得シタル時(即チ養子縁組成立ノ日時)ニ生レタルモノト看做サレ（以上民法第九百七十條）其他民法第七百三拾七條及ヒ第七百三十八條ニ依リ家族ト爲リタル直系卑族ハ嫡出子又ハ庶子タル他ノ直系卑屬ナキ場合ニ限リ家督相續人ト爲ルカ如キ（民法九百七十二條）是ナリ

茲ニ嫡出子庶子、私生子ノ區別ヲ明カナラシメンカ嫡出子トハ正當ノ婚姻成立シタル者ノ間ニ生シタルモノヲ云フ但シ養子緣組ニ依リ親子關係ヲ生シタルトキハ法律上嫡出子タルノ身分ヲ取得スルモノトス

庶子トハ婚姻成立セス從テ法律上夫婦ノ關係生セサル者ノ間ニ生シタル子ヲ云フ私生子ト異ナルハ父ノ認知スルト否トニ存ス

私生子トハ父ノ知レサルモノヲ云フ多クハ事實上父ノ何人タルヲ知ルモ父之ヲ認知セス母子亦其認知ヲ請求セサル場合ニ生スルモノトス民法第九百七十四條ハ所謂代承相續ナルモノヲ認ム即チ法定ノ推定家督相續人カ相續開始前ニ死亡シタル場合ニ其者ニ直系卑屬アルトキハ其ノ子ハ父ニ代リテ當然父ト同順位ニ於テ家督相續人ト爲ル故ニ例ヘハ被相續人ニ甲長男乙次男アルトキ甲長男死亡セハ乙ハ次順位ニアル者トシテ家督相續人タルヘキモ若シ此場合

ニ甲ニ丙ナル子アルトキハ其子ハ甲ト同順位ニテ相續人ト爲ルカ故ニ乙ヲ排シテ丙相續人ト爲ルカ如シ

ロ、指定相續人　法定ノ推定家督相續人ナキトキニ於テ被相續人カ其家督相續人トナルヘキ者ヲ指定スルニ因リテ生スルモノトス(民法第九百七十九條)但シ此指定ハ後日法定ノ推定家督相續人アルニ至リタルトキハ當然其効力ヲ失フモノトス又此指定ハ何時ニテモ之ヲ取消スコトヲ得ルモノナリ

而シテ此相續人ノ指定ハ死亡又ハ隱居ニ因ル家督相續ノ場合ノミニ適用シ其他ノ場合ニハ之ヲ適用セス蓋シ國籍喪失者ハ既ニ自ラ本國ヲ離レテ他國ニ籍ヲ移サントスルカ如キ者ナレハ他人ヲシテ其家ヲ繼カシムルノ必要ナケレハナリ而シテ失踪宣告ニ因ル場合ニ適用ナキハ勿論ナリ又女戸主入夫婚姻ノ場合ニハ入夫ハ當然其家ノ戸主トナルヘキモノナレハ(反對ノ意思ナキ限)被相續人ヲシテ指定ヲ爲サシムル必要ナケレハナリ

ハ、選定相續人　是民法第九百八十二條ノ規定スル所ニシテ法定又ハ指定ノ家督相續人ナキ場合ニ於テ其家ニ被相續人ノ父アルトキハ父、父アラサルトキ又ハ

父カ其意思ヲ表示スルコト能ハサルトキハ母、父母共ニアラサルトキ又ハ其意思ヲ表示スルコト能ハサルトキ（其意思ヲ表示スル能ハサルトハ精神喪失其他老耄ニ因リ全ク意思ヲ失フカ如キヲ云フ）親族會ハ左ノ順序ニ從ヒ家族中ヨリ家督相續人ヲ選定スルモノトス

第一、配偶者但養女ナルトキ第二兄弟第三姉妹第四第一號ニ該當セサル配偶者

第五兄弟姉妹ノ直系卑屬

家督相續人ヲ選定スヘキ者ハ（被相續人ノ父母又ハ親族會）正當ノ事由アル場合（即チ前各號ニ該當スル者ナキカ又ハ素行修マラズ家督ヲ相續セシムルニ適セザルカ或ハ疾病其他ノ原因ニ依リ家政ヲ執ル能ハザル事情アルトキ）ニハ裁判所ノ許可ヲ得テ右ノ順序ヲ變更シ又ハ全ク選定ヲ爲サヽルコトヲ得ルモノトス（民法九百八十三條）

ニ、尊屬家督相續人又ハ逆位相續　右ノ如ク民法第九百八十二條ニ依リテ家督相續人タル者ナキトキハ其家ニ在ル直系尊屬中親等ノ最モ近キ者家督相續人ト爲ル但シ親等ノ同シキ者ノ間ニ在リテハ男ヲ先ニス即チ被相續人ノ父及祖父アルトキハ父親等ノ近キニ依リ被相續人ノ父カ相續人ト爲ル

ホ、他家ヨリ選定スル家督相續人　即チ民法第九百八十五條ノ規定スル所ニシテ

前號尊屬家督相續人ナキトキ親族會ハ被相續人ノ親族、家族、分家ノ戶主又ハ本家若クハ分家ノ家族中ヨリ家督相續人ヲ選定スルモノトス之ニ依リテ尙家督相續人タルヘキ者ナキトキハ親族會ハ他人ノ中ヨリ之ヲ選定スルヲ得加之若シ正當ノ事由アルトキハ右ノ規定ニ拘ハラス裁判所ノ許可ヲ得テ他人ヲ選定スルコトヲ得ルモノナリ

第二、遺產相續人

イ、直系卑屬　民法第九百九十四條ニ依レハ被相續人ノ直系卑屬ハ左ノ規定ニ從ヒ遺產相續人ト爲ル

一、親等ノ異ナリタル者ノ間ニ在リテハ其近キ者ヲ先ニス

二、親等ノ同シキ者ハ同順位ニ於テ遺產相續人ト爲ル

ト云ヘリ、故ニ遺產相續ニ在リテハ家督相續ト異ナリ親等同キ直系卑族數人アルトキハ共同シテ遺產相續人ト爲リ若シ被相續人ノ子及孫アルトキハ其親等ノ近キ子獨リ遺產相續人ト爲ルモノナリ

又遺產相續ニ在リテモ代承相續ヲ認ムルコト家督相續ノ場合ト異ナルコトナ

シ（民法第九百九十五條）

ロ、配偶者及直系尊屬、戸主　前號ノ遺産相續人ナキトキハ第一ニ配偶者遺産相續人ト爲リ若シ配偶者存セサルトキハ直系尊屬、若シ直系尊屬アラサルトキハ最後ニ戸主遺産相續人ト爲ル

右第二ノ直系尊屬中親等ノ異ナリタル者アルトキハ其近キ者ヲ先ニシ親等同シキ者ハ（例ハ祖父母ノ如シ）同順位ニテ共同遺産相續人ト爲ル（以上民法第九百九十六條）

我民法ノ規定スル所ハ右ノ外ニ出テス此以外ニ遺産相續人ヲ認メサルナリ

以下左ニ本條ノ例解ヲ爲スヘシ

今玆ニ二萬五千圓ノ課稅價格アリトシ相續人カ被相續人ノ家族タル直系卑屬ナリトセハ課稅價格ノ各區別ニ對スル稅率ヲ遞次ニ適用シテ稅金額ヲ定ムルモノトス

卽チ始メノ五千圓ニ其千分ノ十二（六十圓）次ノ五千圓ニ其千分ノ十五（七十五圓）次ノ一萬圓ニ其千分ノ十七（百七十圓）最後ノ五千圓ニ其千分ノ二十（百圓）ヲ乘シ之ヲ合算シタルモ

ノ即チ四百五圓ヲ以テ税金額ト爲スカ如シ
然ルニ若シ前例ノ場合ニ相續財産ノ價格十六萬五千圓ナルトキハ十萬圓ヲ超ユルノ金額ハ其五萬圓毎ニ千分ノ五ヲ加フヘキモノナルカ故始メノ五千圓ニ千分ノ十二次ノ五千圓ニ千分ノ十五次ノ一萬圓ニ千分ノ十七次ノ一萬圓ニ千分ノ二十次ノ一萬圓ニ千分ノ二十五次ノ一萬圓ニ千分ノ三十次ノ二萬圓ニ千分ノ三十五次ノ三萬圓ニ千分ノ四十次ノ五萬圓ニ千分ノ四十五最後ノ一萬五千圓ニ千分ノ五十ヲ乘シタルモノヲ合算シタル總額五千九百五十五圓ヲ以テ税金額ト爲ス故ニ若シ此例ヲ推ストキハ課税價格大ナルニ從ヒ税率ヲ增加シ遂ニ全財産ヲ失フニ至ラン是レ税率ノ增加ハ百萬圓ニ至テ止ムト規定シタル所以ナリ
右課税方法ハ所謂累進税率ト稱スルモノナリト雖モ所得税法ニ於ケル累進課税ト少シク其ノ趣ヲ異ニス彼ニアリテハ課税標準ヲ數級ニ分チ其各級ニ相應スル税率ヲ一律ニ適用スルモノナリト雖モ本法ハ課税價格ヲ數級ニ分チ其ノ各級ノ金額ニ對シ之ニ相應スル税率ヲ適用シ其ノ適用シ得タル金額ヲ合算シテ其ノ税額ヲ定ムルモノニシテ卽チ最低課税價格ヨリ遞次ニ其税率ヲ乘シテ現在ノ課税

價格ニ及フノ主義ヲ採レリ故ニ同シク累進税ナリト雖モ本法ハ大ニ其累進ノ度ヲ緩和セシメタルモノニシテ其ノ超過額ニ對シテノミ累進率ヲ適用スルモノナルカ故ニ之ヲ超過累進法ト稱スヘク而シテ從來階級課税方法ノ弊タル各階級ニ近邇セル上下ノ價格ニ對スル課税ノ不公平ヲ矯正スルモノニシテ極メテ公平ナル累進法ナリトス

本條末項ニ外國ノ法律ニ依リ開始シタル相續ニ關シテハ遺産相續ニ關スル税率ヲ準用ストアルハ相續ハ被相續人ノ本國法ニ依ルヘキモノナレハ外國ノ國籍ヲ有スル人ノ相續ハ總テ外國法律ニ依リ開始セラルヘク而シテ家督相續ハ既ニ前ニ屢々述フル如ク我國家族制度ノ特産物ニシテ現今外國ニ於テハ此相續制ナキノミナラス外國ノ法律ニ依リ開始シタル相續ハ本法ニ所謂家督相續ニモアラス又遺産相續ニモアラサルカ故ニ其ノ最モ類似セル遺産相續ニ關スル税率ヲ準用セシムルモノナリ

第九條　相續人ノ廢除若ハ其取消ニ關スル裁判ノ確定前又

ハ相續ノ承認若ハ拋棄前ト雖政府ハ必要ニ依リ其推定家督相續人又ハ推定遺產相續人ニ對スル税率ヲ適用シ相續税ヲ課スルコトヲ得

相續人アルコト分明ナラサルトキハ税率ノ最高キ相續人ニ對スル税率ヲ適用シテ相續税ヲ課ス

前二項ニ依リ課税シタル後相續人確定シタルトキハ税率ノ適用ヲ改訂シ税金ノ差額ヲ追徵シ又ハ還付ス

本法第一條ハ相續財產ニ相續税ヲ課スヘキコトヲ規定スルモ何人カ納税義務者トナルヘキヤヲ明ニセス是相續財產ニ課税スト云フトキハ財產ノ承繼者タルモノ納税義務ヲ負フヘキハ殆ト自明ノ理ニ屬スルカ故ナリ而シテ本條ノ規定ハ亦間接ニ納税義務者ノ相續人タルコトヲ推斷スルニ足ルモノト云フヘシ何トナレハ其末項ニ前二項ニ依リ課税シタル後相續人確定シタルトキハ税率ノ適用ヲ改

訂シ税金ノ差額ヲ追徴シ又ハ還付ス」トアルニ依リ義務者ヨリ追徴シ義務者ニ還付スヘキハ當然ニシテ又其義務者ハ税率ノ適用ヲ受ケタル相續人タルヘキハ一層明白ナレハナリ

而シテ本條ハ相續人ノ未確定ナル場合ニ如何ナル方法ニ依リテ相續税ヲ課スヘキヤヲ定ムルモノトス

相續人ノ未確定ナル場合ハ左ノ如シ

一、相續人ノ廢除若クハ其取消ニ關スル裁判確定以前ニ於テハ何人カ相續人タルヘキヤ確定セス

相續人ノ廢除トハ被相續人ノ意思ニ依リ法定ノ推定家督相續人ノ相續權ヲ失ハシムルヲ云フ

從來我國ニ於テ普通ニ廢嫡ト稱スルモノ即是ナリ然レトモ廢嫡トハ單ニ嫡出子ノ相續權ヲ奪フノミヲ意味スルヨリ廣ク法定ノ推定家督相續人ノ相續權ヲ失ハシムルニハ廢除ト云フノ適當ナルヲ以テ民法ハ之ヲ廢除ト稱シタルニ過キサルヘシ

相續人ノ廢除ヲ爲スハ被相續人ノ意思ニ基クモノナリト雖モ濫ニ之ヲ許スヘキモノニアラサルハ勿論ナリ法定ノ推定家督相續人ナルモノハ法律カ古來ノ慣習自然ノ人情等ニ依リ一定ノ者ヲシテ相續セシムルノ至當ナルヲ認メ特ニ其順序ヲ定メタルモノナレハ隨意ニ之ヲ變更セシムルトキハ立法ノ目的ハ達セラレスシテ止ムヘケレハナリ故ニ民法第九百七十五條ハ左ノ場合ニ於テノミ裁判所ニ請求シテ廢除ヲ爲スコトヲ許セリ

一、法定ノ推定家督相續人カ被相續人ニ對シテ虐待ヲ爲シ又ハ之ニ重大ノ侮辱ヲ加ヘタルコト

二、法定ノ推定家督相續人カ疾病其他身體又ハ精神ノ狀況ニ依リ家政ヲ執ルニ堪ヘサルヘキコト

三、法定ノ推定家督人カ家名ニ汚辱ヲ及ホスヘキ罪ニ依リテ刑ニ處セラレタルコト

四、浪費者トシテ準禁治産ノ宣告ヲ受ケ改悛ノ望ナキコト

此他正當ノ事由アルトキハ被相續人ハ親族會ノ同意ヲ得テ其廢除ヲ請求スル

コトヲ得

而シテ被相續人ハ亦遺言ヲ以テ廢除ノ意思ヲ表示スルコトヲ得此ノ場合ニハ遺言執行者ハ其遺言カ效力ヲ生シタル後(死亡)遲滯ナク裁判所ニ廢除ノ請求ヲ爲スコトヲ要ス此場合ニ於ケル廢除ハ被相續人ノ死亡ノ時ニ遡リテ效力ヲ生ス故ニ廢除スヘキモノト確定セハ被相續人ノ死亡ノ時既ニ廢除セラレタルト同一ナリ(民法九百七十六條)然ラサレハ法定ノ推定相續人ハ當然相續人トナリ廢除ノ旨趣ヲ貫クヲ得サルカ故ナリ

右ノ如ク推定相續人ノ廢除ヲ爲スト雖モ若シ廢除スヘキ理由消滅シタルトキハ其取消ヲ許シ自然ノ順序ニ復セシムルヲ可トス民法第九百七十七條ハ之ヲ明ニ規定セリ卽チ推定相續人廢除ノ原因止ミタルトキハ被相續人又ハ推定家督相續人ハ廢除ノ取消ヲ裁判所ニ請求スルコトヲ得第九百七十五條第一項第一號ノ場合ニ於テハ被相續人ハ何時ニテモ廢除ノ取消ヲ請求スルコトヲ得」ト此ニ廢除ノ原因止ミタルトキトハ第九百七十五條第一項第二號乃至四號ノ原因ニ基ク廢除ノ取消ニ必要ナル條件ナリトス而シテ第三號ノ原因止ムトハ如

何ナル場合ナルカ一タヽヒ家名ニ汚辱ヲ與フヘキ罪ニ依リ刑ニ處セラレタルトキハ永ク其家名ヲ汚シタル事實ハ消滅スヘカラサルカ如シ然ラハ第三號ニ適用ナキカ强テ解スルトキハ大赦ニ依リテ全ク其ノ罪ナキモノト同一ニ看做サレタルトキヲ謂フノ意ナランカ

又九百七十五條第一項第一號ノ場合ニ於テハ被相續人カ其非行ヲ宥恕シテ相續セシメント欲スルトキハ何時ニテモ隨意ニ其廢除ノ取消ヲ請求シ得ヘキモノトセリ

然レモ相續人ノ廢除アリタル後相續開始シ爲ニ次ノ順位ニ在ルモノ家督相續人ト爲リタルトキハ其廢除ノ取消ヲ許スヘキモノニアラス(民法第九百七十七條第三項)尙廢除ノ取消ハ亦遺言ヲ以テ之ヲ爲スヲ得此場合ニハ前示第九百七十六條ヲ準用スルモノトス(同條第四項)

以上ハ法定ノ推定家督相續人ノ廢除及取消ニ關スルモノナリ既ニ家督相續ニ付キ推定家督相續人ノ廢除ヲ許ス上ハ遺産相續ノ場合ニ於テモ推定遺産相續人ノ廢除ヲ認ムルノ必要アルモノト云フヘシ是民法第九百九十八條ノ規定ア

ル所以ナリ同條ノ規定ニ依レハ廢除ヲ爲シ得ル場合ハ左ノ如シ

一、被相續人ニ對シ虐待ヲ爲スコト

二、被相續人ニ對シテ重大ナル侮辱ヲ加フルコト

今之ヲ法定ノ家督相續人廢除ノ原因ト比スレハ僅ニ其ノ一部分ヲ認メ第九百七十五條第一項第二號以下ノ原因ヲ認メサルナリ何故遺産相續廢除ニ之カ原因ト爲サヽルヤト云フニ彼ニアリテハ元來家名ヲ繼承セシメ且其家ヲシテ長ヘニ子孫ニ傳ヘ祖宗ノ祭祀ヲ斷タサラシメントスルヲ目的トスルカ故相續人ハ一定ノ品格ヲ有スルモノナラサルヘカラス然ルニ遺産相續ハ純然タル財産相續ナレハ家政ヲ執ルニ堪ヘサルモ將タ家名ヲ汚辱スヘキ行爲アリタルト浪費者タルトヲ撰ハサルナリ只自然ノ人情上虐待又ハ重大ナル侮辱ヲ受ケタル者ニ遺産ヲ相續セシムルハ其欲スル處ニアラサルヘキヲ以テ之ヲ以テ廢除ノ原因ト爲セリ

而シテ右廢除セラルヘキ相續人ハ遺留分ヲ有スル推定相續人ニ限ル（遺留分ヲ有スル推定相續人トハ民法第千百三十一條ニ規定セル所ニシテ即チ直系卑屬ハ遺留分トシテ被相續人ノ財産ノ半額ヲ受ケ配偶者又直系尊屬ハ被相續人ノ三分ノ一ヲ

受クルモノトス）故ニ戸主タル相續人ハ廢除スルヲ得ス蓋シ戸主ヲシテ遺產相續人タラシムルハ全ク他ニ遺產ヲ相續スヘキ者ナキカ故變例トシテ之ヲ認メタルモノニシテ戸主ハ必シモ家族ノ財產ヲ承繼スヘキ地位ニ在ルモノト云フヲ得ス反之被相續人ノ直系卑族、配偶者、直系尊屬ハ親族ノ關係上又自然ノ人情ヨリスルモ遺產ヲ相續スヘキ位地ニ在ルモノト云フヘシ是民法カ此等ノ遺產相續人ニ遺留分ヲ附與セシメタル所以ナリ既ニ遺留分權ヲ與フル以上ハ被相續人ヲシテ漫ニ其廢除ヲ爲サシムヘキニアラサルハ尙法定家督相續人ノ場合ニ於ケルト同一ナリ何トナレハ若シ之ヲ許スニ於テハ遺留分ヲ附與セシメタル立法ノ旨趣ハ沒却セラルヽニ至ルレハナリ是遺留分ヲ有スル推定相續人ノ廢除ニ關シテノミ規定ヲ爲セシ所以ナリトス

其廢除ノ取消ハ被相續人ノミ之ヲ爲シ得ルモノトス是被相續人ノ意思ヲ斟酌シテ虐待又ハ侮辱ヲ加ヘタル者ヲ廢除セシムルモノナレハ此者ノ意思ニ基カスシテ取消ヲ爲サシムヘキ理由存セサルカ故ナリトス（民法九百九十九條）

其他前ニ家督相續ノ廢除ニ關シテ述ヘタル遺言ニ依ル廢除及遺言ニ依ル廢除

ノ取消等總テ準用セラルヽモノナリ(民法第千條)

二、相續人カ承認又ハ拋棄ヲ爲サヽル間ハ相續人ハ未タ確定セルモノト云フヲ得ス(但シ尊屬家督相續人タル者ヲ除ク外他ノ法定家督相續人ハ拋棄ヲ爲スヲ得サルニ依リ確定的相續人タリ)

抑モ相續ハ其開始原因ノ發生ト同時ニ開始スルモノナリト雖モ相續開始ノ效果トシテハ直ニ法定ノ推定相續人ニ權利義務ヲ確定的ニ移轉スルモノニアラス相續開始ヲ知リタル日ヨリ三ケ月內ニ其相續ヲ承認スルノ意思ヲ表示シテ始テ確定ニ權利義務ヲ承繼スルモノトス何トナレハ此ノ期間內ニ於テハ相續人ハ其欲スル所ニ從ヒ拋棄ヲ爲スカ又ハ承認ヲ爲スヘキカ承認ヲ爲スニモ限定承認ヲ爲スヘキヤ將タ單純ニ承認スヘキカ自由ニ決定スルヲ得ルモノナレハナリ(民法第千十七條)

而シテ若シ此ノ場合ニ推定相續人カ承認又ハ拋棄ヲ爲サスシテ死亡シタルトキハ右三ケ月ノ勘考期間ハ其者ノ相續人カ自己ノ爲メニ相續ノ開始アリタルコト卽チ死亡ノ事實ヲ知リタル時ヨリ起算スルモノトス(民法第千十八條)

又相續人カ無能力者ナルトキハ承認拋棄ノ意思ヲ表示スル能ハサルカ故三ケ

月ノ勘考期間ハ無能力者ノ法定代理人カ其無能力者ノ爲ニ相續開始アリタルコトヲ知リタルトキヨリ起算スルモノトセリ（民法第千十九條）然レトモ此ニ注意ヲ要スルハ承認又ハ拋棄ヲ以テ相續取得ノ條件ナリト誤解スヘカラサルコト之ナリ卽チ相續ノ承認ハ相續ヲ取得スルソ停止條件ニアラス又相續ノ拋棄モ之ニ依リテ始テ相續セサルヲ得ルモノト云フヘカラス相續人ハ相續ノ開始ニ依リ當然前主ノ權利義務ヲ承繼スヘキモノニシテ承繼ニ依リテ初テ相續權ヲ取得スルモノニアラサルナリ承認又ハ拋棄ヲ爲スニ一定ノ期間ヲ設ケタルハ相續人ヲシテ意思表示ヲ爲サシムル爲メ恩惠的猶豫期間ヲ與ヘタルニ過キス承認ハ相續權アルモノヲシテ確定ノ相續人タラシムルニ在リ相續ノ拋棄ハ相續人タルノ名義ヲ解消セシムルニ過キサルナリ是民法第九百八十六條及第千一條ノ規定ヨリスルモ明白ナルコトナリ

相續ノ承認拋棄ハ原則トシテ相續人ノ自由ナリト雖モ法定家督相續人（但シ家族家督相續人ヲ除ク）ハ相續ノ拋棄ヲ爲スコトヲ得サルナリ若シ相續ノ拋棄ヲ許サンカ是其一家ノ斷絕ヲ許容スルモノニシテ家族制度ヲ破壞スルニ至ルヘシ是法定家督

相續人ニ拋棄ヲ許サヽル所以ナリ然レトモ民法第九百八十四條ノ規定ニ依リ家督相續人タル者卽チ指定又ハ選定相續人ナク止ムヲ得ス其家ニ在ル直系尊族中親等最モ近キ者家督相續人タル場合ハ其尊屬家督相續人ハ拋棄ヲ爲スコトヲ得蓋シ此ノ場合ニハ直系尊屬人ハ一旦家督ヲ相續シ自己其任ニ堪ヘサルヨリ隱居ヲ爲シタルモノナレハ更ニ强テ再ヒ相續人ト爲ラシムルハ甚タ酷ナルヨリ其自由ニ任シタルモノナリ

三、相續人アルコト分明ナラサル場合ハ相續人ノ未確定ナルハ勿論ナリ抑モ相續人ノ有無分明ナラサル場合卽チ相續人ノ曠缺セル場合ニハ何人カ相續財產ヲ取得スヘキカ又債權者ハ何人ニ對シテ辨濟ヲ求ムヘキヤ何等法ノ規定ナクンハ實際上ノ不便タルヤ疑ナシ是民法第千五十一條以下ノ規定存スル所以ナリ

民法第千五十一條ニ依レハ相續人アルコト分明ナラサルトキハ相續財產ハ之ヲ法人トストアリ故ニ相續財產ハ此場合ニ財團法人ヲ形成スルモノト云フヘシ又之ヲ以テ法人ト爲ス以上ハ財產管理人ヲ置カサルヘカラサルハ勿論ナリ

然レトモ之ヲ以テ財團法人ト爲スハ相續人アルコト分明ナラサル場合ニ止ムヲ得サル擬制ニ基クモノナレハ若シ相續人現出スルトキハ其成立ヲ覆サヽルヘカラス又永久財團法人ヲ存立セシムルモ國家經濟上ニ何等ノ益スル所ナシ故ニ其財產ニ關スル精算事務結了ヲ告ケ且ツ一定ノ期間內ニ相續人タル權利ヲ主張スル者ナキトキハ相續財產ハ之ヲ國庫ニ歸屬セシムルモノトス(民法第千五十二條乃至千五十九條參照)

以上說明スル如ク相續人ノ廢除若クハ廢除取消ノ裁判確定セサル以前ニ相續開始アリタルトキハ何人カ果シテ相續人ト爲ルヘキヤ明カナラス若シ廢除ノ裁判確定スルトキハ次順位ニ在ル者相續人ト爲ルヘシ又承認ヲ爲スカ拋棄ヲ爲スカ其意思ヲ決定表示セサレハ未タ全ク其者カ相續人ナリト云フヲ得サルナリ然ラハ裁判確定若クハ相續人ノ意思表示ヲ待テ然ル後課税スヘキカ其間ニ財產ノ散逸脫漏保シ難ク租税ノ徵收ヲ完全ナラシムル能ハサルノミナラス元來相續税ハ相續財產ヲ目的トスルモノニシテ相續人ノ確定ヲ待ツハ唯其ノ税率ノ適用ヲ確定スルノ要アルカ故ニ政府ニ於テ相續人確定以前ニ課税ヲ必要ト認ムルトキハ

其推定家督相續人又ハ推定遺産相續人ニ對スル税率ヲ適用シテ相續税ヲ課スルコトヲ得セシメタルハ當然ナリトス
又相續人カ存在スルヤ否ヤ分明ナラサル場合ニ於テモ納税義務者ナキノ故ヲ以テ手ヲ束テ相續人ノ現出ヲ待ツヲ得ス或ハ一定ノ期間經過後相續人ノ出ツルナクンハ相續財産ハ國庫ニ歸屬スルモノナレハ租税ヲ課スルノ要ナキカ如キモ國庫ニ歸スヘキ・ヤ否ヤハ豫メ之ヲ知ルヲ得ルモノニアラス故ニ相續人曠缺ノ場合ニ於テモ相續税ヲ課スルノ要アルモノト云フヘシ然ラハ之ニ對シテ如何ナル税率ヲ適用スヘキヤ本條第二項ハ此場合ニ於テハ税率ノ最モ高キ相續人ニ對スル税率ヲ適用シテ課税スルモノトセリ蓋シ此ノ如キ場合ニハ若シ相續人アリトスルモ被相續人トハ遠キ親族、關係ナルヘク從テ被相續人ノ意思ニ背クコトモナカルヘク又國家ノ徴税上ヨリスルモ高キ税率ヲ適用シテ最高税ヲ徴スルノ安全ナルニ如カス且ツヤ其末項ニ税、金還付ノ規定存スル以上ハ他日現出シタル相續人ニ對シテモ決シテ酷ニアラサレハナリ
然レトモ本條第一項及第二項ハ寧ロ租税徴收ノ便宜ヨリ出テタルモノナレハ第

三項ニ於テハ若シ後日ニ至リ相續人確定スルニ至リヤバトキハ其相續人ニ相應スヘキ一般ノ税率ヲ適用シ改訂ヲ要スルモノハ之ヲ改メ其結果若シ税金ノ不足アルトキハ追徴ヲ命シ剩餘ヲ生シタルトキハ還付ヌヘキモノトシ公平ヲ得セシメントセリ

第十條　相續税ヲ課セラレタル後三年以内ニ於テ更ニ相續開始シタルトキハ前ノ相續額ニ對スル相續税ニ相當スル相續税ヲ免除ス

相續税ヲ課セラレタル後五年以内ニ於テ更ニ相續開始シタルトキハ前ノ相續額ニ對スル相續税ノ半額ニ相當スル相續税ヲ免除ス

相續ノ頻繁開始セラルヽ場合ニ其都度斟酌ナク相續税ヲ課スルトキハ遂ニ資産ノ減耗ヲ來スニ至ルノミナラス數十年ノ間一回モ相續税ヲ課セラレサル者アルニ比シ甚タ公平ヲ缺クモノト云ハサルヘカラス因ヨリ是其者ノ不幸ト謂フノ外

ナキカ如シト雖モ豈ニ同情相憐ムノ感ナシトセンヤ是本條ノ規定セラルヽ所以ナリ

本條第一項ハ相續稅ヲ課セラレタル後三年內ニ更ニ相續開始シタルトキハ前ノ相續額ニ對スル相續稅ニ相當スル分ハ相續稅ヲ課セサルコトヽセリ例之前相續開始ノ際五千圓ノ相續財產アリトシ之ニ對スル相續稅ヲ課セラレタリシニ今ハ五千五百圓ノ相續財產アリトセハ前ノ相續額五千圓ニ對スル相續稅ニ相當スル稅金ハ免除セラレ五百圓ニ對スル稅金ノミヲ納付スヘキモノナリ

相續稅免除ノ場合ノ計算方法ハ更ニ開始シタル相續財產ノ價額ヨリ前ノ相續財產ノ價額ヲ除控シタルモノヲ課稅價格トシ之ニ對スル稅率ヲ適用シテ稅金ヲ算出スルニアラスシテ更ニ開始シタル相續財產ノ全部ノ價額ヲ課稅價格トシ之ニ對スル稅率ヲ適用シテ稅額ヲ算出シ其ノ稅額ヨリ前ノ相續額ニ對スル相續稅ノ全額又ハ半額ニ相當スル金額ヲ控除シタルモノヲ稅金ト爲スナリ前例ニ付テ言ヘハ先ツ五千五百圓ノ課稅價格ニ對スル稅額ヲ算出シ其中ヨリ五千圓ニ對スル稅額ヲ控除シテ稅金ヲ定ムルモノナリ

此ニ「前ノ相續額ニ對スル」トハ前ノ相續分ニ對スルト云フ義ニ外ナラス即チ其額ト云ヘルハ多數相續（遺産相續）ノ場合ニ於テ其各自ノ受ケタル相續分ニ對スルモノニシテ相續財産ノ全部ニ對スルモノニアラストノ意ヲ明ニスルノ趣旨ニ出テタルモノナリ今左ニ例ヲ掲ケテ適用ヲ示サントス

一、甲者ヨリ一萬圓ノ財産ヲ相續シタル乙者其ノ固有財産二萬圓ヲ合セ三萬圓トシテ之ヲ丙者ニ相續セシムル場合ニ於テハ丙者ハ三萬圓ニ對スル税率ヲ適用シタル税金額ノ中ヨリ前ノ相續ノ一萬圓ニ對スル税額ニ相當スル金額ヲ控除シタルモノヲ納付スヘキナリ

二、甲者ヨリ乙者二千圓丙者三千圓丁者五千圓合計一萬圓ヲ相續シタル後乙者丙者又ハ丁者ニ付更ニ相續開始シタルトキハ其各相續人ノ受ケタル相續分ニ對スル相續税ニ相當スル金額ノ免除ヲ受クヘキモノニシテ相續財産ノ總額一萬圓ニ對スル相續税ニ相當スル金額ノ免除ヲ受クヘキモノニアラサルハ前ニ述ヘタルカ如シ

三、甲者ヨリ一萬圓ノ價額ヲ有スル土地ヲ相續シタル乙者其土地ヲ賣却シテ一萬

圓ノ價額ヲ有スル家屋ヲ買取リタル後更ニ相續開始シ丙者之ヲ相續シタルトキハ丙者ハ其一萬圓ノ家屋ニ對スル相續税ニ相當スル税金ノ全額又ハ半額ノ免除ヲ受クヘキナリ

四、甲者ヨリ一萬圓ノ價額ノ公債ヲ相續シタル乙者其ノ公債ノ價額一萬二千圓ニ騰貴シタル後更ニ相續開始シ丙者之ヲ相續シタルトキハ丙者ハ其ノ一萬二千圓ノ公債ニ對スル相續税ニ相當スル税金ノ全額又ハ半額ノ免除ヲ受クヘキナリ

五、一萬圓ノ固有財產ヲ所有スル乙者五千圓ノ財產ヲ甲者ヨリ相續シ其相續財產ノ全部ヲ失ヒタル後更ニ相續開始シ丙者相續人ト爲リタルトキハ丙者ハ一萬圓ノ相續財產ニ對スル税金ヲ納付セサルヘカラスシテ免除ヲ受クヘキモノナシ何トナレハ此ノ場合ニ於テハ前ニ相續シタルモノヲ更ニ相續シタルモノニアラサレハナリ然レトモ其失ヒタル財產ハ固有ノ分ナリヤ又ハ相續シタル分ナリヤヲ區別スル能ハサル場合多カルヘキヲ以テ此ノ如キ場合ニ於テハ事實ニ依リテ之ヲ判斷セサルヘカラス

之ヲ要スルニ本條ノ規定ハ前相續ニ因リテ受ケタル分ニ對シテ相續稅ヲ免除スル趣旨ナリトス故ニ前相續ニ因リテ得タル財產ノ價額ニ高低ノ變動アリ又ハ物體ヲ變スルコトアルモ其財產ニ付更ニ相續開始アリタル場合ニ於テハ其財產ニ對スル稅金額ノ全部若ハ半額ヲ控除スヘキモノトス前例(五)ノ場合ニ於テ若シ前相續財產ノ半分ヲ失ヒ二千五百圓ノ價額ノ財產尙存在ストセハ一萬圓ニ二千五百圓ヲ加算シテ稅金額ヲ算出シ其ノ中ヨリ二千五百圓ニ對スル稅金額ニ相當スルモノヲ控除スヘキモノニシテ前相續稅金ノ全部卽チ五千圓ニ對スル稅金額ヲ控除スヘキモノニアラス然ラサレハ一萬圓ノ新財產ハ謂ハレナク免除ヲ受クルノ結果ヲ生シ前ノ相續分ニ對シテノミ免除セントスル立法ノ目的ニ反スルニ至ル世ノ解釋者徒ニ字句ニ拘泥セス以テ立法ノ意ノ存スル所ヲ諒セラルヘシ前ニ述ヘタルカ如ク本條カ相續稅ヲ免除又ハ半減スルハ頻次ナル相續ニ依リ財產ノ減耗スルコトヲ防キ他ノ權衡ヲ保タシメントスルノ趣旨ニ出テタルモノニシテ主トシテ家督相續ノ塲合ヲ想像シタルモノト見ルヘキナリ故ニ本條ニハ同一財產ナル文字ヲ用ユルコトヲ避ケ(前例三ノ如キ塲合アル故)タルカ如シト雖本

條ヲ解釋スルニハ同一財産ト云フコトヲ腦裡ニ置クヲ要スヘキナリ遺産相續ノ場合ニ於テモ同一財産ニ對スルモノハ減免スルノ理由アリト雖一人ニ對シ異種ノ財産ニ付相續開始スル場合ノ如キハ減免ノ理由ナキモノトス例ヘハ乙者ヨリ遺産相續ヲ受ケタル甲者更ニ之ヲ丙者ニ相續スル場合ニハ其家督相續タルト遺産相續タルトヲ問ハス減免ノ理由アリト雖モ乙者ヨリ相續ヲ受ケタル甲者更ニ丙者ヨリ相續ヲ受ケタル場合ノ如キハ家督相續タルト遺産相續タルトヲ問ハス減免ノ理由ナキモノトス換言セハ前ノ相續人カ被相續人トシテ相續ノ開始スル場合ニ限リ本條ノ適用ヲ見ルヘク前ノ相續人カ再ヒ相續人トシテ相續ノ開始スル場合ニ於テハ本條ノ適用ナキモノト謂フ可シ本條第一項及第二項ノ適用ニ關シ左ノ如キ問題アリ

例ヘハ第一ノ相續開始ノ時ヨリ二年以內ニ相續開始シ本條第一項ニ依リ相續税ヲ全免セラレタル場合ニ更ニ第二ノ相續開始ノ時ヨリ三年以內ニ第三ノ相續開始シタルトキハ本條第二項ヲ適用スヘキヤ將タ第一項ヲ適用スヘキヤ如何

或ル一說ニハ第二ノ相續開始ノ場合ニ於テハ相續税ヲ全免セラレタルニ依リ即

チ相續税ヲ課セラレタル者ト云フヲ得ス然ルニ本條ハ相續税ヲ課セラレタル後云々トアルニ依リ前例ノ場合ニ於テハ第一相續開始ノ時ヨリ五年以内ニ於テ相續開始シタルモノトシ第二項ヲ適用セサルヘカラス蓋シ第一項ヲ適用セントスルモ相續税ヲ課セラレタル後ヨリスレハ既ニ三年ヲ經過シタルヲ如何セント然レトモ此說ハ皮想ノ見タルヲ免レス論者ハ賦課ト免除トヲ混同スルモノニアラサルナキヤ前例第二ノ相續開始ノ場合ニ於テモ賦課ヲ免ルヽモノニアラス賦課シテ後前相續分ニ對スル税額ヲ免除スルニ過キス本例第二相續開始ノ場合ニ於テハ偶々第一相續開始ノ場合ト其財產額ヲ同一ニスルカ故全部ノ税金額ヲ免除セラレタルニ過キサルナリ故ニ若シ其第二ノ相續開始ノ場合ニ第一相續開始ノ時ヨリ財產ノ增加セシ場合ニ於テハ其增加部分ニ對スル税金ノ免除ヲ免ルヽ能ハス然ル後三年以內ニ更ニ第三ノ相續開始シタルトキハ論者ト雖モ第一項ヲ適用スルヲ否ム能ハサルヘシ此ノ如ク第二ノ相續開始ノ場合ニ税金額ノ多少ヲ問ハス幾何ニテモ納付スレハ第三ノ相續ニ於テハ（同一額ノ財產ナル）全免セラレ反之第二ノ相續開始ノ場合ニ於テ幾何ノ税金ヲモ納付セサル場合ニハ第三ノ相續ニ於テハ

其ノ半額ヲ免除セラルヽニ過キスト云フハ權衡ヲ得タルモノニアラズ是豈ニ立法ノ旨趣ナランヤ本條ニ於テハ三年若クハ五年ノ起算點ハ現相續ニ最モ近キ以前ニ於ケル相續開始ノ時ニアルヤ明カナリ從テ本問ノ事例ニ於ケルモ其第一項ヲ適用スヘキモノナリ

本條第二項相續税ヲ課セラレタル後五年内ニ更ニ相續開始シタルトキハ前ノ相續額ニ相當スル税金ノ半額ヲ免除スルモノトセリ其適用ハ前例ニ依リ類推スルヲ得ヘシ

本條ノ三年内ノ相續開始ニハ全額ヲ免除シ五年内ノ相續ニハ半額ヲ減免スヘキモノトシタル理由ハ本來時ノ長短ニ依リ課否ヲ決スルモノナレハ長キ期間ヲ經過シタル相續ニハ減免スヘキ理由稍ヤ薄カルヘキハ當然ナルカ故ニ此區別ヲ爲シタルモノナラン

右三年五年ハ何レノ時ヨリ起算スヘキヤ本條ニハ相續税ヲ課セラレタル後トアルニ依リ租税ノ賦課ヲ受ケタル日ヨリ起算シ暦ニ從ヒ三年若クハ五年ヲ經過セサルヤ否ヤヲ決スヘキカ如シト雖トモ立法ノ趣旨ハ相續税賦課ノ原因タル事實

ノ發生ノ日卽チ前相續開始シタル日ヨリ起算スヘキモノナリトス若シ嚴格ニ實際賦課ヲ受ケタル日ヨリ起算スルモノトスルトキハ課稅價格決定通知ノ遲速ニ依リテ減免ヲ受クルト否ラサル場合トヲ生シ立法ノ目的ニ背馳スルノ結果ヲ生ス故ニ余輩ハ文字ニ拘泥セス此ノ如ク解スルヲ相當ナリト信ス

第十一條　相續人ハ相續開始ヲ知リタル日ヨリ遺言執行者又ハ相續財產管理人ハ就職ノ日ヨリ三ケ月以內ニ相續財產ノ目錄及相續財產ノ價額中ヨリ控除セラルヘキ金額ノ明細書ヲ政府ニ提出スヘシ

相續カ帝國外ニ於テ開始シタルトキ又ハ前項ノ書類ヲ提出スヘキ者カ帝國內ニ住所ヲ有セサルトキハ前項ノ期間ハ六ケ月トス

相續人確定シタルトキハ前二項ノ書類ヲ提出スルト同時

ニ又ハ其確定ノ日ヨリ一ヶ月以內ニ相續人ノ相續關係ヲ記載シタル書面ヲ政府ニ提出スヘシ

本條ハ何人カ相續財產ノ申告ヲ爲スヘキヤ竝ニ其申告期間ヲ定メタルモノナリ蓋シ相續財產ノ狀況ヲ熟知スルモノハ相續人遺言執行者相續財產管理人等ナリトス故ニ是等ノ者ニ對シテ先ツ相續財產竝ニ其中ヨリ控除セラルヘキ金額ノ明細書ヲ提出セシメ以テ課稅價格決定ノ前驅ト爲ス之ニ依リテ遺言執行者、相續財產管理人ハ納稅上相續人ト同一ノ位地ニ置カレタルヲ知ルヘシ卽チ是等ノ者ハ事實上納稅ノ手續ヲ行フヘキコトヲ命セラレタルモノト謂フヘシ

一、相續人　此ニ相續人トアルハ推定相續人タルト指定又ハ選定相續人トヲ論セス又其相續人ハ確定シタル者ヲ云フノ意味ニアラス卽チ承認若クハ拋棄ヲ爲ササル者ヲ包含スルモノトス而シテ是等ノ相續人ハ民法第千十七條ノ規定ニ依リ承認又ハ拋棄ヲ爲ス前ニ於テ相續財產ノ調査ヲ爲スコトヲ得ルカ故最モ能ク相續財產ノ狀況ヲ知ルモノナリ

二、遺言執行者　遺言執行者トハ讀ンテ字ノ如ク遺言執行ノ任ニ當ルヘキ者ヲ云フ

即チ被相續人カ遺言ヲ爲シタルトキハ死亡後其遺言ヲ適實ニ執行スル者ナカルヘカラス故ニ被相續人ハ自ラ其執行者ヲ指定シ或ハ其指定ヲ他人ニ委託スルコトヲ得而シテ其指定セラレタル執行者就職ヲ承諾シタルトキハ直ニ其任務ヲ行ハサルヘカラス（民法第千百八條第千百九條）然レトモ被相續人カ遺言ヲ爲スモ遺言執行者ヲ指定セス又指定ノ委託ヲモ爲サヽルコトアリ或ハ指定ヲ爲スモ其執行ヲ爲スヘキ當時被指定者無能力者ト爲リ若クハ破産者ト爲リ法律行爲ノ能力ヲ失フカ或ハ財産上ノ信用ヲ失フカ爲メ財産管理ニ不適當ナルニ至リタルトキハ利害關係人ハ裁判所ニ請求シテ執行者ノ選任ヲ希フコトヲ得（民法第千百十一條第千百十二條）

遺言執行者ハ相續財産ノ管理其他遺言ノ執行ニ必要ナル一切ノ權利義務ヲ有スルモノナレハ其就職ノ日ヨリ遲滯ナク相續財産ノ目錄ヲ調製シテ之ヲ相續人ニ交付スルヲ要スルモノトス然レトモ遺言執行者ノ有スル權利義務ハ固ト

遺言ノ執行ヲ適實ナラシムルニ出テタルモノナレハ遺言ニ關係ナキ一般ノ相續財産ニ迄關與セシムル必要ナシ故ニ若シ遺言カ特定財産ニ關スル場合例令彼ノ不動産某ノ動産ト云フ如キ場合ニ於テハ其財産ニ付テノミ管理權ヲ有スルニ過キサルナリ（民法第千十三條千十四條第千十六條參照）

三、相續財産管理人　相續人ノ曠缺セル場合ニ於テハ何人モ財産管理ノ任ニ當ルモノナク去リトテ自然ノ朽廢ニ放任スルハ國家經濟上策ノ得タルモノニアラサルカ故其財産ノ管理保存ノ爲メ裁判所ハ利害關係人（債權者又ハ受遺者）又ハ檢事ノ請求ニ依リ管理人ヲ選任スルモノトス（民法第千五十一條第千五十二條）之ヲ相續財産管理人ト云フ

相續財産管理人ハ民法第二十七條乃至二十九條即不在者カ管理人ヲ置カサル場合ニ選任セラレタル者ト同シク財産目錄ヲ調製シ相續債權者又ハ受遺者ノ請求アルトキハ相續財産ノ狀況ヲ報告セサルヘカラス又一定ノ期間經過後（即チ其請求ノ申出ヲ爲スヘキ公告期間）債務其他遺贈ノ辨濟ヲ爲ス等ノ任務ヲ有スルモノナリ（民法第千五十三條第千五十七條）

相續財產管理人遺言執行者ハ以上ノ如キ任務ヲ負フ者ナレハ是亦相續財產ノ狀況ヲ知ルニ便ナル地位ニ在ルモノト云フヘシ

以上ノ申告義務者中相續人ハ其相續開始ヲ知リタル日ヨリ三ケ月以內ニ遺言執行者相續財產管理人ハ就職ノ日ヨリ三ケ月以內ニ相續財產ノ目錄及相續財產ノ價額中ヨリ控除セラルヘキ金額ノ明細書ヲ提出スヘキモノトス又施行規則第二條ニ依リ之ト同時ニ相續開始前一年內ニ爲シタル贈與アルトキハ其贈與ノ價額及受贈者ノ氏名等ヲ屆出テサルヘカラス三ケ月以內ト爲シタルハ此期間ハ民法カ相續人ニ承認又ハ拋棄ヲ爲ス爲メ與ヘタルモノナレハ此間ニ於テハ相續人ハ財產ノ調查ヲ爲シ遂クルヲ得ヘク又遺言執行者、其他ノ者モ就職後ニ直ニ財產目錄ヲ調製スヘキモノナレハ三ケ月以內ニハ既ニ財產ノ調查ヲ終ルヘケレハナリ然レトモ若シ相續カ帝國外ニ於テ開始シタルトキ(帝國外ト云フ故ニ臺灣ハ本號ノ限ニアラス)又右申告義務者カ日本帝國內ニ住所ヲ有セサル場合ニハ三ケ月ノ期間ハ短ク事實上其申告ノ義務ヲ果タス能ハサルヘキニ依リ本條第二項ハ此場合ニハ六ケ月ト爲セリ而シテ若シ前項三ケ月又ハ六ケ月ノ期間内ニ既ニ相續人カ承認ヲ爲シ確定相續人ト爲リタルトキハ財產目錄及控除スヘキ債務額ノ明細書ヲ提出スルト同時ニ相續人ノ相續關係ヲ記載シタル書面ヲ提出スヘキモノトス若シ書類提出後ニ於テ相續人確定シタルトキハ其時ヨリ一ケ月以内ニ相續關係ヲ記載シタル書面ヲ提出スヘキモノトセリ本條第三項即是ナリ

此ニ相續關係ヲ記載シタル書面トハ家督相續タルヤ遺產相續タルヤヲ明ニシ且ツ家督相續ニ在リテハ相續人カ被相續人ノ家族タル直系卑屬ナルヤ將タ指定若クハ選定セラレタルモノナルヤ否ヤ又遺產相續ニ在リテモ被相續人トノ親族關係等ヲ明ニシタル書面ヲ云フ其詳細ハ相續稅法施行規則第二條ニ規定アリテ明細書ニ記載スヘキ事項ヲ明白ナラシメタリ故ニ申告義務者ハ之ニ從ヒテ明細書ヲ提出スヘキモノトス又同法ハ相續人二人以上ナル場合ニ於テハ其中ノ一人ヨリ右ノ書面ヲ提出スレハ足ルコトヲ規定セリ

第十二條　戶籍吏左ノ事項ニ關スル屆書ヲ管理シタルトキ

ハ之ヲ收稅官廳ニ報告スヘシ
一、死亡又ハ失踪
二、戶主ノ隱居又ハ國籍ノ喪失
三、戶主カ婚姻又ハ養子緣組ノ取消ニ因リテ其家ヲ去リタルコト
四、入夫婚姻ニ因リ女戶主カ戶主權ヲ喪失シタルコト
五、戶主タル入夫ノ離婚
本條ハ戶籍吏ヲシテ一定ノ事項ヲ收稅官廳ニ報告セシメ收稅官廳ヲシテ相續開始ノ事實ヲ知ルニ便ナラシメタリ
前條ニ於テ既ニ相續人遺言執行者相續財產管理人ニ對シ相續開始ノ場合ニ一定ノ事實ヲ申告スヘキ義務ヲ負ハシメタリト雖モ時トシテ申告ヲ怠ル者アルトキハ收稅官廳ハ相續開始ノ事實ヲ知ルニ由ナク從テ又第二十二條ニ於ケル催告權

ヲ行フコト能ハス租稅徵收ノ實ヲ擧クル能ハサルヨリ當然是等ノ事實ヲ知ルノ機會ヲ有スル戶籍吏ヲシテ其事實ヲ報告セシメ以テ本法ノ施行ヲ完全ナラシメントス

其報告スヘキ事實ノ各號ハ前ニ說明シタル所ニ依リ明カナリ

本條ニハ相續人ノ確定シタル場合ニ於テ戶籍吏ヨリ通知スヘキ規定ナキカ故收稅官廳ハ豫メ戶籍吏ト協商シテ戶籍法第百三十三條以下第百三十六條ノ屆出アリタルトキハ通知ヲ請フコトヽスルヲ便宜トスヘシ

第十三條　課稅價格ハ政府之ヲ決定ス

課稅價格ヲ決定シタルトキハ政府ハ之ヲ相續人、遺言執行者又ハ相續財產管理人ニ通知スヘシ

課稅價格ハ相續稅ヲ賦課スル標準ニシテ之ニ各稅率ヲ適用シテ稅金額ヲ定ムルモノナレハ稅金算出ノ基礎ニシテ之カ決定ハ固ヨリ正確ナラサルヘカラス從テ納稅義務者又ハ第三者ノ決定ニ任スヘキモノニアラス申告ハ政府決定ノ參考ニ

過キス政府ハ申告ノ有無及申告金高ノ多少ニ拘ハラス適當ノ決定ヲ爲ス是所得税法第九條營業税法第二十六條ト同シク政府ニ決定權ヲ留保スル所以ナリ之ニ依リ課税價格決定シタルトキハ之ヲ相續人遺産執行者又ハ相續財産管理人ニ通知スヘキモノトス而シテ遺言執行者相續財産管理人ハ常ニ存在スルモノニアラス遺言アリタル場合ニ遺言執行者アリ相續人アルコト分明ナラサル場合ニ相續財産管理人アルハ前述セシ所ナリ故ニ相續人ト遺言執行者トハ同時ニ存在スルコトアルモ相續人ト共ニ相續財産管理人アルコトナシ若シ相續人ト遺言執行者ト並ヒ存スル場合ニハ遺言執行者ニ通知スルヲ以テ足レリトス蓋シ遺言執行者ハ相續人ノ代理人トシテ相續財産ノ管理其他ニ任スルモノナルヲ以テ相續人ニ通知スル代リニ之ニ通知セシムルコトヽ爲シタルヘケレハナリ但シ遺言カ特定ノ財産ニ關シ從テ遺言執行者カ該財産ニ付テノミ管理ノ權義ヲ有スル場合ハ此ノ限ニアラサルナリ次ニ相續人數人アル場合ニ課税價格決定通知ハ各相續人ニ各別ニ之ヲ爲スヘキヤ如何

抑モ相續税ハ被相續人ノ遺シタル財産ヲ課税ノ目的トスルモノニシテ相續人ノ

受クヘキ財產ヲ課稅ノ目的トスルモノニ非サルコトハ前ニ屢々陳タル所ノ如シ故ニ課稅價格ノ決定トハ被相續人ノ遺シタル財產ノ課稅價格ヲ決定スルモノニシテ相續人ノ受クヘキ財產ノ課稅價格ヲ決定スルモノニ非ス果シテ然ラハ共同相續ノ塲合ニ於テハ課稅價格ノ決定ハ共同相續人ヲ連帶ニ即チ合一的ニ通知スヘキハ論ヲ俟タサルナリ蓋シ課稅價格ノ決定通知ハ納稅告知ノ先驅ヲ爲スモノニシテ共同相續人ハ相續稅納付ニ付連帶義務ヲ有シ（相續稅法施行規則第十四條參照）從テ其決定ニ對シ連帶シテ異議ノ申立ヲ爲スノ權利ヲ有スルモノトス或ハ各相續人ニ對シ各別ニ通知スヘキモノナリトノ說ヲ爲ス者ナキニアラスト雖モ若シ此ノ如クナルトキハ其通知ヲ受クヘキ日ニ遲速ノ差ヲ生スルヲ免レス從テ異議申立期間ノ進行ヲ異ニスルニ至ルヘク極メテ不條理ナル結果ヲ呈スルニ至ルヘキナリ

本條ノ通知ニ依リ相續人ハ其納付スヘキ稅金額ノ幾何ナルヤヲ確知スルヲ得ヘシト雖モ此ノ決定通知ハ何時之ヲ爲スヘキヤ法文上ニ規定ナシ從テ何時之ヲ爲スモ收稅官廳ノ隨意ナリト謂ハサルヘカラス然レ𪜈稅額ノ決定通知ヲ遲延スル

ハ永ク納税者ヲ不安ノ地位ニ置クモノナレハ大藏大臣訓令第九項ハ第十一條ノ書類ヲ受理シタル後一ケ月以内ニ之ヲ爲スヘキコトヲ命セリ

又本法ハ別ニ納期ヲ定メサレハ國税徴收法ニ基キ收税官廳ハ適宜ニ納期日ヲ定メ納税ヲ告知スルコトヲ得ヘキモノナリト雖モ各相續人ニ付テ其納期ノ區々一定セサルハ公平ナラサルニ依リ大藏大臣訓令第十項ハ特殊ノ事情ナキ限リ納税告知ノ日ヨリ三十日ヲ以テ其納期限ト爲スコトヲ訓令セリ

第十四條　相續人、遺言執行者又ハ相續財産管理人前條ノ決定ニ對シ異議アルトキハ通知ヲ受ケタル日ヨリ二十日以内ニ申立テ再審査ヲ求ムルコトヲ得

相續人遺言執行者又ハ相續財産管理人帝國内ニ住所ヲ有セサルトキハ前項ノ期間ハ之ヲ三ケ月トス

前條ニ依リ課税價格ノ決定通知ヲ受ケタル者之ニ對シ異議アルトキハ其通知ヲ受ケタル日卽チ到達ノ日ヨリ二十日以内ニ申立テ再審査ヲ求ムルコトヲ得ルモ

ノトセリ故ニ例ヘハ第四條第一項ノ規定ニ違背シ相續財產ノ價額ヲ定ムルニ相續開始ノ時ノ價額ニ依ラサルカ又ハ相續財產ニアラサルモノヲ相續財產トシテ課税價格ニ算入スルカ其他一般ニ課程價額ノ決定ヲ以テ違法又ハ不當ト信シタル者ハ異議ヲ申立テ再審査ヲ求ムルコトヲ得セシム固ヨリ適當ノ救濟手段ト云ハサルヘカラス

異議申立ナルモノハ廣義ノ訴願ノ一種ニシテ現行法ニ於テハ訴願ハ常ニ上級官廳ニ提起スルヲ法トスト雖異議申立ハ或ハ處分官廳ニ提起セシムルアリ或ハ上級官廳ニ提起セシムルコトアリ未タ一般ノ原則ナルモノナシ相續税法ハ處分官廳ニ提起セシムルコトトセリ而シテ異議申立ハ訴願ト同シク行政訴訟ノ如ク違法處分權利傷害ノ場合ノミナラス廣ク處分ヲ不當トシテ異議ヲ申立ツルコトヲ得ルモノトス

相續人二人以上若ハ遺言執行者數人アル場合ニ於テハ各自ハ獨立シテ異議申立權ヲ有スルカ故其各自ハ共同シテ又ハ各別ニ異議申立ヲ爲スコトヲ得ヘシ而シテ其ノ決定ハ相續財產ノ全部ニ對シ處分ノ當否ヲ審査シテ決定スルモノナルヲ

以テ現實審査請求ヲ爲シタル者ニ對シテノミ效力ヲ生スルモノニ非スシテ共同相續人全員ニ對シテ當然效力ヲ有スルモノナリ
異議申立期間ハ決定通知ヲ受ケタル日ヨリ二十日以內ナリトス故ニ此期間ヲ經過シタルトキハ自己ノ懈怠ニ基クト天災其他止ムコトヲ得サル事變ノ爲メナルトニ論ナク一般ニ異議ノ申立ノ權利ヲ失フモノトス然レトモ被決定者帝國內ニ住所ヲ有セサルトキハ此期間內ニ異議申立ヲ爲スコト事實不能ナル場合アルヘキニ依リ(國ニ依リテハ郵送期間ニノミ一ケ月以上ヲ要スルモノアラン)本條第二項ハ第十一條ノ趣旨ト同シク其期間ヲ延長シ之ヲ三ケ月トセリ

第十五條　前條ノ請求アリタルトキハ相續稅審査委員會ノ諮問ヲ經テ政府之ヲ決定ス
審査委員會ノ組織及會議ニ關スル規定ハ命令ヲ以テ之ヲ定ム

前條ノ規定ニ依リ異議申立アリタルトキハ政府ハ相續稅審査委員會ノ諮問ヲ經

テ之ヲ決定スルモノトス別ニ說明スヘキモノナシト雖此ニ諮問ノ性質ヲ一言スヘシ

諮問トハ審査委員會ノ意見ヲ問フコトヲ意味ス故ニ政府ハ自己ノ見ル所ニ從ヒ自由ニ裁決スルノ餘地ヲ存シ委員會ノ意見ニ必スシモ束縛セラルルコトヲ要セス委員會ノ意見ニシテ適當ナリト認ムルトキハ之ニ從フヘク若シ不當ナリトセハ政府ハ自己ノ判斷ニ從テ決定スヘキノミ是レ諮問ノ諮問タル所以ナリ

此ノ如ク論スルトキハ人或ハ本條規定ノ必要ヲ疑フ者之レ有ランモ政府豈ニ妄ニ委員會ノ意見ヲ排斥スルモノナランヤ正當ナル事實及理由アルトキハ固ヨリ之ニ從フヘク鹿ヲ指シテ强テ馬ナリト主張スルカ如キハ明吏ノ斷シテ爲ササル所タルハ余輩ノ確信シテ疑ハサル所ナリ異議アルモノハ逡巡躊躇スルヲ須ヒス宜シク法ノ與ヘタル方途ニ依リテ其ノ權利ヲ維持擴張スヘキナリ其審査委員會ノ組織及會議ニ關スル規定ハ相續税法施行規則第七條以下ノ定ムル所ナリ今之ヲ細說セス

第十六條　課税價格ノ決定ニ對シ不服アル者ハ訴願又ハ行

訴訟ヲ爲スコトヲ得

第十四條ニ於ケル異議申立ハ處分ヲ爲シタル官廳ニ對シテ其處分ノ取消變更ヲ求ムルモノニシテ平易ニ謂ハヽ處分官廳ニ對シ再考ヲ促スニ在リ然ルニ訴願及行政訴訟ハ行政監督ノ一方法タルカ故ニ其處分ヲ爲シタル直接ノ上級官廳ニ對シ若ハ特立セル行政裁判所ニ對シテ處分ノ取消變更ヲ求ムルモノナリトス左ニ訴願及行政訴訟ニ關シ一言スル所アルヘシ

一、訴願トハ不當又ハ違法ノ行政處分ニ依リテ權利若ハ利益ヲ傷害セラレタル場合ニ其傷害ノ原因タル處分ノ取消又ハ變更ヲ求ムルヲ謂フ

二、行政訴訟トハ違法ノ行政處分ニ依リテ權利ヲ侵害セラレタル場合ニ其侵害ノ原因タル處分ノ取消又ハ變更ヲ求ムルヲ謂フ

今兩者ノ異同ヲ辯明スルトキハ

（一）二者共ニ行政處分ノ取消變更ヲ求ムルノ點ニ於テ相同シ

訴願及行政訴訟ノ目的ハ行政處分ナルカ故ニ一般ノ法律命令ニ對シ訴願及行政訴訟ヲ提起シ得サルハ勿論ナリ

（二）然レトモ訴願ハ單ニ權利侵害ノ場合ニ限ラス利益ヲ害セラレタル場合ニモ尙且ツ訴願ヲ提起シ得ルニ反シ行政訴訟ハ原則トシテ權利侵害ノ事實アルヲ要件トス

（三）從テ訴願ハ違法處分ノミナラス自由裁量ノ處分ニ對シテモ其取消變更ヲ求ムルヲ得ルモ行政訴訟ハ官廳ノ自由裁量ニ屬スル處分ニ對シテハ之ヲ提起スルヲ得サルナリ

（四）二者共ニ法律勅令ニ於テ之ヲ許スノ明文ナクンハ提起スルヲ得ス外國立法例ニハ概括主義ニ依リ廣ク總テノ行政處分ニ對シ之ヲ提起スルヲ認ムルアリ又我國現行法ノ如ク制限列擧主義ヲ採ルモノアリ概括主義ハ健訟ノ獘多ク制限主義ハ箇人ノ權利利益ヲ完全ニ保護セントスルノ旨趣ヲ貫クヲ得サルノ不利アリ互ニ一長一失アリト雖モ制限主義ハ漸ク概括主義ニ傾カントスルノ趨勢ナルカ如シ

明治二十三年法律第百五號訴願法第一條ニ依レハ「訴願ハ法律勅令ニ別段ノ規定アルモノヲ除ク外左ニ掲クル事件ニ付之ヲ提起スルコトヲ得

一、租稅及手數料ノ賦課ニ關スル事件
一、租稅滯納處分ニ關スル事件
一、營業免許ノ拒否又ハ取消ニ關スル事件
一、水利及土木ニ關スル事件
一、土地官民有區分ニ關スル事件
一、地方警察ニ關スル事件
其他法律勅令ニ於テ特ニ訴願ヲ許シタル事件」トアリ
又二十三年法律第百六號(行政廳ノ違法處分ニ關スル行政裁判ノ件)ニ依レハ
「法律勅令ニ別段ノ規程アルモノヲ除ク外左ニ掲クル事件ニ付行政廳ノ違法處分ニ由リ權利ヲ毀損セラレタリトスル者ハ行政裁判所ニ出訴スルコトヲ得
一、海關稅ヲ除ク外租稅及手數料ノ賦課ニ關スル事件
一、租稅滯納處分ニ關スル事件
一、營業免許ノ拒否又ハ取消ニ關スル事件

一、水利及土木ニ關スル事件

一、土地ノ官民有區分ノ査定ニ關スル事件」トノ列記ノ規定アリ而シテ右列記以外ニ於テモ他ノ法律勅令ニ於テ特ニ訴願又ハ行政訴訟ヲ爲シ得ル旨ヲ規定スルトキハ之ニ依リテ訴願又ハ行政訴訟ヲ爲シ得ルヤ明カナリ

（五）訴願ト行政訴訟トハ其提起ノ方法ヲ異ニス

訴願ヲ爲スニハ處分ヲ爲シタル行政廳ヲ經由シ直接上級行政廳ニ提起スヘシ若シ訴願ノ裁決ヲ受ケタル後更ニ上級行政廳ニ訴願スルトキ（例ヘハ税務署長ノ處分ニ對シ直接ノ上級廳タル税務監督局長ニ訴願シ其裁決ヲ受ケタル後上級廳タル大藏大臣ニ訴願スルトキノ如シ）ハ裁決廳ヲ經由シ又各省大臣ノ處分ニ對シ訴願セントスルニハ上級行政廳ナキヲ以テ此ノ場合ニハ直ニ其省ニ提起スヘキモノトス（訴願法第二條第三條參照）

行政訴訟ヲ爲スニハ法律勅令ニ特別ノ規定アルモノヲ除ク外地方上級行政廳ニ訴願シ其裁決ヲ經タル後ニ非サレハ提起スルコトヲ得ス只各省大臣ノ處分又ハ內閣直轄官廳又ハ地方上級行政廳ノ處分ニ對シテハ直ニ行政訴訟ヲ提起スルコトヲ得ルモノトス但シ各省又ハ內閣ニ訴願ヲ爲シタルトキハ

更ニ行政訴訟ヲ提起スルコトヲ得サルナリ（行政裁判法第十七條）

（六）訴願及行政訴訟提起ノ效果ハ原則トシテハ法律勅令ニ特別ノ規程アルモノヲ除ク外其目的タル處分ノ執行ヲ停止スルモノニ非ス然レトモ行政廳及行政裁判所ハ其職權ニ依リ又ハ原告若ハ訴願人ノ願ニ依リ必要ト認ムルトキハ其處分又ハ裁決ノ執行ヲ停止スルコトヲ得ルモノトス（行政裁判法第二十三條訴願法第十二條參照）

（七）二者共ニ法定ノ期間ヲ經過スルトキハ訴願及ヒ行政訴訟ヲ爲スノ權ヲ失フ訴願及行政訴訟ハ處分ヲ受ケタル日ヨリ六十日以內ニ提起スヘキモノトス（行政裁判法第二十二條訴願法第八條參照）一旦行政廳ノ裁決ヲ經タル後更ニ訴願セントスルトキハ其裁決ヲ受ケタル後三十日以內ニ爲サヽレハ失權ノ效果ヲ生スルモノトス（訴願法第八條第二項）

本條ハ一般的ニ課稅價格ノ決定ニ對シ不服アルモノハ訴願又ハ行政訴訟ヲ爲スコトヲ得ル旨ヲ明言ス故ニ第十三條ノ課稅價格決定ニ對シ異議申立ヲ爲サス直ニ直近ノ上級行政廳ニ訴願ヲ爲スコトヲ得ヘク又異議申立ヲ爲シ再審査ヲ求メ

然ル後其決定ニ對シ訴願ヲ爲スモ亦自由ナリトス或ハ特ニ異議申立ノ方法アルニ依リ此手續ヲ盡シタル後ニ非サレハ訴願ヲ提起スルヲ得ストノ説アルモ本條ハ汎ク課税價格ノ決定ニ對シ訴願ヲ爲スヲ得トアルニ依リ解釋上其孰レノ途ヲ取ルモ當事者ノ隨意ナリト謂ハサルヘカラス殊ニ營業税法第二十八條ノ四「營業者第二十八條ノ一ノ決定ニ對シ不服アルトキハ訴願又ハ行政訴訟ヲ提起スルヲ得」ト謂フカ如キ直ニ訴願ヲ爲スヲ制限スル規定ナキヨリ見レハ以上ノ如ク解スルヲ相當トス

營業税法ニ依レハ審査ヲ經タル後ニ非サレハ訴願又ハ行政訴訟ヲ爲スヲ得サルコト前述ノ如シト雖モ審査ヲ經タル者ハ訴願ヲ爲サスシテ直ニ行政訴訟ヲ提起スルコトヲ得ヘシ何トナレハ營業税法ニ於ケル審査決定ハ處分官廳ノ上級官廳之ヲ爲スモノニシテ訴願ノ裁決ト其性質ヲ同フスルモノナレハナリ

所得税法ニ於テハ審査ヲ求ムルモ訴願ヲ爲スモ全ク當事者ノ自由ナリ而シテ行政訴訟ヲ提起スルニハ審査ノ決定若ハ訴願ノ裁決ヲ經タル後ナラサルヘカラス本法ニ於テハ審査ヲ請フモ將タ訴願ヲ爲スモ自由ナルコト先ニ述ヘタルカ如シ

然レトモ訴願ヲ經ス審査ヲ經タルノミニテ直ニ行政訴訟ヲ爲シ得ルヤハ議論ノ存スル所ニシテ所得稅ニ於ケルカ如ク訴願ヲ經ス審査ヲ經タルノミニテ行政訴訟ヲ爲スコトヲ得ト謂フハ普通ノ解釋ナリ然レトモ本法ニ於ケル審査ハ營業稅又ハ所得稅ノ如ク上級官廳ニ向テ爲スモノニ非スシテ處分官廳ニ向テ審査ヲ請ヒ而シテ處分官廳之ヲ決定スルモノナレハ從テ訴願ニ代ハルヘキモノト見ルヲ得ス故ニ審査ノ決定ヲ經タルノミニテ直ニ行政訴訟ヲ提起スルヲ得スト論スルコトヲ得ヘシ又第十三條ノ決定通知ニ對シテ不服ナル者ハ先ツ第十四條ニ依リ審査ヲ求メ其決定ニ對シ始メテ訴願又ハ行政訴訟ヲ爲スコトヲ得トノ說アリ參考ノ爲メ一言ス

本條ノ規定ハ注意ノ爲ノ規定ニシテ特ニ之ヲ規定セサルモ行政裁判法訴願法ニ所謂租稅ノ賦課ニ關スル事件ノ中ニ當然包含セラルヽカ如シト雖モ課稅價格決定ハ租稅ノ賦課ニ非ストノ議論アルカ故ニ此明文ヲ置クニ至リタルモノナリ

第十七條　相續稅ハ一時ニ之ヲ納付スヘシ但シ稅金額百圓

以上ナルトキハ相續稅ニ相當スル擔保ヲ提供シ三年以內ノ年賦延納ヲ求ムルコトヲ得

前項ニ依リテ年賦延納ヲ求メントスル者ハ第十三條ノ通知ヲ受ケタル後二十日以內ニ政府ニ出願スヘシ

相續人遺言執行者又ハ相續財產管理人帝國內ニ住所ヲ有セサルトキハ前項ノ期間ハ三个月トス

本條ハ稅金納付ノ方法ニ關ス凡ソ一般ノ租稅ハ多クハ納期ヲ區分シ數回ニ分納スルヲ例トシ只タ其稅額ノ大ナラサルモノニアリテノミ一時ニ全額ヲ納付セシムルモノトス然ルニ相續稅ハ一時ニ全部ノ稅金ヲ納付セシムルヲ以テ原則トシ稅金額百圓以上ナルトキニ限リ其稅金ニ相當スル擔保ヲ提供セシメテ三年以內ニ年賦延納ヲ許スコトヽ爲セリ是稍々他ノ租稅ニ比シ苛酷ナルカ如キモ元來相續稅ヲ納付スヘキ義務者ハ他ノ納稅者ト撰ヲ異ニシ一時ニ財產ノ取得者ト爲ルモノナレハ其財產額ノ中ヨリ幾分ヲ納稅セシムルモ大ナル苦痛ニアラサルヘク

加之税金額百圓以上トナルトキハ三年間ハ年賦延納ヲ許サルヽニ依リ一時ニ完納スルヲ不便ナリトセハ隨意ニ其許可ヲ求ムルヲ得ルニ依リ決シテ苛酷ナラサルナリ而シテ本條カ年賦延納ヲ認メタルハ資産ノ減少ヲ防クト同時ニ納税者ノ苦痛ヲ少カラシムルノ旨趣ニ出テタルモノナリ即チ税金納付ノ爲メ相續財産ヲ賣却スルノ止ムヲ得サルニ至ラシムルカ如キハ啻ニ納税者ノ不利益タルノミナラス延テ國家ノ財源ヲ枯渇セシムルニ至ルヘキヲ以テ此ノ制ヲ設ケタルモノナリ然レトモ無條件ニ延納ヲ許スニ於テハ或ハ相續財産ハ全ク形ヲ失フテ徴税ノ目的ヲ達スルヲ得サル虞ナキヲ保シ難シ又永年間ノ延納ヲ許ストキハ國家カ依テ以テ收入ヲ得ントスル目的ニ適ハサルニ依リ本條第一項ハ相續税金ニ相當スル擔保ヲ提供セシメ且ツ三年以内ニ納付スヘキモノト爲セリ

茲ニハ年賦延納トアルニ依リ毎年一回ツヽ納付スヘキモノトス故ニ納税者ハ一年數同ニ分納スルヲ便利トスルモ決シテ許スヘキニ非サルナリ但シ其各年ニ於ケル納期日ハ豫メ收税官廳ノ定ムル所ニ依ルモノトス

相續税法施行規則第十九條ニ依レハ年賦延納金額ハ相續税金額ヲ延納年間ニ平

分シテ之ヲ定ムルモノトス故ニ相續稅金額三百圓ニシテ三年ノ延納トスレハ各年ノ納付金額ハ百圓ナリトス
或ハ本條ニハ年賦延納トアルモ各年ニ平分シタル稅金額ヲ更ニ數期ニ分納セシムルモ旣ニ擔保ノ提供アルニ依リ國家ハ損失ニ歸スル憂ナク從テ之ヲ許スモ妨ナキカ如シト雖モ若シ之ヲ是ナリトセハ各年ノ平分額ヲ月割ニ分納セントスル者ニ對シテモ之ヲ許サヽルヘカラサルニ至ラン此ノ如キハ國家徵稅上ノ繁雜ヲ來タシ年賦延納ノ旨趣ニ乖戾スルヤ明カナリ故ニ收稅官廳ハ平分額ノ分納ヲ許可スルヲ得サルモノナリ
又本條第二項ニハ前項ニ依リ年賦延納ヲ求メントスル者ハ第十三條ノ課稅價額決定ノ通知ヲ受ケタル後二十日以內ニ出願スヘシトアルニ依リ此期間ヲ經過シタル後ハ延納ヲ求ムルヲ得ス
第三項ニ於テ納稅義務者又ハ納稅義務者ニ代テ稅金納付ノ任ニ當ルヘキ者帝國內ニ住所ヲ有セサルトキハ通知ヲ受ケタル後三ケ月內ニ出願スヘキモノトセシハ第十一條第二項ノ趣旨ト同一ナリ

本條ニ依リ提供スヘキ擔保物ノ種類ハ相續稅法施行規則第十六條ヲ以テ之ヲ定ム故ニ之ニ規定スル以外ノ物又ハ人ヲ以テスルトキハ許サレサルモノト知ルヘシ

第十八條　審査ヲ求メ訴願又ハ行政訴訟ヲ爲シタル場合ト雖モ相續人、遺言執行者又ハ相續財産管理人ハ通知ヲ受ケタル金額ニ依リ稅金ヲ納付スヘシ

異議ヲ主張シテ再審査ヲ求メ若ハ訴願、行政訴訟ヲ提起スルハ納稅者ノ權利ナリト雖モ此ノ權利ノ行使ハ收稅官廳ノ爲シタル決定ノ效力ニハ其取消變更アル迄ハ何等ノ影響ヲ及スモノニ非ス故ニ納稅義務者ハ其通知ヲ受ケタル稅金額ヲ納付スヘキモノトセリ

元來訴願竝ニ行政訴訟提起ノ效果トシテハ其不服ナル處分又ハ裁決（裁決モ一ノ處分タルハ勿論ナリ）ノ執行ヲ停止スルモノニ非サルハ訴願法第十二條及行政裁判法第二十八條ノ明ニ定ムル所ナレハ別ニ本條ノ規定ナシト雖モ當然同一ノ結果ニ出ツヘキハ

言ヲ俟タスト雖モ（一）審査ヲ求メタル場合ニハ何等ノ規定ナキトキハ疑ヲ起サシムルニ足ルト（二）右訴願法、行政裁判法ノ規定ニ依レハ「職權又ハ請求者ノ願ニ依リ之ヲ必要ト認ムルトキハ其處分ノ執行ヲ停止スルヲ得」トアルニ依リ時ニ或ハ納稅義務者ハ稅金納付ヲ其裁判又ハ訴願ノ裁決アルマテ猶豫セラル、モノトシテ納稅ヲ遲延セシムルカ如キ虞アルトニ依リ本條ニ特ニ通知ヲ受ケタル稅金額ヲ納付スヘキコトヲ明ニシタルモノナリトス從テ行政裁判所及訴願ノ裁決廳モ縱令職權上必要ト認ムルモ或ハ當事者ノ請求アルモ不服アル處分ノ執行ヲ停止スルヲ得サルナリ

而シテ若シ訴願、行政訴訟ノ結果若ハ再審査ノ結果稅金額ヲ減少シ又ハ全ク課稅スヘキモノニ非スト決定シタルトキハ何等規定ナシト雖モ收稅官廳ハ其差額ヲ返還シ若ハ全額ヲ拂戾スヘキハ固ヨリ言ヲ俟タサルナリ

又本條ニ依リ不服申立者稅金ヲ納付セサルトキハ國稅徵收法ニ從ヒ滯納處分トシテ執行ヲ爲シ得ヘキヤ勿論ナリトス

第十九條　相續人、遺言執行者又ハ相續財産管理人ハ相續稅

ヲ納付シ又ハ其ノ延納ノ許可ヲ受ケタル後ニアラサレハ遺贈ノ辨濟ヲ爲スコトヲ得ス

抑モ國稅ノ徵收ハ他ノ總テノ公課及債權ニ先ツモノトシ有力ナル優先權ヲ保證スルコト國稅徵收法第二條ノ規定スル所ナリト雖モ同法ノ規定ハ國稅以外ノ公課(府縣稅市町村稅)及ヒ私法上ノ權利ノ競合シタル場合ニ於テ國稅ノ徵收ヲ完全ナラシメンカ爲メ之ニ優先權ヲ附與スルニ過キスシテ爲ニ納期日以前ニ於ケル納稅義務者ノ私法上ノ義務ノ履行ヲ禁止スルノ效力ヲ有スルモノニ非ス是ヲ以テ本條ハ相續稅ヲ納付シ又ハ其延納ノ許可ヲ受ケタル後ニ非サレハ遺贈ノ辨濟ヲ爲スコトヲ得ストシ以テ財產ノ減少ヲ根本的ニ防遏シ租稅ノ徵收ヲ全カラシメムトセリ而シテ其延納許可ノ場合ニ於テ遺贈ノ辨濟ヲ許シタルハ延納ノ許可ヲ與ヘタルモノハ相當ナル擔保ノ提供アルニ因リ徵稅權ノ實行ニ何等ノ妨ナシト認メタルニ因ルモノナリトス

民法第千三十三條ニ於テモ「限定承認者ハ前二條ノ規定ニ依リテ各債權者ニ辨濟

ヲ爲シタル後ニ非サレハ受遺者ニ辨濟ヲ爲スコトヲ得ストノ規定アリ況ンヤ國家ノ徵稅權ヲ確保スル爲ニスル本條ノ規定ハ洵ニ至當ノ規定ト謂ハサルヘカラス而シテ本條カ廣義ニ於テハ一種ノ債務トモ稱スヘキ遺贈ニ付テノミ規定シ他ノ一般普通ノ債務ニ付辨濟ノ自由ヲ認メタルハ如何是他ナシ一般普通ノ債務ハ旣ニ相續財產中ヨリ其債務額ニ相當スル價格ヲ控除シタル殘餘價格ヲ以テ課稅標準ト爲スカ故ニ其債務ノ辨濟ハ相續稅金徵收ノ上ニ何等ノ利害影響ヲ及ホスモノニ非サルカ故ナリトス是ニ至テ余輩カ前ニ第三條ノ解說ヲ爲スニ當リ同條ニ所謂債務ノ語ニ遺贈ヲ包含セストス謂フノ當レルヲ知ルニ足ラン

論者或ハ曰ハン特定物ノ遺贈ハ遺言カ效力ヲ生スルト同時ニ直ニ受遺者ニ權利移轉ノ效果ヲ生スルカ故相續人遺言執行者財產管理人ハ本條ノ支配ヲ受ケス遺贈ノ目的物ヲ引渡スコトヲ得ト然レトモ遺贈ハ其目的物ノ特定ナルト不特定ナルト將タ包括的ナルトニ論ナク死亡後直ニ權利移轉ノ效力ヲ生スルモノニ非サルハ余輩ノ前ニ論述セシ所ナリ遺贈ニハ種々ノ體樣ヲ異ニスルモノアリト雖モ要スルニ皆生前ニ於テ死亡後ニ於ケル、財產ノ處分方法ヲ定ムル意思表示ナリ換言セハ遺言ヲ以テスル財産ノ處分ナリト謂フヘシ而シテ遺言ノ效力發生ハ遺言者死亡ノ時ニアリト雖モ（民法第千八十七條）遺贈ハ受遺者ノ承認ニ依リテ其效果ヲ生スルモノナリ若シ受遺者ニシテ承認セサレハ遺言ノ效力發生スルモ遺贈其物ハ效果ヲ生セスシテ止マンノミ而カモ遺言其物ハ決シテ法律上無效ノ遺言ニ非サルハ勿論ナリ此ノ如ク遺贈ハ受遺者ノ承認ニ依リテ效力ヲ生スルモ之ヲ以テ遺贈ハ雙面的行爲換言セハ契約關係ナリト誤解スルナキヲ要ス二者共ニ別箇ノ存在ヲ有スル片面的行爲換言セハ一方ノ意思ニ依リ成立スル所謂單獨行爲ナリ元來雙方的行爲ト單獨行爲トノ區別ハ其法律行爲ノ成立ニ付テ當事者雙方ノ意思ノ合致ヲ要スルト否トニ存スルモノニシテ行爲ノ成立ニ意思ノ合同ヲ要スルモノト行爲ノ有效ナルカ爲ニ意思ノ合致ヲ要スルモノトハ自ラ區別アルモノトス故ニ民法第千八十九條乃至第千九十一條ニ於テモ遺贈ノ承認、拋棄ニ關シテ規定スル所アリ亦以テ遺贈ハ承認ニ依リテ效力ヲ生シ拋棄ニ依リテ效力ヲ生セスシテ止ムモノナルヲ知ルヘシ

凡ソ他人ニ權利ノミヲ附與シ義務ヲ負ハシメサル場合ニ於テハ其他人ノ意思ヲ

問フノ必要ナキカ如キモ我民法々制ハ他人ノ欲セサルニ强テ權利ヲ得セシメン トスルハ却テ其人ノ意思ニ背クモノニシテ且ツ必要ナキ關渉ヲ加フルノ嫌アル ニ因リ民法第百九條ニ於テモ學者ノ所謂單獨行爲ニ依ル代理權ノ附與ヲ否認シ 又民法第五百三十七條ニ於テ第三者ノ爲ニ權利ヲ設定附與セムトスル契約ハ直 ニ第三者ニ權利移轉ノ效果ヲ生セス其利益ヲ享受スル意思ヲ表示シタル時ニ效 力ヲ生スルモノト看做ス法制ノ下ニ於テハ承認ニ依リ權利移轉ノ效果ヲ生スル モノト爲ス怪ムニ足ラサルナリ

今假リニ數百歩ヲ讓リ民法上特定物ノ遺贈ハ遺言者死亡ノ後直ニ受遺者ニ權利 移轉ノ効果ヲ生スルモノトスルモ本條ノ規定アルニ依リ遺贈義務者ハ相續稅ヲ 納付シ又ハ其延納ノ許可ヲ受ケタル後ニ非サレハ遺贈ノ辨濟ヲ爲スヲ得サルニ 依リ其物ノ引渡ヲ爲スヲ得サルナリ若シ本條ノ規定ニ違反シ遺贈ノ辨濟ヲ爲シ タルトキハ其辨濟ハ無效ナルヲ以テ滯納處分ヲ爲スノ必要ヲ生シタルトキハ其 財産ヲ處分ノ目的ト爲スコトヲ得ルハ勿論ナリトス

民法第千百三十四條ニ於テハ遺留分（遺留分トハ相續財産ノ一部分ニシテ被相續人カ自由處分ヲ許サルヽ範圍ヲ謂フ）ヲ保

全スルニ必要ナル限度ニ於テ遺贈ノ減殺ヲ請求スルコトヲ得セシメタリト雖モ本條ニ於テハ始メヨリ遺贈ノ辨濟ヲ無效トシ以テ徴收ノ簡便ヲ計ルト同時ニ其安固ヲ期シタルハ固ヨリ當然ナリト謂フヘシ

尚民法第千百三十四條ニ依レハ遺留分權利者ヲ保護スルカ爲ニ一年以內ノ贈與ノ減殺ヲモ認ムト雖モ贈與ノ減殺ハ先ツ遺贈ヲ減殺シ尚ホ遺留分ヲ害スル場合ニ非サレハ之ヲ爲スヲ得サルハ同法第千百三十六條ノ規定スル所タリ是蓋シ贈與ヲ爲シタル當時ニ於テハ未タ遺留分ヲ害セサルニ其後遺贈ヲ爲シタルニ因リ遺留分權ヲ害スルニ至リタルモノナレハ先ツ遺贈ヨリ減殺ヲ始ムヘキハ至當ナルカ故ナリトス此ノ理由ニ基キ贈與ノ減殺ヲ爲スニモ後ノ贈與ヨリ始メ順次ニ前ノ贈與ニ及フモノト爲セリ(民法第千百三十八條)

第二十條　相續財產ヲ以テ相續稅ヲ完納スルコト能ハサルトキハ相續開始前一年內ニ被相續人ヨリ本法施行地ニ在ル財產ノ贈與ヲ受ケタル者ハ其ノ限度ニ於テ不足額ヲ納

付スヘシ但シ相續稅ノ延納ヲ許可シタル場合ニ於テハ此ノ限ニ在ラス

本條ニ規定スル如ク相續財產ヲ以テ相續稅ヲ完納スル能ハサル場合ハ實際上極テ稀ナルヘシト雖モ若シ此ノ如キ事實ノ生シタルトキハ相續開始前一年內ニ被相續人ヨリ相續稅ノ目的ナルヘキ財產卽チ本法施行地ニ在ル財產ノ贈與ヲ受ケタル者ヲシテ其受ケタル財產價格ノ限度ニ於テ不足稅金ヲ納付スルノ義務ヲ負ハシムルモノトセリ卽知ル本條ハ相續財產ニ課稅スルノ主義卽飽ク迄相續財產ヲ追及スルトノ主義ニ出テタルモノナルヲ是ニ至リテ對物課稅ノ趣意愈々明ナリト謂フヘシ故ニ例ヘハ五百圓ノ贈與ヲ受ケタル者ハ其五百圓ヲ限リトシ稅金額ノ不足ヲ補フヘシ故ニ若シ甲乙二人ノ受贈者アリ甲ハ三百圓乙ハ二百圓ノ贈與ヲ受ケタル場合ニ不足稅五百圓ナリトセハ甲ハ三百圓乙ハ二百圓ヲ納付スヘキモノナリ若シ此ノ場合ニ稅金ノ不足額三百圓ナルトキハ甲乙受贈者ノ負稅額ハ如何ニ定ムヘキヤ蓋シ本條ニハ數人ノ受贈者アル場合ニ關シ何等ノ規定ス

ル所ナキヲ以テ各自カ贈與ヲ受ケタル範圍ヲ超越セサル以上ハ必スシモ比例的ナルヲ要セサルモ最モ公平ノ處置トシテハ其數人カ受ケタル贈與ノ價額ニ比例セシムルヲ可トス前例ニ於テハ甲ニ對シ百八十圓乙ニ對シ百二十圓ヲ納付セシムヲ穩當ナリトス然レトモ若シ數人中一人ノ無資力者アルトキ收稅官廳初メヨリ此ノ事實ヲ知ルトキハ他ノ有資力者ニ對シテ其者カ贈與ヲ受ケタル限度ヲ超エサル限リ適宜ニ負擔額ヲ定ムルヲ得ルヤ勿論ナリ

本條ニ相續財產ヲ以テ相續稅ヲ完納スルコト能ハスト云ヘルハ卽チ相續財產減損シテ其稅金額ヲ補フニ足ラサル場合ヲ謂フ而シテ相續稅ヲ完納スルコト能ハサルヤ否ヤ且ツ其完納スル能ハサル部分換言セハ不足稅金幾何ナルヤハ其財產ノ換價ヲ爲サヽレハ之ヲ知ルヲ得ヘキニアラス從テ實際ニ於テハ滯納處分ヲ爲シ其財產ヲ換價徵收シ此ニ初メテ不足稅金ノ幾何ナルヤヲ知リ受贈者ニ對シテ其不足稅金ヲ塡補セシムルヲ得ルモノト謂フヘシ

尙左ノ點ニ注意ヲ要ス

(一)數人ノ受贈者間ニハ所謂民法上ノ連帶責任ナキハ勿論ナリ故ニ自己ノ負擔額

ヲ超ヘテ納付ノ義務ナシ

（二）受贈者ハ贈與ヲ受ケタル利益ノ現存セサル場合ニモ不足額塡補ノ責任アリ

（三）負擔付贈與ヲ受ケタル者ハ其負擔額ヲ控除シ實際自己ノ利益ニ歸シタル贈與物ノ價額ヲ限度トシテ不足額塡補ノ義務アルモノトス

（四）本條ニ依リ不足税金塡補ノ義務ヲ負フ者ハ本法第三條ニ依リ課税ノ目的ト爲ル財産ノ贈與ヲ受ケタル者ナリ從テ前ニ述ヘタル慣習上ノ贈物ノ如キ些細ナル物ハ之ヲ受クルモ其者ハ本條ノ義務ヲ負ハサルナリ

以上ノ如ク相續財産ヲ以テ相續税ヲ完納スル能ハサルトキハ受贈者ハ其贈與ヲ受ケタル價額ノ限度ニ於テ不足税金補償ノ責任アリト雖モ若シ年賦延納ヲ許サレタルモノナルトキハ政府カ既ニ是等ノ危險アルヲ甘ンシタルモノナレハ其間ニ縱令相續税ヲ完納スル能ハサル事實ノ發生スルコトアルモ受贈者ヲシテ責ヲ負ハシメサルナリ何トナレハ若シ一時ニ徵收シタランニハ受贈者ハ何等ノ負擔ヲ受ケスシテ其利益ヲ保有スルヲ得タランモ知ルヘカラサレハナリ

明治三十年三月法律第二十一號國税徵收法第四條ノ三第二項ニ依レハ國籍喪失

ニ因ル相續人又ハ限定承認ヲ爲シタル相續人ハ相續ニ因リテ得タル財產ヲ限度トシテ納稅義務ヲ有スルモノナレハ相續財產ヲ以テ相續稅ヲ完納スルコト能ハサル場合ニハ是等ノ相續人ハ絕對ニ納稅義務ヲ免ルヽノ結果ヲ生ス而シテ若シ此ノ場合ニ受贈者アルトキハ其受贈者ハ本條ニ依リ不足稅額ヲ納付セサルヘカラス

受贈者ハ正當ナル權利所得ノ方法ニ依リ其利益ヲ得タル者ナルニ本條ハ何故不足額ヲ代納セシムルヤ蓋シ贈與ヲ受ケタル者ハ固ヨリ不法ニ權利ヲ取得シタルニ非スト雖モ而カモ其利益ヲ受ケタル直接ノ原因ハ自己カ何等ノ對價若クハ報償ヲ提供シタル結果ニ非サレハ之ヲシテ更ニ無償ニ其利益ヲ失ハシムルモ是舊狀ニ復セシムルニ過キスシテ結局其者ハ何等ノ利害得失ヲ被ルモノニ非ス是民法第千百三十四條ニ於テ遺留分權利者及ヒ其承繼人ヲシテ贈與ノ減殺ヲ請求スルヲ得セシムル所以ナリ況ンヤ爲ニ租稅徵收權ヲ妨クル場合ニ於テハ之ヲシテ其受ケタル利益ヲ返還セシムル本條ノ規定ハ固ヨリ其所ナリト謂フヘシ前條ノ終リニ一言シタル如ク民法第千百三十八條ニ於テ贈與ノ減殺ハ後ノ贈與ヨリ始

メ順次ニ前ノ贈與ニ及フト規定シタルハ可成既得ノ權利ヲ公平ニ保護セムトスルノ旨趣ニ出テタルモノナリト雖モ若シ此ノ如クセハ一方ニハ民法第千百四十條ノ如ク減殺ヲ受クヘキ受贈者ノ無資力ニ因リ生シタル損失ハ遺留分權利者ノ負擔ニ歸スト謂フカ如キ旨意ノ規定ヲ存セサルヘカラスシテ唯リ徵稅上ノ繁雜ヲ來タスノミナラス受贈者ノ無資力ヨリ生スル損失ヲ國庫ニ負擔セシムルハ稅金ノ完納ヲ目的トスル立法ノ精神ニ背馳スルカ故ニ本條ニ於テハ此ノ如キ規定ヲ爲サヽルナリ從テ一人ノ受贈者ノ無資力ヨリ生スル損失ハ其他ノ受贈者カ自己ノ受ケタル利益ノ限度ニ於テ負擔スヘキ結果ト爲ルヘシ

終リニ相續財産ヲ以テ相續稅ヲ完納スルコト能ハサルトキトハ如何ナル場合ニ生スヘキヤト謂フニ民法第千百三十一條ノ規定ニ依レハ同法第九百九十六條第一項第三號ニ因ル遺産相續人ハ遺留分權ヲ有セス從テ被相續人ハ隨意ニ其財産ヲ處分シ得ルヲ以テ贈與ノ價額多クシテ現實ノ相續財産額寡ク相續稅金ヲ充タスニ足ラサル場合ヲ生ス加之元來本法ニ於テモ亦民法上ニ於テモ相續人ニ對シテ別ニ相續財産ノ處分ヲ禁セサルニ依リ相續人ハ相續稅納付以前ニ於テ之ヲ他

人ニ賣買讓渡スルヲ得從テ相續財產ハ既ニ他人ノ有ニ歸シ又其賣得金若ハ對價ヲ消費シタルトキハ其財產ヲ以テ相續稅ヲ完納スルコト能ハサルニ至ラン固ヨリ此ノ場合ニ於テハ逋脫ノ目的ヲ以テ爲シタルモノハ稅金ノ逋脫ヲ謀リ又ハ逋脫シタルモノトシ罰則ヲ適用スルヲ得ヘキカ故ニ此ノ如キ賣買讓渡ヲ制限スルノ効アルヘキモ逋脫ノ目的ヲ以テ爲サヽルモノハ之ヲ追及スル能ハスシテ徵收ノ目的ヲ達スル能ハサルニ至ラン

又賣買讓渡ノ結果ニアラサルモ相續稅ヲ決定通知シタル後若クハ其以前ニ於テ動產物ノ滅失毀損セラレテ其價格ヲ失フコトアラン或ハ不動產ト雖モ天災地變ニ因リ流失、燒失スル等ノ場合ナキニアラサルニ依リ相續財產ノ減少ヲ來タシ相續稅ヲ完納スルコト能ハサル事實ヲ見ルヘシ但シ此ノ場合ニ課稅スルノ果シテ正當ナルヤ否ヤ稅金免除ノ規定ヲ闕クハ他ノ租稅ニ比シ權衡ヲ闕クノ嫌ヒアルヤ否ヤハ自ラ別問題ニシテ解釋論ヲ左右スルニ足ラサルナリ

人或ハ課稅價格決定後ニ於ケル相續財產ノ減耗ハ課稅價格決定ニ何等ノ影響ヲ及ホスモノニ非ストモ課稅價格決定前ニ於テ相續財產減少シタルトキハ現相

續財産ヲ以テ課税價格ヲ決定スヘシト唱フル者アリト雖モ苟モ相續ニ因リテ一旦財産ヲ取得シタル事實ヲ認ムル以上ハ相當ノ評價ヲ爲シ課税價格ニ算入スヘキハ勿論ナリ

第二十一條　相續税ノ審査ニ參與シタル者ハ其ノ審査ニ關スル事項ヲ他ニ漏洩スルコトヲ得ス

本條ハ相續税審査委員ノ祕密ヲ守ル義務ヲ規定シタルモノニシテ即チ其審査ニ關スル事柄ヲ他ニ漏洩スルヲ禁止シ以テ納税者ノ財産ニ關スル祕密ヲ確保セントスルモノナリ蓋シ何人モ祕藏ノ物品ヲ漫ニ他ニ漏洩セラルヽハ其欲スル所ニ非サルヘク又債務ヲ負フ者ハ恣ニ其債務額ヲ世ニ公ニセラルヽトキハ自己ノ信用ヲ失墜スルニ至ルヘキヲ以テ之ヲ嫌忌スルヤ切ナルヘク殊ニ商人ニ在リテハ財産上ノ信用ハ最モ重要ナルモノナレハナリ若シ本條ノ規定ニ違背スル者アルトキハ本法第二十五條ノ制裁ヲ受ケサルヘカラス

第二十二條　相續人遺言執行者又ハ相續財產管理人期限內ニ第十一條ニ依ル書類ヲ提出セサルトキハ政府ハ期間ヲ定メテ催告ヲ爲スコトヲ得

相續人二人以上ナル場合ニ於テハ政府ハ其ノ一人ニ對シテ前項ノ催告ヲ爲スコトヲ得

前二項ノ場合ニ於テ相續人遺言執行者又ハ相續財產管理人其ノ期間內ニ書類ヲ提出セサルトキハ政府ノ認ムル所ニ依リ課稅價格ヲ決定シ催告ニ關スル費用及稅金ノ十分ノ一ニ相當スル金額ヲ相續人、遺言執行者又ハ相續財產管理人ヨリ徵收スルコトヲ得

相續人二人以上ナル場合ニ於テハ各相續人ハ前項ノ徵收

金ニ付連帶納付ノ責ニ任ス
第三項ノ金額ノ徴收ニ關シテハ國稅徴收法ノ規定ヲ準用ス

本條ハ第十一條ニ規定セル書類提出ノ義務ノ催告其他ノ强制方法ヲ規定セルモノナリ

相續人、遺言執行者及相續財產管理人ハ第十一條ニ依リ相續開始ヲ知リタル日若クハ就職ノ日ヨリ三个月以內ニ財產目錄及第三條ニ依リ控除スヘキ金額ノ明細書ヲ提出スヘキ義務アリ又相續人確定シタルトキハ相續人ノ相續關係ヲ記載シタル書面ヲ提出スルノ義務アルモノナリト雖モ若シ其義務ヲ盡サスシテ此等ノ書類ヲ提出セサルトキハ政府ハ豫メ幾何ノ財產アルヤ知リ難キ不便アルニ依リ本條第一項ハ此ノ場合ニハ相當ノ期間ヲ定メテ更ニ其書類ヲ提出スヘキコトヲ催告スルヲ得セシムルモノトス

而シテ若シ相續人二人以上アル場合（即チ遺產相續ニ於テ數人ノ直系卑族アルトキ）各相續人ハ互ニ一括

シタル相續財產ニ對スル稅金納付ノ義務ヲ有スルカ故恰モ民法上ノ連帶責任ヲ負フト同一ノ狀態ニ在ルモノナリ蓋シ純理上ヨリセハ自己ノ相續分ニ應シテ納稅スヘキカ如シト雖モ本法ニ於テハ各相續人ニ分割納付ヲ許サヽルナリ夫レ然リ各相續人ハ連帶納稅義務ヲ有ス故ニ第二項ニ於テハ其一人ニ對シテ催告ヲ爲スコトヲ得セシメタリ而シテ其一人ニ對スル催告ノ效力ハ明言ナシト雖モ當然他ノ者ニ及ホスヘキハ規定ノ趣旨ニ依リ明カナリ但シ各自ニ催告スルハ固ヨリ收稅官廳ノ自由ニ任スルモノトス

然ルニ若シ尙此ノ催告ニ應セス書類ヲ提出セサルトキハ如何ニシテ徵稅ノ手續ヲ行フヘキヤ本條第三項ハ此ノ場合ニ於テハ政府ノ認ムル所ニ依リ適宜ニ課稅價格ヲ決定スヘキモノトシ之ト同時ニ催告ニ關スル費用及稅金ノ十分ノ一ニ相當スル金額ヲ是等ノ屆出義務者ヨリ徵收スルコトヲ得トシ以テ其義務ノ履行ヲ確實ナラシメンコトヲ期セリ

本項ノ催告費用ハ實際相續人遺言執行者又ハ相續稅管理人ニ對シ催告ヲ爲シタルニ基ク費用ニ屬スルモノナレハ其催告ヲ受ケ屆出ヲ怠リタル者ノ負擔タルヘ

キハ勿論ナリ從テ遺言執行者ニ對スル催告費用ヲ相續人ニ對シテ徵收スルヲ得ス又相續人ニ對スル催告費用ヲ遺言執行者ヨリ徵收スルヲ得サルナリ但シ遺言執行者、相續財產管理人ハ自己ノ職務執行上財產目錄ヲ調製スルノ困難ナル事情アリ爲ニ屆出ヲ遲延シタル等ノ正當ナル理由存スルトキハ民法ノ規定ニ從ヒ他日相續人又ハ相續財團ヨリ求償ヲ得ヘキナリ

本項ニ於テ稅金ノ十分ノ一ニ相當スル金額ヲ屆出義務者ヨリ徵收スルハ過怠金トシテ徵收スルモノナレハ後日稅金納付ニ際シテ此ノ金額ヲ控除スヘカラサルハ論ヲ俟タサルナリ其稅金ノ一部トシテ徵收スルモノニ非サルハ遺言執行者及相續財產管理人ヨリモ徵收スルヲ得ルニ依リ明カナリ蓋シ遺言執行者、相續財產管理人ハ納稅義務主躰ニ非ス唯是等ノ者ハ相續財產ノ狀況ヲ熟知スルノミナラス一定ノ限度ニ於テ財產處分ノ權限ヲ有スルカ故ニ之ニ對シテ申告義務ヲ負ハシムルト同時ニ納稅ノ手續ヲ行ハシムルハ前ニ說明セシ所ニシテ既ニ申告ノ義務アルニ拘ハラス其義務ヲ履行セサルニ於テハ之ニ對シ相當ノ制裁ヲ加ヘ以テ公法上ノ義務履行ヲ確實ナラシムルハ固ヨリ當然ノコトナリトス

右ノ如ク相續税ノ納税義務者ハ相續人ナリト雖モ被相續人亦此ノ義務ヲ負フコトアリ國税徵收法第四條ノ三但書ニ依レハ「戸主ノ死亡以外ノ原因ニ依リ家督相續ノ開始アリタルトキハ被相續人ヨリモ之ヲ徵收スルコトヲ得」ト故ニ(一)隱居又ハ國籍喪失ニ因ル家督相續開始ノ場合ニハ其被相續人タル隱居者又ハ國籍喪失者(二)戸主カ婚姻又ハ養子緣組ノ取消ニ因リテ其家ヲ去リタルトキ若クハ女戸主ノ入夫婚姻又ハ入夫ノ離婚ニ因リ家督相續開始シタル場合ニハ前戸主モ亦相續税納付ノ義務ヲ負フモノトス唯夫レ執行ノ任ニ當ル者ハ國税徵收法ノ規定ハ例外ノモノタルヲ記憶シ相續人ヨリ徵收シ能ハサル場合ニ於テノミ同法ノ規定ニ依リ執行スルヲ要ス

本條第四項ハ相續人二人以上ナル場合ニ於テハ各相續人ハ前項ノ徵收金ニ付連帶納付ノ責ニ任スル旨ヲ規定セリ故ニ相續人ノ一人催告ヲ受ケタルニ之ニ應セス他ノ相續人全ク之ヲ知ラサルモ其知ラザルヲ理由トシテ責ヲ免ルヽヲ得ス而シテ玆ニ連帶納付ノ責ニ任ストハ其徵收金ノ全部ニ付キ各自カ納付ノ義務ヲ有シ分割納付ヲ許サヽルヲ謂フ

本條ノ規定ハ固ト書類提出ノ遲延ヲ防クノ目的ニ出テタルモノナルヲ以テ故意怠慢ニ因ルモノヽ外ハ之ヲ適用スルニ及ハサルモノトストハ大藏大臣訓令第二項ノ規定スル所ナリ

催告不應ヨリ徵收セラルヽ費用及過怠金ハ稅金ニアラサルカ故ニ若シ之ヲ納付セサル者アリト雖モ國稅徵收法ニ依リ强制執行ヲ爲スヲ得サルヤ明カナリ去リトテ民事裁判ニ訴ヘテ履行ヲ求メントスルハ迂ノ極ナリ是本條第五項ハ國稅徵收法ノ規定ヲ準用スル旨ヲ規定セル所以ナリ

第二十三條　左ニ揭クル場合ニ於テ本法施行地ニ在ル不動產及船舶以外ノ財產ニ付爲シタル贈與ノ價額カ五百圓以上ナルトキハ遺產相續開始シタルモノト看做シ其ノ財產ノ價額ヲ課稅價格トシ本法ニ依リ相續稅ヲ課ス

一　被相續人カ推定家督相續人又ハ推定遺產相續人ニ贈與ヲ爲シタルトキ

二　分家ヲ爲スニ際シ若ハ分家ヲ爲シタル後本家ノ戸主又ハ家族カ分家ノ戸主又ハ家族ニ贈與ヲ爲シタルトキ前項ノ遺産相續ニ關シテハ第十條ノ規定ヲ適用セス

本條ハ贈與ヲ遺產相續ト看做シテ課稅シ脫稅ヲ防カントスルノ趣旨ニ出テタル規定ナリ

今外國立法例ヲ見ルニ相續稅ノ下ニ贈與及遺贈ニ對シ課稅スルアリ或ハ相續稅贈與稅、遺贈稅トシテ各別ニ賦課徵收スルモノアリト雖モ本法ハ贈與及遺贈ニ課稅スルノ主義ヲ採ラス是ヲ以テ被相續人ハ或ハ相續財產ノ價額ヲ減少センカ爲メ他人ニ贈與ヲ爲スコトアリ或ハ遁稅ノ目的ヲ以テ相續開始以前ニ法定ノ推定相續人ニ贈與ヲ爲スコトアラン若シ此ノ如クンハ相續人ニ移轉スヘキ財產ノ價額ヲ課稅標準ト爲ス相續稅ハ遂ニ其目的ヲ達スルヲ得サルニ至ルヘシ是レ即相續開始前一年以內ニ爲シタル贈與ノ價額ヲ相續財產價格ニ算入スルト同時ニ本條ニ於テ一定ノ人ニ對シ一定ノ財產ヲ贈與シタル場合ニハ遺產相續開始ト看做

シ其贈與財產ノ價額ヲ課稅價格トシ本法ニ依リ相續稅ヲ課スヘキモノト爲セシ所以ナリ

而シテ本條ニ於テ不動產及船舶以外ノ財產ノ贈與ノ場合ノミニ課稅シ不動產及ヒ船舶ヲ贈與スルモ之ヲ不問ニ附シタル理由那邊ニ存スルヤ等シク財產ニシテ而カモ其價額ノ大ナルモノヲ贈與スルモ之ヲ遺產相續ノ開始ト見サル理由ハ如何

想フニ不動產及船舶ニ就テハ權利移轉ニ關シ汎ク第三者ニ對抗スルノ條件トシテハ登記ヲ爲サヽルヘカラス而シテ登記ヲ爲スニ當テハ登錄稅法第二條第三號ニ依リ贈與ニ因ル不動產ノ所得ハ其價格千分ノ四十同法第四條第三號ニ依リ贈與ニ因ル船舶所有權ノ所得ハ其價格千分ノ二十ヲ納稅セサルヘカラスシテ贈與ニ因ル所有權ノ取得ニ對スル登錄稅ハ相續權及相續ニ因ル所有權ノ取得ニ對スル登錄稅ヨリモ重率ナルカ故ニ相續稅逋脫ノ目的ヲ以テ不動產又ハ船舶ヲ贈與スル者ナカルヘキノミナラス國家ハ贈與トシテ課稅スルノ却テ利ナレハナルヘシ（相續ニ因ル不動產、船舶所有權ノ取得ニモ登記ヲ爲スニハ登錄稅ヲ納付セサルヘカラサルモ相續ニ因ル不動產所有權ノ取得ニ付テハ千分ノ五船舶所有權ノ取得ニ付テハ千分

ノ三ニ過キサルモノナレハ彼是大ナル徑庭アルモノトス）

本條ハ亦不動産及船舶以外ノ財産ノ贈與ヲ爲スモ其價額五百圓ニ滿タサルトキハ遺産相續開始ト看做サス之ヲ課税ノ範圍外ニ置キタルハ本來遺産相續ノ課税價額ヲ五百圓以上トシ之ヨリ以下ナル相續財産ニハ全ク課税セサルヲ以テ此ノ場合ニ於テモ五百圓以下ノ贈與ニ關シテハ敢テ課税セサルナリ

然ラハ今若シ四百圓ヲ贈與シ後ニ三百圓ヲ贈與シ前後ノ贈與價額ヲ合算シ七百圓トナル場合ハ本條ニ依リ遺産相續開始ト看做シ課税スヘキヤ否ヤ本條ノ解釋トシテハ消極ニ答ヘサルヘカラス何トナレハ最初四百圓ノ贈與ヲ爲シタルトキハ何等本法ノ適用ヲ受クヘキモノニ非サルハ論ナク既ニ其贈與ノ完了シタル後再ヒ本法ノ適用ヲ受クヘカラサル贈與（三百圓ノ贈與）アリトスルモ相合シテ本法ノ適用ヲ受クヘキ贈與ト爲ルカ如キハ論理ノ許サヽル所ナレハナリ本條ニハ單ニ「贈與ノ價格カ五百圓以上ナルトキ」トアリ別ニ數箇ノ贈與ヲ合シタル價額ヲ除外スヘキ直接ノ規定ナシト雖モ其第一號第二號ニモ「贈與ヲ爲シタルトキ」トアリテ各贈與ノアリシトキ其贈與財産ノ價額五百圓ナルトキハト第一項ト連絡スヘキ文意

ナルコト疑ヲ容ルヘカラサルニ依リ以上ノ如ク解セサルヘカラス但シ此ノ如キ場合ニ於テハ事實ノ如何ニ依リ逋税ヲ圖ルノ所爲アルモノトシ本法第二十四條ノ適用アルヘキハ勿論ナリ以テ逋税ヲ防クコトヲ得ヘシ

然レトモ本條規定ノ精神ハ贈與額五百圓ニ達シタルトキハト謂フ意ニシテ一時ノ贈與額ニ限リタルモノニ非サルカ如シ又解釋上此ノ如ク解セラレサルニ非ス何レノ解釋ヲ採ルモ實行上ノ效果ニ於テハ大差ナキニ歸スヘシ何トナレハ前論ノ如クスルモ若シ數回ノ贈與ハ始ヨリ一貫シタル意思ニ基キタリトセハ換言セハ其實質一ノ贈與ヲ數回ニ履行シタリト認ムヘキ場合ニ於テハ固ヨリ一箇ノ贈與ト看做スヘキモノナレハナリ

本條ノ適用ヲ受クル場合ハ左ノ如シ

一、被相續人カ推定家督相續人又ハ推定遺産相續人ニ贈與ヲ爲シタルトキ

故ニ其他ノ人ニ贈與ヲ爲スモ本法ノ適用ヲ受ケサルナリ何故推定相續人ニ對スル贈與ノ場合ノミニ課税スルヤト謂フニ他人ニ對スルモノハ眞ノ贈與ト見ル可キモ推定相續人ニ對スルモノハ眞ノ贈與ト見ルヘカラス被相續人ハ殊更ニ贈與

ヲ爲サハルモ相續開始ノ場合ニハ家督相續若クハ遺產相續開始當然ノ效果トシテ其推定相續人ニ移轉スヘキモノナルニ拘ハラス特ニ多額ノ贈與ヲ爲サントスルカ如キハ大多數ノ場合ニ於テ其目的相續ニ在ルモノト推測スルヲ得ヘク若シ之ヲ課稅セサルトキハ前述セシ如ク本法ノ目的ヲ達スルヲ得サルニ因ル

二、分家ヲ爲スニ際シ若クハ分家ヲ爲シタル後本家ノ戶主又ハ家族カ分家ノ戶主又ハ家族ニ贈與ヲ爲シタルトキ

玆ニ分家トハ家族カ戶主ノ同意ヲ得テ新ニ一家ヲ創立スル場合ニシテ民法第七百四十三條ノ規定スル所ナリ此ノ場合ニ於ケル財產ノ分與ハ必シモ遁稅ノ目的ヲ以テスルモノナリト言ヒ難ク寧ロ一家創立ノ必要上相應ノ財產ヲ分與スルハ固ヨリ其所ナルヘシト雖モ受贈者ハ之ニ因リテ一時ニ多額ノ財產ヲ取得スルモノナレハ恰モ相續人カ相續開始ニ因リ財產ヲ取得スルト其狀態ヲ同フス而シテ彼ニ課稅スルノ理由ハ亦此ノ場合ニ延衍スルヲ得ヘシ是本號ノ相續開始ニ準シタル所以ナリ

本條ニ依リ遺產相續開始シタルモノト看做シ相續稅ヲ課シタル後贈與者ニ付相

續開始シタルトキ卽チ贈與者ノ死亡其他ノ原因ニ依リ相續開始シタル場合ニ於テハ其贈與價額ヲ被相續人カ本法施行地ニ在ル財産ニ付爲シタル贈與トシテ第三條ニ依リ相續財産ニ加算スヘキヤ否ヤ何等ノ明文ナシト雖モ其贈與ハ既ニ課稅ノ目的ト爲リタルモノナレハ再ヒ之ヲ課セントスルハ立法ノ旨意ニ非サルヘシ抑モ第三條ニ依リ相續開始前一年以內ノ贈與ヲ相續財産ニ加算スルハ固ヨリ脫稅ヲ防止センカ爲ノ規定ナリト雖モ此ノ場合ニ於テハ既ニ其贈與物ニ對シテ特ニ遺産相續開始ト看做シ課稅セシモノナレハ贈與者ニ付相續開始アルモ更ニ之ヲ課稅ノ目的ト爲スヘカラサルハ理ノ然ラシムルトコロナリト謂フヘシ是大藏大臣訓令第十三項ノ由テ出テタル所以ナラン

終リニ本條第三項ニ於テ本條ノ遺産相續ニ關シ本法第十條ノ規定ヲ適用セサル旨ヲ明ニシタル理由ヲ說明セン

本條第十條ニ依ルトキハ相續稅ヲ課セラレタル後三年以內ニ更ニ相續開始シタルトキハ前相續額ニ相當スル稅金ヲ免除シ五年以內ナルトキハ前相續ニ相當スル稅金ノ半額ヲ免除スヘキモノナレハ若シ本項ノ規定ナクンハ一旦贈與ヲ爲シ

後三年內ニ再ヒ前贈與額ニ相當スル贈與ヲ爲シ其後更ニ三年以內ニ贈與ヲ爲シ卽チ一回五百圓ノ價額ヲ贈與シ之ニ對スル稅金ヲ納付セハ三年內ニハ幾十萬圓ノ贈與ヲモ爲シ得テ全ク租稅ヲ免脫スルノ結果ヲ生スルカ故ナリ

本項規定ノ旨趣果シテ然リトセハ本條第一項ニ依リ相續人ト看做サレタル者（受贈者）ニ付普通ノ相續（玆ニ特ニ普通ノ相續ト謂ヘルハ本條ニ依リ遺產相續ト看做サレタル場合ト相對セシカ爲ナリ）開始シタル場合ニ於テハ本項ヲ適用スヘキモノニ非ス何トナレハ此ノ場合ニ於ケル相續ハ普通ノ相續ニシテ然カモ其相續財產ハ前ニ課稅セラレタルモノナルニ於テハ他ノ一般普通ノ相續ニ於テ前ノ相續稅又ハ其半額ニ相當スル金額ヲ免除スヘキ理由アルト同一ノ理由ヲ存スルモノナレハナリ大藏大臣訓令第十四項モ亦此ノコトヲ明ニセリ

要之本項ニ於テ「前項ノ遺產相續ニ關シテハ」トアル其所謂前項ノ遺產相續トハ本條第一項ニ依リ遺產相續ト看做サルヽ場合然カモ現ニ開始セル相續（卽チ第十條適用ノ可否ヲ決スヘキ現相續）カ贈與ニ因ル遺產相續ナルトキハ第十條ヲ適用セサル旨意ナリト知ルヘシ

第二十四條　第十一條ニ依リ提出シタル書類ニ虚僞ノ記載ヲ爲シタル者其ノ他不正ノ所爲ヲ以テ相續稅ノ逋脫ヲ圖リ又ハ逋脫シタル者ハ其ノ逋脫シ又ハ逋脫セントシタル稅金ノ三倍ニ相當スル罰金ニ處ス但シ自首シタル者ハ其ノ稅金ヲ徵收シ其ノ罪ヲ問ハス

本條ハ相續稅ヲ免レントスル者ニ對スル制裁ヲ規定シタルモノニシテ一ノ刑罰ナリ而シテ本法ニハ他ノ稅法ニ於ケルカ如ク數罪俱發再犯加重宥恕減輕其ノ他不論罪等ノ規定ヲ適用セストノ明文ナキニ依リ刑法ノ總則ハ一般ニ適用セラルヽモノナリトス唯本條但書ニ於テ自首ニ關スル特例ヲ示シタルヲ以テ之ニ關スル刑法總則ノ規定ヲ適用スルヲ得サルヤ勿論ナリ

本條ノ適用ヲ受クヘキ場合ハ左ノ如シ

一、第十一條ニ依リ提出シタル書類ニ虚僞ノ記載ヲ爲シタル者

二、其他不正ノ所爲ヲ以テ相續稅ノ逋脫ヲ圖リ又ハ逋脫シタル者

右第一ノ場合ハ卽チ相續人、遺言執行者、相續財產管理人カ第十一條ニ依リ財產目錄ヲ調製シ且ツ本法第三條ニ依リ控除スヘキ金額ノ明細書ヲ提出スルニ當リ虛僞ノ事項ヲ記載シテ以テ相續稅ノ逋脫ヲ圖ラントシタル場合ナリトス而シテ玆ニ虛僞ノ記載ヲ爲ストハ眞實ニ反スル事柄ヲ記載スルヲ謂フ例ヘハ財產ノ一部ヲ故意ニ漏脫シテ書面ニ記載セス或ハ債務額ヲ過大ニシ若クハ實際債務ナキニ假裝ノ債務名義ヲ作ルカ如キハ皆虛僞ノ記載ナリト謂フヘシ然レトモ玆ニ注意ヲ要スルハ虛僞ノ記載ヲ爲シタリト謂フニハ其事實ニ反スルヲ知テ故ラニ虛構ノ事項ヲ記載シタル場合ナラサルヘカラス從テ過誤ニ因リテ偶々事實ニ符合セサルコトヲ記載スルモ之ヲ以テ虛僞ノ記載ヲ爲シタルモノト謂フヲ得サルコト之ナリ本條ノ規定ニ所謂有意犯タルコトハ「其他不正ノ所爲ヲ以テ相續稅ノ逋脫ヲ圖リ又ハ逋脫シタル者云々」トアルニ因リ明白ナリトス本條前段(第一ノ場合)ハ相續稅ノ逋脫ヲ圖ラントスル一例ヲ示シタルニ過キサルハ其他不正ノ所爲ヲ以テ相續稅ノ逋脫ヲ圖リ云々トアルニ徵シテ疑ナカルヘシ而シテ其逋脫ヲ圖ラントスルハ是レ有意ノ場合ナルハ論ナキ所ナレハ假令重大ナル過失ニ因ルモ逋稅

ノ意思ナキ者ハ不問ニ付スヘキモノナリ
第二ノ場合ハ相續税ノ逋脫ヲ圖リ又ハ逋脫シタル場合ニシテ例之隱居相續ヲ爲スニ際シ財產ノ一部ヲ他人ニ賣却シ、隱居ヲ爲シタル後相續人ニ贈與若クハ再賣買スヘキ條件ヲ付シタルカ如キハ相續税ノ逋脫ヲ圖ルノ所爲アリト謂フヘシ之ニ因リテ相續人カ其賣却セラレタル財產ニ對スル課税ヲ免レタルトキ卽チ之ヲ課税價額ニ算入セスシテ税額ノ決定通知ヲ受ケ既ニ納税義務ヲ盡シタルトキハ其部分ニ對スル相續税ヲ逋脫シタル者トナルナリ
以上二ノ場合ニ於テ犯罪行爲成立シタルトキハ之カ制裁ハ其逋脫シ又ハ逋脫セムトシタル税金ノ三倍ニ相當スル罰金ニ處セラルヽモノナリトス故ニ前例ニ於テ其賣却セラレタル財產ノ價格ニ相應スル税金ヲ三倍シタルモノヲ以テ罰金額ト爲スヘシ
但シ自首シタル者ハ其税金ノミヲ徵收シテ其罪ヲ問ハサルナリ自首セスシテ處分セラレタル場合ニ於テハ其逋脫シ又ハ逋脫セントシタル税金ヲ徵收スヘカラサルヤ否ヤ蓋シ處罰ト課税トハ全ク別箇ノ處分ナレハ處罰セラレタルカ爲ニ課

税ヲ免ルヘキモノニ非サルヲ以テ税金ノ徴收ヲ爲シ得ルヤ當然ナリトス

第二十五條　第二十一條ニ違反シタル者ハ三圓以上三十圓以下ノ罰金ニ處ス

前項ニ依リ處罰セラレタル者ハ其ノ職ヲ失フ

相續税ノ審査ニ參與シタル者ハ其審査ニ關スル事項ヲ他ニ漏洩スルヲ得サルハ第二十一條ノ規定スル所タリ而シテ此ノ規定ニ違背シ其審査ニ關スル事項ヲ漏洩シタル者ハ本條第一項ノ制裁ヲ受クルト共ニ第二項ニ依リ當然審査員タル資格ノ消滅ヲ來タスモノナリ

若シ收税官吏タル資格ヲ有スル審査委員第二十一條ニ違犯シタルトキハ本條ノ制裁ヲ受クルト同時ニ文官懲戒令ノ適用ヲ受クヘキハ勿論ナリ

第二十六條　府縣市町村其ノ他ノ公共團體ハ相續税ノ附加税ヲ課スルコトヲ得ス

府縣市町村等ノ公共團躰ハ其團躰ノ費用ニ充ツルカ爲メ團躰員ヨリ金錢ヲ强制

徴收スルヲ得而シテ其徴收ノ方法ニ關シテハ(府縣制第百三條市制第九十條町村制第九十條參照)國税ニ附加シテ徴收スルモノト特別ニ税源ヲ求メ獨立ニ徴收スルモノトノ二種アリ故ニ國税ノ一種タル相續税ニ關シテモ是等ノ公共團躰ハ附加税ヲ課スルコトヲ得然レトモ若シ此ノ如クナルトキハ爲メニ相續人ノ負擔ヲ重カラシムルニ至ルヲ以テ本條ハ之ヲ制限シタルモノナリトス

附則

本法ハ明治三十八年四月一日ヨリ之ヲ施行ス

明治三十一年法例第一條ニ依レハ法律ハ公布ノ日ヨリ起算シ滿二十日ヲ經テ之ヲ施行ス但法律ヲ以テ之ニ異ナリタル施行時期ヲ定メタルトキハ此ノ限ニ在ラスト故ニ法律ニ何等施行期ニ關シ明言スル所ナケレハ右法例ノ原則ニ從フモノナリト雖モ本法ハ三十八年一月一日ノ發布ニ係ル而シテ此ニ施行時期ヲ四月一日ト定メタルニ依リ本法ノ適用セラルヽハ其四月以後ナリトス

第三編　相續稅法施行規則

第一條　相續開始地ノ稅務署ヲ以テ相續稅ノ所轄稅務署トス

相續開始地カ相續稅法施行地ニ在ラサルトキハ同法施行地ニ在ル相續財產所在地ノ稅務署ヲ以テ所轄稅務署トス

相續財產カ二箇以上ノ稅務署管內ニ在ルトキハ其ノ主タル財產ノ所在地ノ稅務署ヲ以テ所轄稅務署トス

本條ハ相續稅ノ所轄稅務署卽チ相續稅ノ賦課徵收其他ノ處分ヲ爲ス稅務署ハ何レノ地ノ稅務署ナルカヲ定メタリ

相續稅ノ所轄稅務署ハ相續開始地ノ稅務署ナリ相續開始地トハ被相續人ノ住所ノ地ナリ故ニ被相續人ノ住所地ヲ管轄スル稅務署ハ相續稅ニ關スル一切ノ權限

ヲ有スルモノトス蓋シ相續開始地ノ稅務署ハ相續開始ノ事實ヲ知ルノ便アルノミナラス相續開始地ニハ被相續人ノ財產若クハ相續人等多クハ此ニ存在スルヲ通例トスルカ故ニ其地ノ稅務署ヲ以テ管轄稅務署トスルハ相續稅ノ賦課徵收上最モ便トスル所ナレハナリ（第一項）

相續開始地即チ被相續人ノ住所地カ相續稅法施行地內ニ在ラサルトキハ（臺灣又ハ外國ニ在ルトキ）相續稅法施行地ニ在ル相續財產所在地ノ稅務署ヲ以テ管轄稅務署トス（第二項前段）

然レトモ相續財產ハ必スシモ一所ニ存在スルモノニアラス若シ各稅務署管內ニ散在スルトキハ總テ其財產所在地ヲ以テ所轄稅務署ト爲サヽルヘカラス此ノ如キハ實際上ノ不便言フヲ俟タサルヲ以テ相續財產カ二箇以上ノ稅務署管內ニ在ルトキハ其主タル財產ノ所在地ヲ管轄スル稅務署ヲ以テ所轄稅務署ト爲ス（第二項後段）

玆ニ實際ニ起ルヘキ問題ハ主タル財產ヲ定ムルノ標準如何ニ在リ例ヘハ甲稅務署管內ニ二萬圓ノ價額ヲ有スル不動產アリ乙稅務署管內ニ三萬圓ノ價額ヲ有ス

ル動產アリトセハ孰レノ稅務署ヲ管轄署ト爲スヘキヤ又或ハ甲署管内ニ田畑十町步アリ乙署管内ニ山林二十町步ヲ有シ兩署管内ニ宅地家屋其他動產等ヲ有スルカ如キ複雜ナル場合敢テ珍シカラサルヘシ此ノ如キ場合ニ於テハ孰レヲ以テ主タル財產ト看做スヘキヤ不動產ト不動產ノ場合ニ於テハ價額ノ多キモノヲ以テ又不動產ト動產ノ場合ニ於テハ不動產ヲ以テ主タル財產ト見ルヘシトノ說ナキニ非スト雖モ相續財產ハ財產ノ種類ヲ目的トスルモノニアラスシテ財產ノ價額ヲ目的トスルモノナルヲ以テ主タル財產ハ常ニ財產ノ價額ニ依リ決スヘキモノトス故ニ財產ノ價額評定ノ後ニアラサレハ其所轄稅務署ヲ定ムル能ハサルカ如キモ實際ニ於テハ大ナル不便ナク施行セラルヘキナリ

第二條　相續開始シタルトキハ相續人、遺言執行者又ハ相續財產管理人ハ相續稅法第十一條第一項ニ定タル期間内ニ左ニ揭クル事項ヲ記載シタル書面ニ相續財產目錄及相續財產ノ價格中ヨリ控除セラルヘキ金額ノ明細書ヲ添付シ之ヲ所轄稅務署ニ提出スヘシ但シ相續人二人以上ナル場合ニ於テ其ノ一人ヨリ本條ニ依ル書類ヲ提出シタルトキハ他ノ相續人ハ之ヲ提出スルコトヲ要セス

一　被相續人ノ氏名

二　相續開始地

三　相續開始ノ日

四　家督相續、遺產相續ノ區別

五　被相續人カ相續開始前一年內ニ相續稅法施行地ニ在ル財產ニ付贈與ヲ爲シタルトキハ其ノ財產ノ價額及受贈者ノ住所氏名

六　相續人ノ住所氏名

七　相續人ト被相續人トノ續柄
前項ノ書類ヲ提出スル場合ニ於テ相續人確定セサルトキハ前項第六號及第七號ノ代リニ相續人ノ確定セサル理由ヲ記載スヘシ
前項ノ場合ニ於テ相續人確定シタルトキハ相續人、遺言執行者又ハ相續財産管理人ハ第一項第六號及第七號ニ掲クル事項ヲ記載シタル書面ヲ所轄稅務署ニ提出スヘシ
相續稅法第二十三條ニ依リ遺産相續ノ開始ト看做サルヘキ場合ニ於テハ第一項第一號乃至第三號第六號及第七號ノ事項ヲ記載シタル書面ヲ提出スルヲ以テ足ル
本條ハ相續開始ノ場合ニ一定ノ書面ヲ提出スヘキ義務アル者ニ對シ其屆出ツヘ

キ詳細ノ事項ヲ規定セリ

相續開始シタルトキハ相續人ハ相續開始ヲ知リタル日ヨリ遺言執行者、相續財產管理人ハ就職ノ日ヨリ三个月以內ニ相續財產目錄及相續財產ノ價格中ヨリ控除セラルヘキ金額ノ明細書ヲ提出スヘキハ相續稅法第十一條第一項ノ既ニ定ムル所ナリト雖モ本條ハ之ト同時ニ尙左ノ事項ヲ記載シタル書面ヲ提出スヘキヲ命セリ但シ相續人二人以上ナル場合ニハ其一人ヨリ本條ニ依ル書類ヲ提出シタルトキハ其他ノ相續人ハ之ヲ提出スルコトヲ要セルナリ（第一項但書）是相續稅ハ一括シタル相續財產ヲ課稅ノ目的トシ未タ相續人ニ分割セラレサル以前ニ於テ相續人ヨリ其財產ヲ申告スヘキモノトシタルヲ以テ其一人ヨリ提出セシムル以上ハ更ニ同一事項ヲ申告セシムルノ要ナキカ故ナリ

今便宜ノ爲メ本條ニ依リ提出スヘキ書類ノ記載例ヲ左ニ示サン

相續屆

一、被相續人　何某

一、相續開始地　何府縣郡市區町村番地（相續開始當時ノ被相續人ノ住所ヲ記載スルモノトス）

一　相續開始ノ日　明治何年何月何日（死亡其他相續開始原因ノ發生シタル日ヲ記載スルモノトス）

一　相續ノ種類　家督（又ハ遺產）相續

一　被相續人カ相續開始前一年內ニ相續稅法施行地ニ在ル財產ニ付爲シタル贈與ノ價額及受贈者ノ住所氏名

贈與物　土地何反何畝步此價額金何圓

但シ既ニ履行ヲ了ハリシモノ（又ハ未タ履行セサルモノ）ナルコトヲ附記スルモノトス

受贈者　何府縣郡市區町村番地　何

（被相續人カ贈與ヲ爲シタルコトナキトキハ本號ノ記載ヲ要セス）

一　相續人ノ住所氏名

何府縣郡市區町村番地

何　某

（相續人數人ナルトキハ各相續人ノ住所氏名ヲ列記スルモノトス）

一　相續人ト被相續人トノ續柄　被相續人何ノ某

（但シ被相續人トノ親族關係ヲ記載スルヲ以テ足レリト爲スヘカラス相續人カ被相續人ノ直系卑屬ナルヤ又ハ指定若クハ選定セラレタル者ナルヤ等ヲ記載シ以テ稅率ノ

適用ヲ爲スニ便ナラシムヘシ）

右ノ通相違無之別紙財產目錄及相續財產ノ價格中ヨリ控除セラルヘキ金額ノ明細書相添ヘ此段及御屆候也

年　月　日

右相續人（遺言執行者又ハ相續財產管理人）　何　某㊞

何稅務署長宛

（別紙トシテ添付スヘキモノ）其一

相續財產目錄

何府縣郡市町村字何、何番

一　田　何町何反何畝步　此價額金　何　圓

（一筆每ニ記載スルモノトス）　（時價ヲ記載スルモノトス）

何…………

一　畑…………　此價額　何　圓

（…………）　（…………）

何………………………　此價額　何圓

一　山林………………（………………）　（…………）

何…………

一　宅地…………　…………

（………………）　（…………）

何府縣郡市町村何番地所在

一　石造（又ハ煉瓦木造、土藏）瓦葺（又ハ茅葺）二階建（又ハ平家）何棟　…………

此ノ建坪數………坪何合何勺　（…………）

何府縣郡市町村船籍

一　船舶（汽船又ハ帆船）　…………

此ノ噸數何程明治何年何月製造費何程所在地　（…………）

（一艘毎ニ記載スルモノトス）

一　商品何々　…………

（點數多キトキハ別ニ仕譯書ヲ作ルモノトス）（……）

一 商品以外ノ動産何々……………………

（點數多キトキハ別ニ仕譯書ヲ作ルモノトス）（……）

一 何々公債證書（額面金何圓何枚）…………（……）

一 何會社又ハ何銀行株券（何圓何枚）……………………

但全部拂込濟（拂込未濟ナルトキハ何期拂込ニシテ何圓拂込濟ナルヤヲ記載スルモノトス）（……）

一 貸付金元金何圓……………………

但何某ニ對スル利子貸金額何程（……）

一 預ケ金　何圓……………………

但何銀行定期又ハ當座預金何分利付（……）

一 地上權（永小作權）……………………

何某所有何地ニ對スルモノ此ノ賃貸何程殘存期間何年（……）

一 定期金　何圓……………………

何某ヨリ何年迄又ハ第三者某ノ終身間毎年一回金何圓ヲ受クヘキ債權（……）

一　郵便貯金　何圓　…………………………

一　何々(物品)ノ引渡ヲ請求スル債權　(…………)…………

一　抵當權(又ハ質權)　…………………

(抵當權質權ニ在リテハ擔保セラルヽ主タル債權額及抵當權ノ目的タル地所建物ノ種類坪數其他ヲ記載スルモノトス)(…………)

一　何々專賣特許權(又ハ實用新案權等)　…………………

但何年何月許可ノ第何號　(…………)

一　鑛業權　…………………

但何處所在金銀鑛區何坪ニ對スル採掘又ハ試掘スルノ權　(…………)

一　其他何々　…………………(…………)

右總財產額計金　何圓

(注意一)船舶、地上權、永小作權、定期金ニ付テハ相續稅法第四條ニ價格評定ノ方法ヲ規定セルヲ以テ之ニ依リ價額ヲ算出シ屆出ツルヲ便利トス故ニ例ヘハ船舶ニ就テハ製造費金何圓其製造後ノ年月數幾何トシ算出ノ基礎ヲ明瞭ニ記載スヘシ

(注意二)被相續人カ本法施行地ニ住所ヲ有セサルモノナルトキハ本法施行地ニ在ル動產不動產及其不動產ノ上ニ存スル權利ノミヲ記載スレハ足ルモノト知ルヘシ

（別紙トシテ添付スヘキモノ其二）

相續稅法第三條ニ依リ控除セラルヘキ金額明細書

一　何々稅　金何圓

但シ何期納ノ分

一　何々　金何圓

但シ何年何月日限納付スヘキ未納稅金

一　葬式費用　金何圓

但シ（葬具費何程其他何程ト明細ニ記載スルモノトス）

一　債務　金何圓

但シ何某ヨリ借入金及何年何月迄利子合計

一　預リ金　金何圓

但シ何某ヨリノ預金

一　贈與物何々　金何圓

但シ被相續人某カ何某ニ贈與スヘキ契約ニ基クモノ（此ノ贈與ノ目的物ハ相續財產目錄ニ未タ履行

ヲ了ハラサルモノトシテ掲記セサルヘカラス)

一 何々…………

右總額金 何圓也

(注意一)債務其他ハ之ヲ證明スヘキ書類ヲ添附スヘキモノトス

(注意二)被相續人カ本法施行地ニ住所ヲ有セサルトキハ(一)公課ハ本法施行地ニ在ル財產ニ係ルモノ、ミ(二)債務ハ本法施行地ニ在ル財產ヲ以テ擔保セラル、債務(三)及本法施行地ニ在ル財產ニ關スル贈與ノ義務價額ノミヲ記載スルモノトス

以上記載例ハ單ニ一例ヲ示シタルニ過キス申告義務者ハ適宜ノ方法ニ依リ隨意ニ記載ヲ爲スモ妨ナキハ勿論ナリ要スルニ本條ニ列記セル條件ヲ充タセハ足レリトス

右ノ書類ヲ提出スル場合ニ若シ未タ相續人確定セサルトキハ相續人ノ住所氏名及被相續人トノ續柄ヲ記載スルニ由ナシ故ニ此ノ場合ニハ只相續人ノ確定セサル理由(法定相續人ノ廢除又ハ其取消ノ裁判請求中ニ在リ又ハ相續人曠缺セルカ如キ事由)ヲ記載スレハ足ルモノトス(第二項)後日ニ至リ相續人確定シタルトキハ相續人、遺言執行者又ハ相續財產管理人ハ本則ニ立戾リ相續人ノ住所氏名及被相續人トノ續柄ヲ記載シタル書面ヲ提出スヘ

(第二條)

キモノトス（第三項）但シ相續人確定ノ屆出ハ課稅價額決定通知ヲ受ケタル前後ヲ問ハサルナリ

又相續稅法第二十三條ニ依リ遺產相續開始シタルモノト看做サルヘキ場合ニ於テハ第一項四號及第五號ノ事項ヲ記載スルニ及ハサルナリ（第四項）是蓋シ相續ノ區別ハ夫レ自身旣ニ明白ニ又相續開始前一年內ニ爲シタル贈與ノ如キモ普通相續開始ノ場合ニ於テコソ必要ナリト雖モ一定ノ贈與ヲ以テ特ニ相續開始ト看做ス場合ハ其贈與物ノミヲ相續財產トシテ課稅スルノ趣旨ナルヲ以テ其以前ニ遡リ一年內ノ贈與ヲ加ヘシムヘキモノニアラサレハナリ若シ此ノ規定ナクンハ相續稅法第三條及第二十三條ノ解釋上或ハ疑ヲ生スヘカリシト雖モ本項ノ規定ニ依リテ疑ヲ容ルヽノ餘地ナキニ至レリ

第三條　稅務署長ハ相續財產ノ價額ヲ評定シテ課稅價格ヲ決定シ之ヲ相續人、遺言執行者又ハ相續財產管理人ニ通知スヘシ

相續人遺言執行者又ハ相續財産管理人ハ前項ノ決定ニ對シ其ノ說明ヲ求ムルコトヲ得

相續稅法第十三條ニ依レハ課稅價格ハ政府之ヲ決定ス課稅價格ヲ決定シタルトキハ政府ハ之ヲ相續人遺言執行者又ハ相續財産管理人ニ通知スヘシトアルモ如何ナル政府機關カ之ヲ爲スヘキヤ明カナラサルニ依リ本條ニ於テ租稅ノ賦課徵收ニ關シ權限ヲ有スル稅務署長之ヲ執行スヘキコトヲ規定シタルナリ

此ノ稅務署長ノ課稅價格決定ニ對シテハ其通知ヲ受ケタル日ヨリ二十日以內ニ異議ヲ申立テ再審査ヲ求ムルコトヲ得ルハ相續稅法第十四條ノ規定スル所ナリト雖モ本條第二項ハ先ツ再審査ヲ求ムル以前ニ於テ其決定ニ對シ一應說明ヲ求ムルコトヲ得セシメタリ當事者ハ之ニ依リテ其決定ノ理由ヲ知ルヲ得ヘク若シ其理由ニシテ不當ナリト認ムルトキハ更ニ再審査ヲ求メ進ンテ訴願行政訴訟ヲ爲シ得ヘキナリ

說明ヲ求ムルニハ書面ヲ以テスルモ口頭ヲ以テ申立ツルモ任意ナリト雖モ口頭

ヲ以テスルハ相互ノ便利ナルヘシ又稅務署長ニ於テモ其說明ヲ爲スニハ別ニ書面ヲ作ラス總テ口頭ヲ以テ說明スルモ全ク自由ナリトス

第四條　課稅價格ノ決定ニ對シ異議アル者再審査ヲ求メントスルトキハ其ノ理由ヲ詳記シ相續稅法第十四條ニ定メタル期間內ニ所轄稅務署長ニ申出ツヘシ

本條ハ相續稅法第十四條ニ依リ再審査ヲ求ムルノ方法ヲ規定シタルモノナリ卽チ再審査ヲ求メムトスルトキハ其不服ナル理由ヲ詳記シ法定期間內ニ申出ツヘキモノトス今左ニ其記載例ヲ示スヘシ

再審査請求書（又ハ異議申立書トスルモ可ナリ）（本書ハ一通ヲ以テ足ル）

何府縣市郡町村番地

亡何ノ誰相續人（又ハ被相續人某ノ遺言執行者、何某相續財產管理人）

何之誰

（代理人ヲ以テスルトキハ代理人ノ住所氏名ヲモ揭ク）

右ハ明治何年何月何日別紙第何號證ノ通リ相續財產ニ對スル課稅價格決定ノ通知ヲ受ケ候處不當ノ決定ト思考候ニ付左ニ理由ヲ具陳シ再審查請求仕候

第一　別紙第何號決定ハ法第三條第一項第何號ニ依リ當然相續財產中ヨリ控除スヘキ金額ヲ控除セサルハ違法ナリ

第二　船舶（又ハ地上權永小作權）ノ價額決定ノ方法、法第四條ノ規定ニ違背セリ

第三　相續財產中ヨリ控除セラルヘキ金額明細書ニ債務金額貳萬五千圓トアルニ之ヲ否認シ一萬圓ト爲シタルモ被相續人某カ何ノ某ニ對シ貳萬五千圓ノ金錢債務ヲ負ヘルコトハ別紙第何號證ノ如ク顯著ナル事實ニ有之候

第四　被相續人ハ何ノ某ニ對シ贈與ヲ爲シタルハ事實ナルモ而カモ贈與ヲ爲セシ時ハ別紙第　　號證寫ノ如ク明治何年何月何日ニシテ相續開始前一年六个月前ナルニ拘ハラス之ヲ相續財產ニ加算セシハ不法ナリ

第五　…………

第六　…………

以上ノ理由ナルニ因リ別紙第何號證決定ハ之ヲ取消シ更ニ適當ナル決定相仰

キ度此段再審査及請求候也

年　月　日　　右　何ノ誰印

何々稅務署長宛

證據物寫

第何號　相續稅課稅價格決定書寫

一……

一……

第何號　債務證書寫

一……

第何號　贈與ニ因ル所有權移轉登記寫

一……

右ノ通相違無之候也

年　月　日

何　之　誰

以上ハ唯其一例ヲ示シタルニ過キス再審査請求ニ關シテハ訴狀ノ如ク嚴格ナル方式ヲ要セサルカ故ニ當事者隨意ニ之カ記載ヲ爲スモ可ナリ只決定ノ通知ヲ受ケタル日及不服ナル理由ヲ詳記セハ十分ナリトス

第五條　稅務署長再審査ノ請求ヲ受ケタルトキハ相續稅審査委員會ノ諮問ヲ經テ課稅價格ヲ決定シ之ヲ異議申立人ニ通知スヘシ

第三條第二項ノ規定ハ前項ノ場合ニ之ヲ準用ス

本條ハ稅務署長カ再審査ノ請求ヲ受ケタルトキ爲スヘキ手續ヲ規定セリ稅務署長再審査請求ヲ受ケタルトキハ相續稅審査委員會ノ諮問ヲ經テ更ニ課稅價格ヲ決定シ之ヲ其請求人ニ通知スヘキモノトス（諮問トハ意見ヲ聞クノ意味ナルコトハ本法ニ於テ既ニ說明シタル所ナリ）

此ノ場合ニ於テハ第三條第二項ヲ準用スルカ故ニ再決定ヲ受ケタル者ハ更ニ稅務署長ニ對シ其理由ノ說明ヲ求ムルヲ得ルモノトス

第六條　各稅務署所轄內ニ相續稅審查委員會ヲ置ク但シ稅務署所轄內ニ在ル市又ハ北海道沖繩縣ノ區ニ付テハ大藏大臣ハ特ニ審查委員會ヲ置クコトヲ得

本條以下第十三條ニ至ル迄ハ審查委員會ノ構成及議決ノ方法其他會議ニ關スル事項ヲ規定シタルモノナリ

本條ハ審查委員會ノ設置ニ關ス相續稅審查委員會ハ各稅務署所轄內ニ之ヲ置クモノトス蓋シ相續稅課稅價格決定ノ通知ヲ受ケタル者ハ各所轄稅務署ニ再審查請求ヲ爲スコトヲ得ルモノナレハ其請求アルニ當リ之カ當否ヲ審查スヘキ機關ヲ其稅務署所轄內ニ置クノ要アリ是本條ノ規定アル所以ナリ

所得稅及營業稅ノ審查委員會ハ稅務監督局所轄內ニ置ケルモ相續稅審查委員會ハ稅務署所轄內ニ置ケルハ審查ノ順序異ナルアレハナリ

相續稅審査委員會ハ各稅務署所轄內ニ置クモノナリト雖モ稅務署所轄內ニ在ル市又ハ北海道沖繩縣ノ區ニ付テハ大藏大臣ハ特ニ審査委員會ヲ置クコトヲ得是市區ハ郡村ト自ラ狀況ヲ異ニスルヲ以テ特ニ審査委員會ヲ置テ審査ノ精確ト敏活ヲ得セシメントスルノ趣旨ニ出テタルモノナリ所得稅調査委員會亦之ト其例ヲ同フセリ

第七條　審査委員會ハ大藏大臣ノ命シタル稅務官吏二名及直接國稅百圓以上ヲ納ムル者三名ヲ以テ之ヲ組織ス

審査委員ノ任期ハ三年トス

本條ハ審査委員會ノ構成並ニ委員ノ任期ヲ規定セリ

審査委員會ハ大藏大臣ノ命シタル收稅官吏二名及直接國稅百圓以上ヲ納ムル者三名ヲ以テ組織スルモノトス

凡ソ合議制ニアリテハ其議事ニ參與スル者ノ定數ハ奇數ナルヲ常トス蓋シ偶數ナルトキハ可否同數ナル場合ニハ其可否ヲ決スルニ由ナケレハナリ

審査委員ノ任期ハ三年トス

第八條　審査委員會ハ稅務署長ノ通知ニ依リ之ヲ開ク

本條ハ審査委員會ノ開會ニ關ス元來審査委員會ハ常ニ開カルヘキモノニアラス又豫メ法ヲ以テ開會ノ時期ヲ定ムルヲ得ス何トナレハ審査ヲ請求スル者アルニ及テ開カルヘキモノナレハナリ故ニ審査委員會ハ稅務署長ノ通知ニ依リ之ヲ開クモノトセリ

第九條　審査委員會ハ毎年最初ノ開會ノ時ニ於テ審査委員中ヨリ會長ヲ選擧スヘシ

本條ハ審査委員會會長ノ選擧ニ關ス卽チ審査委員會ノ會長ハ毎年最初ノ開會ノ時ニ於テ委員中ヨリ之ヲ選擧スルモノトス

本條其他ニ於テモ別ニ會長ノ權限ニ關シ何等ノ規定ナシト雖モ會長ハ議事整理ノ任ニ當ルヲ本則トシ常ニ表決權ヲ行使スルモノニアラス只出席員ノ議事ニ關スル意見ノ可否同數ナル場合ニ於テハ會長ノ決スル所ニ依ルヘキハ第十一條第

二項ノ規定スル所ニシテ此ノ場合ニハ表決權ヲ行使スルモノト謂フヘシ

第十條　審査委員會ノ會長出席セサルトキハ出席シタル委員中ノ年長者之ヲ代理スヘシ

本條ハ會長ノ欠席シタル場合ニハ何人カ之ニ代ハルヘキヤヲ定ムルモノナリ卽チ會長出席セサレハ出席委員中ノ年長者之ヲ代理スヘキモノトス若シ二人以上同年月ノ者アルトキハ如何ニスヘキヤ何等規定スル所ナシト雖モ抽籤ヲ以テ之ヲ定ムルハ最モ公平ナルヘシ又是レ一般ノ慣例ナルカ如シ

第十一條　審査委員會ハ定員ノ過半數ニ當ル委員出席スルニ非サレハ決議スルコトヲ得ス

議事ハ出席員ノ多數ヲ以テ之ヲ決ス可否同數ナルトキハ會長ノ決スル所ニ依ル

本條ハ決議ノ方法ニ關ス委員ハ常ニ出席ヲ期スル能ハス病氣其他ノ事故ニ因リ出席スルコト能ハサルアリ若シ委員中皆此ノ如キ障害ノ發生シタル場合ニハ常

然議事ヲ開クヲ得サルコト明カナリト雖モ若シ一人ニテモ出席者アルトキハ意思ヲ發表シ得サルニ非ス況ヤ二人ナル場合ニ於テヲヤ然レトモ一人ノ意思ヲ以テ決スルハ獨任制ト同シク又二人ナルトキハ其意思互ニ相反スル場合ニハ合議制ノ趣旨ヲ貫徹スルヲ得ス故ニ本條第一項ハ初メヨリ定員ノ過半數ニ當ル委員出席スルニ非サレハ決議スルコトヲ得スト定メタリ即チ定員五人ナルヲ以テ其過半數ニ當ル三人ノ委員出席スルニ非サレハ決議スルヲ得サルモノトス但シ此ノ場合ニ於ケル三名ノ委員中ニハ會長ヲモ包含スルハ勿論ナリ

議事ノ採決方法ハ多數決ナリトス即チ出席員ノ多數ヲ以テ決スルモノトス若シ可否同數ナルトキハ會長ノ決スル所ニ依ル是レ亦一般會議ノ通例ナリトス

第十二條　審査委員ハ自己又ハ自己ノ親族ノ相續ニ關スル審査ノ議事ニ與ルコトヲ得ス

本條ハ議決權行使ノ制限ニ關ス審査委員ハ自己又ハ自己ノ親族ノ相續ニ關スル審査ノ議事ニ關與スルヲ得ス蓋シ自己又ハ親族ノ利益ヲ望ムハ人情ノ免ル能ハ

サル所ナリ従テ若シ之ヲシテ其議事ニ參與セシムルハ自ラ訴ヘテ自ラ判斷ヲ與フルト同シク到底審査ノ公平ヲ期待スル能ハサレハナリ利害關係者ヲシテ其議事ニ關與セシメサルハ當然ナリトス

第十三條　稅務署長又ハ其ノ代理官ハ審査委員會ニ出席シテ意見ヲ陳述スルコトヲ得

本條ハ稅務署長又ハ其代理官ノ審査委員會ニ於ケル權限ヲ規定セリ稅務署長及其代理官ハ審査委員ニ非サルカ故ニ委員會ニ出席シテ議決權ヲ行フ能ハサルハ勿論ナリト雖モ稅務署長及其代理官ハ固ト相續稅ノ課稅價格決定ヲ爲シタルモノナレハ委員會ニ出席シテ其決定ノ理由ヲ說明スルハ必要ノ順序ナルノミナラス事實上並ニ法律上ノ意見ヲ陳述セシメ以テ審査委員ノ判斷ノ資料ト爲ストキハ公正ナル議決ヲ得ルニ便利ナリトス是當該署長又ハ其代理官ヲシテ意見ヲ陳述スルノ機會ヲ與フル所以ナリ但シ出席シテ意見ヲ述フルト否ト又其意見ヲ採用スルト否トハ全ク自由ナルヲ以テ互ニ權限ヲ侵スノ虞ナキナリ

第十四條　相續人二人以上ナル場合ニ於テ相續稅納付前相續財產ノ分割ヲ爲スモ相續稅ハ各相續人連帶シテ之ヲ納付スルコトヲ要ス

本條ハ共同相續卽チ遺產相續ノ場合ニ二人以上ノ相續人アルトキ各相續人ノ納稅義務ハ其相續分ニ應シ分割スヘキヤ否ヤヲ定メタルモノナリ
我相續稅法ハ相續財產全部ヲ直接ニ課稅ノ目的ト爲スモノナルコトハ先キニ主法ノ註解ヲ爲スニ當リ屢々說明セシ所ナリ本條ハ此ノ意味ヲ明ニシ各相續人ハ相續稅納付前相續財產ノ分割ヲ爲スモ相續稅ハ各相續人連帶シテ全部ノ財產ニ對スル相續稅ヲ納付セサルヘカラスト爲セリ（民法第千二條ニ依レハ遺產相續人數人アルトキハ相續財產ハ其共有ニ屬ストアリ而シテ同法第千十條ニ依リ被相續人カ遺言ヲ以テ分割ノ方法ヲ定メサル限リ各相續人ハ隨意ニ相互ノ契約ヲ以テ分割ヲ爲スコト自由ナリトス）

第十五條　相續稅ノ年賦延納ヲ求メントスル者ハ擔保ノ種類及延納期間ヲ記シ相續稅法第十七條ノ期間內ニ所轄稅

務署ニ出願スヘシ

本條ハ年賦延納ヲ求ムルノ手續ヲ定メタルモノナリ

相續稅ノ年賦延納ヲ求メントスルニハ擔保ノ種類及延納期間ヲ記載シ相續稅法第十七條ノ期間內卽チ課稅價格決定ノ通知ヲ受ケタル日以後二十日內ニ（出願者帝國內ニ住所ヲ有セサルトキハ三个月以內）所轄稅務署ニ出願スヘキモノトス

提供スヘキ擔保ノ種類ハ次條ニ定ムル所ノモノナラサルヘカラス又延納期間ハ三年以內ナレハ隨意ニ二年內若クハ一年內ニ完納スヘキコトヲ求ムルモ自由ナリ唯一年內ヲ數期ニ分チテ分納ヲ求ムルハ法ノ許サヽル所ナルハ前ニ主法ニ於テ述ヘタルカ如シ

左ニ出願ニ關スル記載例ヲ示サン

相續稅金年賦延納願

何府縣市郡町村番地

被相續人何某相續人（又ハ遺言執行者相續財產管理人）

何　之　誰

右ハ明治何年何月何日相續稅金納付ノ告知ヲ受ケ候處何年間ニ分納致度就テハ左記擔保ヲ提供可仕候間御許可相成度此段願上候也

年　月　日　　右　何　某

何稅務署長宛

一、何々證券額面何圓　但別紙供託受領書ノ通

（有價證券ハ供託所ニ供託シ其受領證ヲ添付スヘキモノトス（第十七條參照））

一、田（又ハ畑）何反何畝步　此價格金何圓

但何々所在　地價金何圓

一、家屋　木造平家何十坪　此價格金何圓

但何々所在

一、保證人何府縣市郡町村番地何某

（右ノ内一若クハ二以上ノ擔保ヲ提供スルト將タ一ノミヲ提供スルトハ隨意ナリ唯稅金額ヲ擔保スルノ價値アレハ一ノミニテ充分ナリ）

第十六條　擔保ノ種類ハ左ニ揭クルモノニ限ル

一　稅務署長ニ於テ確實ト認ムル有價證券
二　土地
三　建物
四　稅務署長ニ於テ納稅保證ニ堪ユル資力アリト認ムル保證人

本條ハ擔保ノ確實ヲ期スルカ爲メ其種類ヲ限定セリ理論上ヨリセハ總テ有價物ハ擔保力ナキニアラスト雖モ損廢シ易キ物其他保管ニ不便ナルモノヽ如キハ永日月間ノ擔保ニ適當ナルモノニアラス故ニ本條ハ左ノ種類ノモノニ限ルト制限ヲ爲シタルナリ

一、稅務署長ニ於テ確實ト認ムル有價證券

有價證券ノ意義ヲ定ムルハ頗ル困難ナリト雖モ通說トシテハ證券ニ表示セラルヽ權利ノ利用ト證券ノ占有トハ法律上分離スヘカラサル證券ヲ指稱スルモノトス

卽チ有價證券トハ證券其物カ恰モ一般ノ物品ト同シク價格ヲ有スルカ如ク看做サルルモノヲ謂フ論理的ニ說明セハ證券其物ハ本來何等ノ價値アルモノニアラスシテ證券ニ依テ表彰セラルヽ權利カ財產上ノ價値ヲ有スルモノナリ然レトモ所謂有價證券ナルモノハ權利ノ行使ニ證券ノ存在ヲ必要トシ且ツ其權利ノ移轉ニ債務者ノ承諾又ハ通知ヲ要セス證券ノ讓渡ハ直ニ權利移轉ノ效果ヲ生スルモノナルカ故證券自身ニ價値アルカ如ク看做サルヽニ至ルモノナリ普通ノ債權證書ノ如キモ或ル意味ニ於テハ固ヨリ有價證券ト謂ヒ得サルニアラスト雖モ證書其物ハ單純ニ債權ノ存在ヲ證明スルノ用ニ供セラルヽニ過キスシテ有價證券ノ如ク權利ノ行使ニ證券ノ占有ヲ要素トシ權利ノ移轉ニハ必ス證券ノ引渡ヲ爲サヽルヘカラサルモノト同樣證券其物ニ價値アリト謂フハ一般ノ否定スル所タリ

之ヲ要スルニ有價證券トハ證券ニ依リテ表示セラルヽ權利ノ利用ニ必ス證券ノ占有ヲ必要トスルモノヲ謂フ故ニ有價證券タルカ爲ニハ必スシモ無記名式若クハ指圖式證券タルヲ要セス例ヘハ記名式株券ノ如キモ利益配當ヲ受クル

ノ權又ハ會社解散ノ場合ニ其殘餘財産ノ分配ヲ受クルノ權ヲ行ハンニハ株券ノ占有ヲ必要トスルカ故有價證券ノ一ナリト謂ハサルヘカラス有價證券ハ轉輾流通ヲ目的トスルカ故世人之ヲ流通證券トモ稱ス

今試ニ有價證券ノ種類ヲ示セハ爲替手形、約束手形、小切手、銀行預金證券、銀行送金手形、各種ノ公債（國債タルト地方債タルトヲ問ハス）大藏省證券、會社ノ株券、社債券、貨物引換證券（運送人カ荷送人ノ請求ニ因リ交付スルモノ商法第三百三十三條）倉庫證券（倉庫營業者カ寄託者ノ請求ニ因リ發スル預證券及質入證券商法第三百五十八條）船荷證券（船長カ備船者又ハ荷送人ノ請求ニ因リ交付スルモノ商法第六百二十條）等ノ如キ是ナリ

右諸種ノ有價證券中銀行預金證券ニ關シテハ注意ヲ要スルモノアリ即チ單純ニ銀行ニ於テ預リタル證據トシテ交付スルモノヽ如キハ一般普通ノ證明的證書ニ過キスシテ之ヲ以テ有價證券ト謂フヲ得サルハ勿論ナリ只多クノ銀行預金證券ハ「某又ハ證書ノ所持人」ニ支拂フヘキ旨ノ記載アルニ因リテ余輩之ヲ有價證券中ニ數ヘタル所以ナリ故ニ總テ銀行預金證券ハ有價證券ナリト速斷スルヲ得ス實質ニ依リテ判斷スヘキナリ

有價證券ハ總テ擔保トシテ提供シ得ヘキヤト謂フニ將ニ破産ニ瀕セントスル

會社ノ株劵ノ如キ或ハ信用ナキ者ノ振出、裏書ニ係ル手形ノ如キハ確實ナル擔保力アリト謂フヲ得サルヘシ如何ナルモノハ確實ナルヤ公債等ヲ除ク外ハ殆ト豫メ指定シ難キモノナリト謂フヘシ故ニ本號ハ稅務署長ニ於テ確實ト認ムルモノアラサレハ之ヲ否認シ得ルコトヽ爲シ其確實ナルヤ否ヤハ署長ノ判斷ニ任シタリ

二、土地

田、畑、宅地、山林タルヲ問ハス

三、建物

家屋倉庫其他ノ建造物ヲ包含ス

四、稅務署長ニ於テ納稅保證ニ堪ユル資力アリト認ムル保證人

前三號ハ學者ノ所謂物的擔保ト稱スルモノニシテ本號ハ之ト相對スル人的擔保卽チ保證人ニ關ス

保證人ノ何タルヤハ民法ノ規定ニ依リ定マル所ニシテ一言以テ之ヲ蔽ヘハ納稅義務者其義務ノ履行ヲ爲サヽルトキ自ラ其義務ヲ負フヘキ位地ニ立ツモノ

ヲ謂フ然リ而シテ保證人ノ義務ノ範圍ハ納税者ノ納ムヘキ税金額竝ニ納税義務不履行ヨリ生スル一切ノ費用卽チ督促費用若クハ滯納處分費等ヲ包含スルモノトス此ノ如ク保證人ハ納税義務者カ其義務不履行ノ場合ニ代テ納税義務ノ履行ヲ爲スヘキ義務ヲ負フモノナレハ其義務履行ニ堪能ナル者ナラサルヘカラス若シ何人ニテモ可ナリトセハ保證人ハ單ニ一ノ形式タルニ過キスシテ擔保ノ目的ニ合ハサルナリ是本號ニ於テ税務署長カ納税保證ニ堪ユル資力アリト認ムル保證人ニ限ルトノ制限ヲ附シタル所以ナリ

第十七條　擔保トシテ有價證券ヲ提供セントスル者ハ之ヲ供託シ其ノ供託受領證ヲ提出スヘシ

擔保トシテ土地建物ヲ提供シタル者アルトキハ税務署長ハ抵當權ノ登記ヲ登記所ニ囑託スヘシ

本條ハ或ル種類ノ擔保物ニ關シ擔保提供ノ方法及其取扱ヲ規定ス

擔保トシテ有價證券ヲ提供セントスルニハ直接ニ其有價證券ヲ税務署ニ提供セ

スシテ先ツ之ヲ供託所ニ供託シ其供託受領證ヲ提供セサルヘカラス
供託ヲ爲スニハ明治三十二年法律第十五號供託法ノ規定ニ從ハサルヘカラス今
供託者ノ便ヲ謀リ供託法中必要ノ條項及供託ニ關スル大藏大臣ノ定メタル手續
ヲ示サン

供託法

第一條　法令ノ規定ニ依リテ供託スル金錢及有價證券ハ金庫ニ於テ之ヲ保管
ス

第二條　金庫ニ供託ヲ爲サント欲スル者ハ大藏大臣ノ定メタル書式ニ依リテ
供託書ヲ作リ供託物ニ添ヘテ之ヲ差出スコトヲ要ス

第四條　金庫ハ供託物ヲ受取ルヘキ者ノ請求ニ因リ供託ノ目的タル有價證券
ノ償還金、利息又ハ配當金ヲ受取リ供託物ニ代ヘ又ハ其從トシテ之ヲ保管ス

第八條　供託物ハ供託者カ指定シタル者又ハ法令若ハ裁判ニ依リテ定マリタ
ル者ニ之ヲ還付ス

第九條　供託者カ供託物ヲ受取ル權利ヲ有セサル者ヲ指定シタルトキハ其供

託ハ無效トス

右供託法第二條ニ依リ大藏大臣ノ定メタル書式左ノ如シ

明治三十二年三月大藏省令第六號供託物取扱規程

第三條　供託ヲ爲サントスル者ハ左ノ事項ヲ明示シタル第一號書式ノ供託書二通ヲ作リ之ニ供託物ヲ添ヘ金庫ヘ提出スヘシ

第一供託者ノ住所氏名

第二有價證券ノ種類、記號、番號、劵面額枚數（但シ全額拂込未濟ノモノハ劵面額ノ左側ニ其拂込濟額ヲ記入スルコトヲ要ス

第三供託ノ原因（事實ヲ詳記スルノ外利害關係人ノ法律上ノ位地及氏名）

第四供託スヘキ法令ノ條項

第五第六省略ス

第七官廳ニ對スル保證又ハ擔保トシテ供託スルトキハ其官廳名

（若シ金庫所在地ニ在ラサル者ハ郵便ニ依リ供託スルヲ得ルノ便アリ右供託物取扱規程第五條ニ「供託物ハ郵便ニ依リ寄託スルコトヲ得但シ金錢ヲ

ルトキハ「云々」ト）

第一號書式（用紙寸法美濃判）

供託證

府縣郡市町村番地

供託者　何　某

（第三者ニ於テ供託ヲ爲ストキハ供託者第三者ト記入スヘシ）

一　何々公債證書額面何圓也（何圓券第何番又ハ何第何番ヨリ何番マテ何枚以下之ニ同シ）

（金額拂込未濟ノモノハ其拂込額ヲ此ニ記入スルコトヲ要ス以下之ニ同シ）

但何年何月又ハ何期渡以降利札付

一　何銀行又ハ何會社株券額面何圓也（…………）

但…………

供託ノ原因　相續稅年賦延納許可出願ノ爲メ

供託スヘキ法令ノ條項　相續稅法第十七條相續稅法施行規則第十五條第十七條第一項

官廳名　何稅務署

右供託ス

年　月　日

右　何　某印

何金庫宛

（供託法第四條ニ依リ供託者カ供託物ノ利息及償還金ヲ請求スル場合ニ要スルモノ）

第二號書式

請求書（代供託ト附屬供託物トハ各別ニ請求書ヲ作ルヲ要ス）

一金何圓也（所得税法第三條ノ税額ヲ控除シ其ノ殘額ヲ記載スルモノトス）

何々公債證書（又ハ何銀行株券又ハ何會社株券）何圓何年何月（又ハ何期）渡利息（又ハ配當金）（又ハ何年何月償還金）何年何月何日第何號供託受領證ノ分

前記金額御受取相成度（又ハ別紙委任狀相添ヘ）請求候也

府縣郡市町村番地

年　月　日

何　某印

何金庫宛

以上ハ有價證券提供ノ方法ニ關ス若シ土地建物ヲ提供シタル者アルトキハ税務

署長ハ抵當權ノ登記ヲ登記所ニ囑託スヘキモノトス蓋シ登記ヲ爲サヽレハ第三者ニ對抗スルヲ得スシテ擔保ノ效力薄弱ナルカ故ナリ

第十八條　税務署長ニ於テ擔保物ノ價格減少シタリト認ムルトキ又ハ保證人ノ資力納税保證ニ堪ヘサルニ至リタリト認ムルトキハ增擔保ヲ提供セシメ又ハ保證人ヲ變換セシムルコトヲ得

本條ハ擔保ノ完全ナル效力ヲ維持センカ爲メ增擔保ノ方法ヲ規定シタルモノナリ

凡ソ物ノ價格ハ常ニ一定不變ナルモノニアラス例ヘハ有價證劵ニテモ某會社株劵ハ一時非常ノ價格ヲ有セシモ會社事業ノ失敗ニヨリ損失多クシテ利益ノ配當伴ハスンハ株劵ノ價格減少スヘキハ當然ナリ又土地建物ノ如キモノニアリテモ其物ノ形體ニ變化ヲ生スレハ自然ニ價格ニ影響ヲ及ホスヘシ例ヘハ肥沃ノ土地カ天災地變等ノ原因ニ依リ荒蕪地トナレハ其價格ハ減少シ家屋ノ如キ一部分ノ

損壞燒失等ニ依リテ價格ノ減少ヲ來タス等ハ最モ顯著ナル事實ナリ此ノ如ク直接ノ障害ニ出テサルモ時ノ經濟狀況如何ニ因リ例ヘハ通貨ノ縮少ニ因リ一般物價ノ低落スル等其他如何ナル原因ニ依ルトヲ問ハス稅務署長ニ於テ擔保物ノ價格減少シタリト認ムルトキハ擔保物ノ增加提供ヲ命シ若シ又保證人ノ資產減少シ稅金額ヲ擔保スルニ足ラスト認ムルトキハ更ニ適當ナル保證人ヲ立テシムルコトヲ得ルモノトセリ

第十九條　年賦延納金額ハ相續稅金額ヲ延納年間ニ平分シテ之ヲ定ム

本條ハ年賦延納稅金額ヲ定ムルノ方法ヲ規定ス即チ年々納付スヘキ稅金額ハ全相續稅金ヲ其許可シタル延納年間ニ平分シテ之ヲ定ムルモノトセリ故ニ例ヘハ相續稅金額一萬圓ニシテ三年間ノ延納トスレハ每一年ニ三千三百三十三圓三十三錢三厘餘トナル然レトモ明治三十五年法律第二十二號適用ノ結果各納期ニ於ケル稅額ニ錢位以下ノ端數ヲ生スルトキハ最初ノ納期ニ於テ其端數ヲ切上徵收

スヘキモノナルカ故ニ前例ニ於テハ第一年目ニ三千三百三十三圓三十四錢ヲ納付セシメ次年以後ニ三千三百三十三圓三十三錢ヲ納付スルコト、ナルヘシ
尙此ニ延納年間ノ起算點ヲ說明スヘシ卽チ三年ノ延納年限ハ何レノ時ヨリ起算スヘキヤ相續開始ノ日カ曰ク否課稅價格決定通知ノ日ヨリスヘキヤ曰ク否然ラハ延納出願ノ日ニ依ルヘキヤ曰ク是亦非ナリ余輩ハ延納許可ノ日ヨリ起算スヘキモノナリト信ス蓋シ相續稅ノ納期ハ法律上確定セルモノニ非スシテ租稅徵收ノ權限ヲ有スル稅務署長ノ隨時定ムル所ニ依ル從テ稅務署長ハ納期指定ノ權限ヲ有スルモノト謂フヘシ而シテ延納年限ハ一ノ納期タルヤ論ナキ所ナレハ其延納ヲ許ストノ處分ノ日ヨリ三年以内ナラサルヘカラサルハ當然ノ事理ナリトス其年限ノ計算ハ曆ニ從フヘキハ勿論ナリ

第二十條　增擔保ヲ提供スヘキ場合ニ於テ之ヲ提供セス又ハ保証人ヲ變換スヘキ場合ニ於テ之ヲ變換セサルトキハ稅務署長ハ年賦延納ノ許可ヲ取消シ稅金ヲ一時ニ徵收ス

ヘシ年賦延納金滯納ノ場合ニ於テモ亦同シ

本條ハ增擔保ノ命令ニ服從セス又ハ年賦延納稅金ヲ滯納シタル場合ニ如何ナル處分ヲ爲スヘキヤヲ定メタルモノナリ

第十八條ニ於テハ稅務署長ヲシテ擔保物ノ價格減少シ若ハ保證人ノ資力減退シタル場合ニ於テ增擔保ヲ命シ又ハ保證人ヲ變換セシムル命令ヲ發スルヲ得セシメ本條ハ若シ其命令ニ服從セサルトキハ之ヲ條件トシテ與ヘタル年賦延納ノ許可ヲ取消シ或ハ年賦延納金ヲ滯納シタル場合ニハ年賦延納許可ヲ取消シ之ト同時ニ未納稅金ヲ一時ニ徵收スヘキコトヲ命シ以テ租稅徵收ニ遺算ナキヲ期セリ

第二十一條　年賦延納ノ許可ヲ受ケタル者相續稅ヲ滯納シタルトキハ擔保物アルトキハ擔保物ヲ以テ其ノ稅金ニ充テ保證人アルトキハ保證人ニ通知シテ其ノ稅金ヲ納メシム

擔保物ヲ以テ稅金ニ充ツヘキ場合ニ於テハ之ヲ公賣ニ付

シ相續稅及公賣ノ費用ニ充テ不足アルトキハ之ヲ追徵シ殘餘アルトキハ之ヲ還付ス
保證人ニ於テ稅金ヲ完納セサルトキハ納稅者ニ對シ滯納處分ヲ行ヒ仍稅金ノ不足アルトキハ保證人ニ對シ滯納處分ヲ行フ

本條ハ年賦延納ノ許可ヲ受ケタル者滯納シタル場合ニ於テ稅金徵收ノ順序方法ヲ定メタリ
卽チ此ノ場合ニ於テ擔保物ノ提供アルトキハ擔保物ヲ以テ公賣ニ充テ又保證人アルトキハ保證人ニ通知シテ其稅金ヲ納メシムルモノトス
右擔保物ヲ以テ稅金ニ充ツヘキ場合ニ於テハ其擔保物ヲ公賣ニ付シ其賣得金ヲ以テ相續稅及公賣ノ費用ニ充テ尙不足アルトキハ納稅義務者ヨリ其不足部分ヲ追徵シ殘餘ヲ生シタルトキハ擔保物提供者ニ之ヲ還付スヘキモノトス故ニ若シ擔保物ニシテ第三者ノ提供ニ係ルトキハ其殘餘ハ第三者ニ還付スヘキヲ當然ト

ス
以上ノ場合ニ於テ若シ同時ニ擔保物及保證人アルトキハ如何ニスヘキヤ本條第一項ヲ以テ直ニ本問ヲ決スルヲ得スト雖モ第三項ノ趣旨ヨリスルモ先ツ擔保物ヲ公賣ニ付シ稅金ニ充テ不足アルトキハ其不足稅金ヲ保證人ニ通知シテ納稅セシムルヲ可トス而シテ若シ保證人之ヲ完納セサルトキハ納稅者ニ對シ滯納處分ヲ行ヒ仍稅金ノ不足アルトキ保證人ニ對シ滯納處分ヲ行フモノトス蓋シ私法上ノ義務ニ對スル保證人ハ民法第四百五十二條第四百五十三條ニ依リ所謂檢索ノ抗辯權ナル利益ヲ付與セラルルト同シク本條ニ於テモ先ツ主タル納稅義務者ニ對シ滯納處分ヲ行ヒ全ク其無資力ナルコト判明セシ上更ニ保證人ニ對シ直接强制處分ヲ行フモノトセリ本條第三項ハ此ノ旨ヲ規定シタルモノナリトス
本條第三項ニ所謂納稅者トハ何人ヲ指スモノナルカ是余輩カ主法ニ於テ屢々說明シタルカ如ク相續人ヲ謂フモノトス故ニ遺言執行者、相續財產管理人ハ事實上納稅手續ヲ爲スモ納稅義務主體ニ非サルカ故ニ滯納處分ノ執行ヲ爲ス能ハサルモノト知ルヘシ

第二十二條　年賦延納ノ許可ヲ受ケタル者相續稅ヲ完納シタルトキハ稅務署長ハ擔保解除ノ手續ヲ爲スヘシ

本條ハ擔保ノ解除ニ關ス年賦延納ノ許可ヲ受ケタル者既ニ相續稅ヲ完納シタルトキハ擔保ノ要ナキノミナラス理論上主タル納稅義務ノ消滅セシ以上ハ擔保權モ亦當然消滅ニ歸スヘキモノナレハ稅務署長ハ直ニ擔保解除ノ手續ヲ爲スヘキモノトス

年賦延納ノ許可ヲ受ケタル者ハ其延納年間ニ納稅義務ヲ盡セハ足ルモノナリト雖モ若シ自己ノ便宜ニ基キ一時ニ完納シ得ルトキハ縱令明文ナシト雖モ一時ニ納稅シテ其義務ヲ完フスルヲ得ヘキハ勿論ナリ

第二十三條　相續人遺言執行者又ハ相續財產管理人相續稅法第十一條ニ依ル書類ヲ期限迄ニ提出セサルトキハ所轄稅務署長ハ期間ヲ定メテ之ヲ催告スヘシ

前項ノ期間內ニ書類ヲ提出セサルトキハ所轄稅務署長ハ

其ノ認ムル所ニ依リ課税價格ヲ決定スヘシ

本條ハ相續税法第十一條ニ依リ書類ヲ提出スヘキ義務アル者其義務ヲ盡サヽル場合ニ處スヘキ方法ヲ規定セリ

相續税法第十一條ニ依レハ相續人遺言執行者相續財産管理人ハ一定ノ期間内ニ一定ノ事實ヲ記載シタル書面ヲ提出スヘキ義務ヲ負フモノトス然ルニ若シ是等ノ者其義務ヲ履行セサルトキハ税務署長ハ相當ノ期間ヲ定メテ之ヲ催告スヘキモノトス其催告ヲ爲サシムルハ元是義務者ノ怠慢ニハ相違ナキモ全ク過失ニ依リ書類ノ提出ヲ忘却スルコトナキニアラス故ニ豫メ注意的ニ催告ヲ爲サシムルコトニ爲セリ

而シテ尚此催告ニ應セス税務署長ノ指定シタル期間内ニ書類ヲ提出セサルトキハ止ムヲ得ス税務署長ノ認定ニ依リ課税價格ヲ決定スヘキモノトス此ノ場合ニ於テ若シ甚シキ怠慢ニ因リ書類ヲ提出セサルモノナルトキハ相續税法第二十二條第三項ニ依リ催告費用及税金ノ十分ノ一ニ相當スル過怠金ヲ徴收セラルヽコ

トアルヘキハ主法ニ於テ既ニ說明セシ所ナリ

附則

本令ハ明治三十八年四月一日ヨリ之ヲ施行ス

主法タル相續稅法ノ施行ハ明治三十八年四月一日ナルカ故之カ運用ヲ趣旨トスル助法ノ同一期日ヨリ施行スヘキモノトスルハ當然ナリ

稅額算出便覽表

(一) 家督相續

課稅價格	相續財産額	相續人カ被相續人ノ家族タル直系卑族ナルトキ 稅率	同 相續財産額ニ對スル稅額	同 最多額ニ對スル稅額	相續人カ被相續人ノ指定シタル者民法第九百八十二條ニ依リ選定セラレタル者被相續人ノ家族タル直系尊屬又ハ入夫ナルトキ 稅率	同 相續財産額ニ對スル稅額	同 最多額ニ對スル稅額	相續人カ民法第九百八十五條ニ依リ選定セラレタル者ナルトキ 稅率	同 相續財産額ニ對スル稅額	同 最多額ニ對スル稅額
五千圓以下ノ金額	二、一四〇円	千分ノ十二	二六円	六〇円	千分ノ十五	三二円	七五円	千分ノ二十	四三円	一〇〇円
五千圓ヲ超ユル金額	七、八三七	仝 十五	一〇三	一三五	仝 十七	一二三	一六〇	仝 廿五	一七一	二二五
一萬圓ヲ超ユル金額	一四、六二三	仝 十七	二一三	三〇五	仝 二十	二五二	三六〇	仝 三十	三六四	五二五
二萬圓ヲ超ユル金額	二二、七五八	仝 二十	三六〇	五〇五	仝 廿五	四二九	六一〇	仝 卅五	六二二	八七五

三萬圓ヲ超ユル金額	三一、〇三八	仝　廿五	五三一	七五五	仝　三十	六四一	九一〇	仝　四十	九一七	一、二七五
四萬圓ヲ超ユル金額	四一、三八九	仝　三十	七九七	一、〇五五	仝　卅五	九五九	一、二六〇	仝　四十五	一、三三八	一、七二五
五萬圓ヲ超ユル金額	五六、五八五	仝　卅五	一、二八五	一、七五五	仝　四十	一、五三三	二、〇六〇	仝　五十	二、〇五四	二、七二五
七萬圓ヲ超ユル金額	七九、三二八	仝　四十	二、一三四	二、九五五	仝　四十五	二、四七五	三、四一〇	仝　五十五	三、二三三	四、三七五
十萬圓ヲ超ユル金額	一二八、〇六九	仝　四十五	三、七六八	五、二〇五	仝　五十	四、三二三	五、九一〇	仝　六十	五、四四九	七、三七五
十五萬圓ヲ超ユル金額	一七一、二五一	仝　五十	六、五六八	七、七〇五	仝　五十五	七、四〇九	八、六六〇	仝　六十五	九、一四六	一〇、六二五
廿萬圓ヲ超ユル金額	二三四、四三三	仝　五十五	九、五九八	一〇、四五五	仝　六十	一〇、七二五	一一、六六〇	仝　七十	一三、〇二五	一四、一二五
廿五萬圓ヲ超ユル金額	二九三、〇三八	仝　六十	一三、〇三七	一三、四五五	仝　六十五	一四、四五七	一四、九一〇	仝　七十五	一七、三五三	一七、八七五
三十萬圓ヲ超ユル金額	—	仝　六十五	—	一六、七〇五	仝　七十	—	一八、四一〇	仝　八十	—	二一、八七五
卅五萬圓ヲ超ユル金額	三五三、七四三	仝　七十	一六、八九七	二〇、二〇五	仝　七十五	二一、六一六	二二、一六〇	仝　八十五	二二、一〇七	二六、一二五
四十萬圓ヲ超ユル金額	—	仝　七十五	—	二三、九五五	仝　八十	—	二六、一六〇	仝　九十	—	三〇、六二五
四十五萬圓ヲ超ユル金額	四七五、四三五	仝　八十	二五、九九〇	二七、九五五	仝　八十五	二八、三三三	三〇、四一〇	仝　九十五	三三、〇四一	三五、三七五
五十萬圓ヲ超ユル金額	—	仝　八十五	—	三二、二〇五	仝　九十	—	三四、九一〇	仝　百	—	四〇、三七五
五十五萬圓ヲ超ユル金額	五九四、二九三	仝　九十	三六、一九二	三六、七〇五	仝　九十五	三九、一二八	三九、六六〇	仝　百五	四五、〇三六	四五、六二五
六十萬圓ヲ超ユル金額	—	仝　九十五	—	四一、四五五	仝　百	—	四四、六六〇	仝　百十	—	五一、一二五
六十五萬圓ヲ超ユル金額	七〇〇、〇〇〇	仝　百	四六、四三五	四六、四五五	仝　百五	四五、一八五	四五、一八五	仝　百十五	五六、八七五	五六、八七五
七十萬圓ヲ超ユル金額	—	仝　百五	—	五一、七〇五	仝　百十	—	五〇、六六五	仝　百廿	—	六二、八七五

七十五萬圓ヲ超ユル金額	—	仝 百十	—	五七、二〇五	仝 百十五	—	五六、四三五	仝 百廿五	—	六九、一三五
八十萬圓ヲ超ユル金額	—	仝 百十五	—	六二、九五五	仝 百廿	—	六二、四三五	仝 百卅	—	七五、六三五
八十五萬圓ヲ超ユル金額	—	仝 百二十	—	六八、九五五	仝 百廿五	—	六八、六八五	仝 百卅五	—	八二、三七五
九十萬圓ヲ超ユル金額	—	仝 百廿五	—	七五、二〇五	仝 百卅	—	七五、一八五	仝 百四十	—	八九、三七五
九十五萬圓ヲ超ユル金額	—	仝 百卅	—	八一、七〇五	仝 百卅五	—	八一、九三五	仝 百四十五	—	九六、六二五
百萬圓ヲ超ユル金額	三、五七八、五七二	仝 百卅五	四三九、八二三	—	仝 百四十	四四三、九三五	—	仝 百五十	四八三、四二一	—

(二) 遺產相續

		相續人カ被相續人ノ直系卑屬ナルトキ			相續人カ配偶者又ハ直系尊屬ナルトキ			相續人カ其他ノ者ナルトキ		
		稅率	最多額ニ對スル稅額		稅率	最多額ニ對スル稅額		稅率	最多額ニ對スル稅額	
千圓以下	六八〇円	千分ノ十五	一〇円	一五円	千分ノ十七	三円	一七円	千分ノ廿五	一七円	二五円
千圓ヲ超ユル金額	二、一四〇	仝 十七	二四	八三	仝 二十	四〇	九七	仝 三十	五九	一四五
五千圓ヲ超ユル金額	七、八三七	仝 二十	一四〇	一八三	仝 廿五	一六八	二二二	仝 卅五	二四四	三二〇
一萬圓ヲ超ユル金額	一四、六二三	仝 廿五	二九八	四三三	仝 三十	三六〇	五二二	仝 四十	五〇五	七二〇
二萬圓ヲ超ユル金額	二三、七五八	仝 三十	五一六	七三三	仝 卅五	六一九	八七二	仝 四十五	八四四	一、〇七〇
三萬圓ヲ超ユル金額	三一、〇三八	仝 卅五	七六九	一、〇八三	仝 四十	九一四	一、二七二	仝 五十	一、一一三	一、五七〇
四萬圓ヲ超ユル金額	四一、三六九	仝 四十	一、一三九	一、四八三	仝 四十五	一、三三五	一、七二二	仝 五十五	一、六四四	二、一二〇
五萬圓ヲ超ユル金額	五六、五八五	仝 四十五	一、七七九	二、三八三	仝 五十	二、〇五一	二、七二二	仝 六十	二、五一五	三、三二〇

七萬圓ヲ超ユル金額	七九、三八〇	全五十	二、八四四	三、八八三	全五十五	三、二三〇	四、三七三	全六十五	三、九二〇	五、二七〇
十萬圓ヲ超ユル金額	一一八、〇六九	全五十五	四、八七七	六、六三三	全六十	五、四五六	七、三七三	全七十	六、五三五	八、七七〇
十五萬圓ヲ超ユル金額	一七七、三五二	全六十	八、二六八	九、六三三	全六十五	九、一四三	一〇、六三三	全七十五	一〇、八二四	一二、五二〇
二十萬圓ヲ超ユル金額	二三四、四三三	全六十五	一一、八七〇	一二、八八三	全七十	一三、一六三	一四、一三三	全八十	一五、二七四	一六、五二〇
廿五萬圓ヲ超ユル金額	二九三、〇三八	全七十	一五、八九五	一六、三八三	全七十五	一七、三四九	一七、八七三	全八十五	二〇、一一七	二〇、七七〇
三十萬圓ヲ超ユル金額	—	全七十五	—	二〇、一三三	全八十	—	二一、八七三	全九十	—	二五、二七〇
三十五萬圓ヲ超ユル金額	三五二、七四三	全八十	二〇、三五三	二四、一三三	全八十五	二二、〇六五	二六、一三三	全九十五	二五、五三〇	三〇、〇二〇
四十萬圓ヲ超ユル金額	—	全八十五	—	二八、三八三	全九十	—	三〇、六三三	全百	—	三五、〇二〇
四十五萬圓ヲ超ユル金額	四七五、四三五	全九十	三〇、六七三	三二、八八三	全九十五	三三、〇三八	三五、三七三	全百五	三七、六九一	四〇、二七〇
五十萬圓ヲ超ユル金額	—	全九十五	—	三七、六三三	全百	—	四〇、三七三	全百十	—	四五、七七〇
五十五萬圓ヲ超ユル金額	五九四、二九三	全百	四二、〇六三	四二、六三三	全百五	四五、〇三三	四五、六三三	全百十五	五〇、八六四	五一、五二〇
六十萬圓ヲ超ユル金額	—	全百五	—	四七、八八三	全百十	—	五一、一七三	全百廿	—	五七、五二〇
六十五萬圓ヲ超ユル金額	七〇〇、〇〇〇	全百十	五三、三八三	五三、三八三	全百十五	五六、九三三	五六、九三三	全百廿五	六三、七七〇	六三、七七〇
七十萬圓ヲ超ユル金額	—	全百十五	—	五九、一三三	全百廿	—	六二、九三三	全百卅	—	七〇、二七〇
七十五萬圓ヲ超ユル金額	—	全百廿	—	六五、一三三	全百廿五	—	六九、一七三	全百卅五	—	七七、〇二〇
八十萬圓ヲ超ユル金額	—	全百廿五	—	七一、三八三	全百三十	—	七五、六七三	全百四十	—	八四、〇二〇
八十五萬圓ヲ超ユル金額	—	全百卅	—	七七、八八三	全百卅五	—	八二、四三三	全百四十五	—	九一、二七〇

九十萬圓ヲ超ユル金額	一	仝　百卅五	一	八四、六三三	仝　百四十	一	八九、四三三	仝　百五十	一	九八、七七〇
九十五萬圓ヲ超ユル金額	一	仝　百四十	一	九一、六三三	仝百四十五	一	九六、六七三	仝百五十五	一	一〇六、五三〇
百萬圓ヲ超ユル金額	三、五七八、五七二	仝百四十五	四六五、五三六	一	仝　百五十	四八三、四五八	一	仝　百六十	五一九、〇九一	一

備考

一　相續財産額及相續財産額ニ對スル稅額ハ參考ノ爲メ一例ヲ示シタルニ過キス卽チ例ヘハ相續財産額二千百四十圓ニシテ相續人カ被相續人ノ家族タル直系卑族ナルトキハ其稅額二十五圓六十八錢トナルカ如シ（本表ニ於テハ稅額ハ圓以下四捨五入法ヲ採リタル爲メ二十六圓ト爲セリ以下同シ）

二　最多額ニ對スル稅額トハ課稅價格五千圓以下ノ金額欄ニ於テハ其最上級タル五千圓ニ對スル稅額ヲ示シ「五千圓ヲ超ユル金額」欄ニ於テハ其最上級タル一萬圓ニ對スル稅額ヲ示シタルモノナリ

三　稅額算出ノ基礎トナルハ「最多額ニ對スル稅額」ニ在リ例ヘハ今此ニ家督相續開始シ相續人カ被相續人ノ直系卑族ニシテ相續財産額二萬二千七百五十八圓ナリトセハ二萬圓ニ對スル稅額ハ既ニ三百五圓ナルヲ知ルヲ以テ直ニ二千七百五十八圓ニ其稅率千分ノ廿（二萬圓ヲ超ユル金額ナルヲ以テ）ヲ乘シテ得タル數五十五圓十六錢ヲ之ニ加フレハ二萬二千七百五十八圓ニ對スル稅額三百六十圓十六錢ヲ得ヘシ（但シ本表ニ於テハ四捨五入ノ結果三百六十圓ト爲ス）

四　右ノ方法ニ依ルトキハ多額ナル課稅價格例ヘハ六十八萬七千五百圓ト謂フ如キ場合ニ於テモ六十五萬圓ニ對スル稅額ハ本表中課稅價格「六十萬圓ヲ超ユル金額」欄ヲ見ルトキハ其稅額四萬千四百五十五圓ナルヲ知ルヲ以テ直ニ三萬七千五百圓ニ其稅率千分ノ百（六十五萬圓ヲ超ユル金額ナルヲ以テ）ヲ乘シテ得タル數三千七百五十圓ヲ加フレハ六十八萬七千五百圓ニ對スル稅額ハ四

萬五千二百五圓ナルヲ知ルコトヲ得ヘシ以テ五千圓ヨリ六十五萬圓ニ至ル間ノ各級ノ稅額ヲ算出スルノ煩ヲ避クルヲ得ヘキナリ

五　相續及相續人ノ種類ニ從ヒ各相當欄ニ依リ前項ノ如クセハ一間ノ算出ヲ以テ容易ニ數千萬圓ノ課稅價格ニ對スル稅金額ヲ求ムルコトヲ得

第四編　餘論

第一章　國家ノ進步ト租稅ノ增加

萬邦海ヲ隔テ東西ニ對峙シ列國山ヲ跨テ南北ニ割據シ互ニ自己ノ獨立ヲ鞏固ニシ競フテ國力ノ發展ヲ期圖スルハ今昔相同シク將來亦當ニ然ルヘキハ識者ヲ待テ後知ルヘキニアラサルナリ然ラハ國家ハ如何ニシテ自己ノ獨立ヲ鞏固ニシ國力ノ發展ヲ期圖スヘキカ是レ宜シク經世家ノ論究スヘキ任務ニシテ余輩ノ與リ知ル所ニアラス只余輩ノ此ニ言ハントスルモノハ國運ノ進步發達ハ必スヤ國費ノ膨脹ヲ來タシ國費ノ增加ハ國民ノ租稅負擔ヲシテ愈々重カラシムル所以ナルヲ悟了セサルヘカラサルコトナリトス

更ニ此理ヲ詳說セハ國家ハ外ニ對シテ獨立ヲ主張シ國威ヲ保持スルカ爲ニハ兵器軍備ノ充實ヲ謀ラサルヘカラス臣民ノ利權ヲ保護シ國際ノ交涉ヲ處理スルカ爲ニハ外交機關ノ設備ヲ完カラシメサルヘカラス內ニ在リテ民智ヲ啓發セシメンカ爲ニハ敎育ノ道ヲ講セサルヘカラス國民ヲ健全ナラシメンカ爲ニハ衞生ノ

ノ策ヲ廻ラサヽルヘカラス安寧ヲ維持スルカ爲ニハ警察制度ノ完備ヲ要セサルヘカラス經濟ヲ發達セシムルカ爲ニハ交通機關ノ整備ヲ期セサルヘカラス是等百般制度ノ維持整頓ハ總テ財力ニ是レ依ラサルヲ得ス而シテ文明ノ進歩ハ國家事業ヲシテ愈々益々繁多ナラシムルモノトス是レ余ノ國運ノ進歩發達ハ必ス國費ノ膨脹ヲ來タササルヲ得スト謂フ所以ナリ日進月歩ノ我國カ其ノ經過時代ニ於テ年々歳出ノ増加ヲ見ル豈怪ムニ足ランヤ今試ニ明治元年ヨリ同三十五年ニ至ル歳入出ノ統計ヲ示サン(明治財政史第三巻一六五頁以下)

第一期　自慶應三年十二月至明治元年十二月

歳入　三三、〇八九、三一三円　歳出　三〇、五〇五、〇八五円

第二期　自明治二年一月至同年九月

同　三四、四三八、四〇四　同　二〇、七八五、八三九

第三期　自明治二年十月至同三年九月

同　二〇、九五九、四九九　同　二〇、一〇七、六七二

第四期　自明治三年十月至四年九月

歳入　二二、一四四、五九七円　歳出　一九、二三五、一五八円

第五期　自明治四年十月至同五年十二月

同　五〇、四四五、一七二　同　五七、七三〇、〇二四

慶應三年十二月ヨリ明治五年末ニ至ル五ヶ年間ハ國家ノ歳計ヲ豫算スルノ制度未タ備ハラサリシヲ以テ此間ニハ豫算決算ヲ對照シ以テ其歳入出ノ狀況ヲ明示スルニ由ナシ故ニ今明治十二年大藏卿大隈重信ノ編成セシ八期間決算報告書ニ依據シ以テ其各期間ニ於ケル收支ノ大要ヲ敍スルニ止メントス

歳計ニ豫算アリ決算アルニ至リタルハ第六期即明治六年以降ノコトナリトス本邦豫算制度ノ濫觴ハ明治六年六月太政官番外達ヲ以テ公布シタル明治六年歳入出見込會計表ニ在リ蓋シ此歳入出見込會計表ナルモノハ其目的主トシテ當時我國政府ノ會計安固ニシテ毫モ憂慮スルニ足ラサルコトヲ中外ニ公示スルニ在リシト雖モ亦之ヲ各官廳ニ布達シ此ニ據テ收支ヲ爲サシメントスルニ在リキ是ヲ以テ爾後各官廳ハ此表ニ倣ヒテ毎年見込會計表ナルモノヲ調製スルコトヽナリタリ以下明治六年一月ヨリ八年六月ニ至ル二个年半ノ間ニ於ケ

ル歳出ノ收支ヲ示サン

第六期　自明治六年一月至同年十二月

歳入　八五、五〇七、二四四円　歳出　六二、六七八、六〇〇円

第七期　自明治七年一月至同年十二月

仝　七三、四四五、五四三　仝上　八二、二六九、五二八円

第八期　自明治八年一月至同八年六月

仝　八六、三二一、〇七七　仝上　八六、三二一、〇七七円

第八期ノ歳計ハ明治八年一月ヨリ六月ニ至ル六ヶ月間ノ收支ヲ計算シタルモノニシテ是實ニ明治七年十月大政官達ヲ以テ從來歳入歳出ノ暦年ニ依リ整理セルモノヲ改メテ甲年七月ヨリ乙年六月ニ至ル迄ヲ一會計年度ト定メ明治八年七月ヨリ此年度ニ據ルコトト爲セシヲ以テナリ

明治八年度

歳入　六九、四八二、六七六円　歳出　六九、二〇三、二四二円

仝　九年度

仝　五九、四八一、〇三六　仝　五九、三〇八、九五六

仝　十年度

仝　五二、三三八、一三二　仝　四八、四二八、三二四

（參考ノ爲西南ノ役ニ於ケル征討費ヲ擧クレハ三五、二九五、五八〇円）

仝　十一年度

仝　六二、四四三、七四九　仝　六〇、九四一、三三五

仝　十二年度

仝　六二、一五一、七五一　仝　六〇、三一七、五七八

仝　十三年度

仝　六三、三六七、二五四　仝　六三、一四〇、八九六

仝　十四年度

仝　七一、四八九、八八〇　仝　七一、四六〇、三二〇

仝　十五年度

仝　七三、五〇八、四二七　仝　七三、四八〇、六六六

仝 十六年度			
歳入	八三、二〇六、八五八	歳出	八一、〇三〇、七〇〇
仝 十七年度			
仝	七六、六六九、六五三	仝	七六、六六三、一〇七
仝 十八年度			
仝	六二、一五六、八三四	仝	六一、一一五、三一三
仝 十九年度			
仝	八五、三二六、一四三	仝	八三、二二三、九五九
仝 二十年度			
仝	八八、一六一、〇七四	仝	七九、四五三、〇三六
仝 二十一年度			
仝	九二、九五六、九三三	仝	八一、五〇四、〇二四
仝 二十二年度			
仝	九六、六八七、九七九	仝	七九、七一三、六七六

仝　二十三年度
仝　一〇六、四六九、三五三　仝　八二、一二五、四〇三
仝　廿四年度
仝　一〇三、三三一、四八八　仝　八三、五五五、八九一
仝　廿五年度
仝　一〇一、四六一、九一一　仝　七六、七三四、七三九
仝　廿六年度
仝　一一三、七六九、三八〇　仝　八四、五八一、八七一
仝　廿七年度
仝　九八、一七〇、〇二八　仝　七八、一二八、六四二
仝　廿八年度
仝　一一八、四三二、七二〇　仝　八五、三一七、一七九
仝　廿九年度
仝　一八七、〇一九、四二三　仝　一六八、八五六、五〇八

年度	歳入	歳出
仝　三十年度	二二六、三九〇、一二三	二二三、六七八、八四四
仝　三十一年度	二二〇、〇五四、一二七	二一九、七五七、五六八
仝　三十二年度	二五四、二五四、五二四	二五四、一六五、五三七
仝　三十三年度	二九五、八五四、八六六	二九二、七五〇、〇五八
仝　三十四年度	二七四、三五九、〇四九	二六六、八五六、八二四
仝　三十五年度	二九四、九四九、三六二	二八九、二二六、七三〇

夫レ此ノ如ク尨大ナル國家ノ經費ハ如何ニシテ之ヲ支辨スヘキカ國有財産ノ管理ヨリ生スル收益ハ大海ニ於ケル一滴タルノミ個人トノ契約關係ヨリ生スル收

入（總テノ官業收入）ハ少カラストト雖モ是亦僅ニ國費ノ一部ヲ補フニ過キサルナリ公債ノ募集ハ急時ノ需要ヲ充タスニ適切ナリト雖モ何レノ時カ償還セサルヲ得ス結局之ヲ租稅强徵ノ方法ニ待タサルヘカラス是余ノ國運ノ進步發達ハ國費ノ膨脹ヲ來タシ國費ノ增加ハ復タ人民ノ租稅負擔ヲ大ナラシムト謂フ所以ナリ

第二章　租稅徵收權ノ範圍並其根據

抑モ國家ノ經濟ハ收入ノ範圍ニ於テ支出ノ方法ヲ立ツル個人經濟ト全ク其趣ヲ異ニシ先ツ所要ノ經費ヲ定メテ後收入ノ計畫ヲ立ツルモノナリ果シテ然ラハ國家ハ無限ニ人民ノ財產ヲ强徵スルヲ得ヘキカ若シ得ルトセハ如何ナル根據ニ基クヤ請フ順ヲ逐フテ左ニ詳論セン

夫レ國家ハ無限ノ權力ヲ有スルカ故ニ憲法其他法律ヲ以テ自ラ制限ヲ爲サヽル範圍ニ於テハ如何ナルコトヲモ爲シ得サルノ理由ナシ憲法第六十二條ヲ見ルニ「新ニ租稅ヲ課シ及稅率ヲ變更スルハ法律ヲ以テ之ヲ定ムヘシ」トアリ其他何等制限ノ規定存スルモノナキヲ以テ若シ議會ノ協贊ヲ得ハ國民ノ全財產ヲ擧ケテ國

家ノ經費ニ充テンドズルモ決シテ違憲違法ニ非サルナリ然レトモ是只法理上ノ決定タルノミ實際ニ之ヲ行ハントスレハ忽チ收入ノ根源ヲ失ヒ再ヒ租稅ノ徵收ヲ爲ス能ハサルニ至ル顧ミレハ往昔封建ノ代諸侯四方ニ割據シ一身一家ノ榮華ヲ貪ルカ爲ニ恣ニ人民ノ貢献ヲ强ヒ膏血ヲ絞ルモ尙ホ厭カサラントスル暴虐苛政ハ屢々人民ノ反抗ヲ來タシ竹槍席旗ノ騷亂ヲ惹起スルノ因ト爲リシハ歷史ノ證明スルトコロナリ立憲政體ノ下豈此ノ如キ虐政ヲ敢テスルモノナランヤ殊ニ輓近財政學ノ發達ハ租稅ニ關スル一般ノ主義原則ヲ確立シ財政々策ヲ行フニハ一定ノ法則ニ是レ依ラサルヘカラサルニ至リ濫ニ負擔ニ堪エサル重斂ヲ課セサルニ至リシハ吾人ノ幸福ナリト謂フヘシ今左ニ經濟學ノ泰斗英人アダムスミス氏ノ斷案ニ係ル租稅ニ關スル四大原則ヲ示サン

第一　國民ハ宜シク其資力ニ應シテ國家ノ經費ヲ負擔スヘシト（應能）後世學者ノ所謂租稅ハ公平ナラサルヘカラスト謂フ亦此意味ニ外ナラス蓋シ百萬ノ富ヲ有スル者ト十萬ノ資產ヲ有スル者ト共ニ同一額ノ租稅ヲ負擔ストセハ誰カ其不公平ヲ訴ヘサルモノアランＰ是レ比例稅ノ因テ起ル所以ナリ比例稅ハ卽チ課

税物件ノ多少ニ依リ納税義務額ヲ異ニスルモノナリ然ルニ更ニ進歩セル思想ニ依レハ或種ノ租税ニ在リテハ

(一)貧富負擔ノ苦痛ハ累進税ニ非サレハ平均セス例之富メル者ハ其所得ノ大半ヲ支出スルモ其生活ヲ害セサルノミナラス尚且ツ奢侈ヲ極ムルヲ得反之貧キ者ハ其所得ノ一割乃至其以下ヲ支出スルモ甚タ困難ヲ感スルニアラスヤ故ニ貧富其所得ニ對スル比例ヲ異ニスルニ非サレハ苦痛ノ平均ヲ達スルヲ得サルナリ(二)貧民ハ種々ナル租税ニ依リ富者ヨリ一層多クノ負擔ヲ爲スモノナリ現今文明諸國ニ於ケル租税ノ大部分ハ消費税ナリトス然ルニ消費税ハ富者ノ負擔ヨリ貧者ノ負擔スル額甚タ多シ何トナレハ社會ノ大部分ヲ占ムル者ハ富者ニ非ス貧者ナレハナリ故ニ之ヲ調和スル爲ニハ所得税ノ如キニ在リテハ累進税ヲ以テ富者ニ多クノ負擔ヲ課セサルヘカラス如此ニシテ初テ國民一般租税負擔ノ平等ヲ期スルヲ得ヘシト謂ヘリ所得税ニ累進税率ヲ課スルハ現今各國立法ノ殆ト一致スル所タリ而シテ累進税トハ所得ノ多少ニ依リ税率ヲ異ニスルモノヲ謂フ例之所得百分ノ一ヲ納税スヘシト謂フハ單純ナル比例税ナレトモ所得ノ等級ニ依リ其率ヲ

異ニシ千圓ノ所得アルモノハ百分ノ一千五百圓ノ所得アル者ハ百分ノ二ヲ納ムヘシト謂フハ累進稅ナリ夫レ如此ナルカ故ニ極端ニ此主義ヲ貫クトキハ稅率ノ等級ハ五分ヨリ一割ニ一割ヨリ二割三割ニ更ニ六割七割ニ順次累進スルカ故ニ所得額多クシテ十割ノ等級ニ達スルトキハ所得全躰ヲ奪フニ至ルノ結果ヲ生ス是レ累進稅ニハ所得額ノ或程度ニ於テ其稅率ノ增加ヲ停止スルノ要アル所以ナリ此短所アルト稅率ノ等級及比例ヲ定ムルニ專横放恣ニ流ルノ弊アルト最上ノ所得ト最下ノ所得ヲ免稅スルノ結果ヲ生スルトニ因リ今尙累進稅ニ反對スル學說立法ナキニ非スト雖モ世既ニ定論ノアルアリ余輩今之カ利害得失ヲ辯スルノ要ナシ只此ニ租稅ハ應能的ナラサルヘカラストノ原則ヲ示スニ止メントス

第二　租稅ハ宜ク正確ナラサルヘカラス專斷ニ陷ルヘカラス例之徵稅ノ時期方法及稅額ハ公明正大ニシテ豫メ一般納稅者ニ知ラシメサルヘカラスト(公正)現行租稅ノ賦課徵收ハ總テ法律ヲ以テ明ニ之ヲ規定スルモノ亦此理由ニ依ル之ニ依リ納稅者ハ豫メ備フル所アルカ故其便利タルヤ辯ヲ待タサルナリ

第三　租稅ノ徵收方法並ニ其時期ニ關シテハ努メテ納稅者ノ便利ヲ慮ラサルヘ

カラスト(簡易)

現行ノ租税法規ヲ見ルトキハ皆此主義ニ依レルコトヲ知ルヘシ本期議會ニ於テ所得税ノ納期ヲ細分シタルモ全ク納税者ノ便宜ヲ計リタルニ是因ル

第四　租税ヲ徴收スルニ際シテハ人民ノ納付スヘキ額ト國家ノ受クル額トハ大差ナカラシムルヲ要スルノミナラス人民ノ納付ヨリ實際國庫ノ收納ニ至ル間ハ極テ迅速ナラサルヘカラスト(節費)

若シ夫レ租税ノ徴收ニ大ナル費用ヲ要スルトキハ國家ハ豫期ノ收入ヲ得ル能ハスシテ其目的ヲ達スルヲ得ス又人民ノ納付ノ時ヨリ國家カ實際ニ收納スルニ至ルノ間永キ日時ヲ費ストキハ其間資本ノ運轉ヲ妨ケ唯リ國庫ノ不利益タルノミナラス同時ニ社會全般ノ經濟上ニモ少カラサル影響ヲ及スニ至ラン

以上ノ四原則ハ近世財政學ノ發達竝ニ租税制度ノ改善ニ與テ力アルモノタルヤ余輩ノ喋々ヲ俟タサル所ナリ「スミス」氏ノ功績豈ニ偉大ナラストセンヤ

此ノ他輓近財政學者ノ唱フル租税ハ(イ)一般的ナラサルヘカラス(ロ)重複スヘカラス(ハ)道徳ニ適合セサルヘカラス(例之骨牌ニ課税スルハ博奕ヲ公然是認奬勵スルモノナルカ故不可ナリトノ反對論ハ此ノ理由ヨリ來ル)

（ニ）産業社會ノ自然ノ發達ヲ阻害スヘカラス（ホ）收入ノ屈伸力ヲ有スルモノタルヲ要ス（屈伸力トハ毎年ノ收入一定不動ニアラスシテ國富ノ增進ニ伴フテ變動增加スルヲ意味ス消費税ノ如キ所得税ノ如キ相續税ノ如キ最モ屈伸力ヲ有スルモノト謂フヘシ現行地租ノ如キハ一定セル地價ヲ課税標準タルカ故ニ米價騰貴スルモ將タ收穫非常ノ增加ヲ見ルニ至ルモ若クハ金利下落スルニ至ルモ地租其物ニ增減ナク只荒蕪地ノ開墾等ニ依リ耕地ノ擴張セラルルノ外屈伸力ニ乏シキモノナリ）ト謂フカ如キ詳細ナル説明ハ財政學者ニ之ヲ讓リ茲ニ余輩ハ聊カ望洋ノ感ナキ能ハサルモ租税ノ徵收ハ其時代ニ於ケル人民ノ富ノ程度ニ相應スヘキモノナリトノ一語ヲ以テ答ヘント欲ス以下更ニ進テ租税徵收權ノ根據ニ論及スヘシ

租税徵收權ノ根據ハ一般命令權カ領土內ニ在ル總テノ內外人ニ及フト同一ノ理由ニ基ク換言セハ元首統治權ノ發動ニ是因ル臣民ハ國家ノ統治權ニ服從セサルヘカラサルカ故ニ其作用ノ一タル租税徵收ノ命令ニモ從ハサルヘカラサルハ言ヲ俟タサルナリ租税ヲ納ムルノ義務ハ獨リ臣民ノミナラス外國人モ條約若クハ國際禮讓（公使ノ租税免除ノ特權ト稱スルモノ）等ニ基ク例外ノ場合ノ外我帝國領土內ニ在ル間ハ之ヲ負擔セサルヘカラス現今横濱市ニ於ケル外人家屋税課税事件ノ國際問題ト爲リ仲裁々判ニ付セラレツツアルハ只條約解釋上ノ疑義ヲ決スルニ過キスシテ本

來租稅負擔ノ義務ナキヲ爭ハントスルニ非サルハ既ニ第一編ニ於テ說明シタル所ナリ
然リ而シテ此ニ所謂命令權トハ法律命令ニ對スル命令ノ意味ニ非ス即チ國家ノ總テノ權力發動ヲ意味スルモノトス凡ソ立憲政體ノ下ニ於ケル國權發動ノ形式ニ二ノ大別アリ(一)法律トシテ令スルモノ(二)勅令其他省令等ノ如ク所謂命令ヲ以テスルモノ是ナリ法律命令ノ區別ニ關シテハ國法學者ノ間ニ議論ノ存スル所ナリト雖モ一般ニ最モ了解シ易キハ法律ハ議會ノ協贊ヲ經テ發スル國家ノ命令ナリ命令ハ議會ノ協贊ナク元首若クハ行政機關カ單獨ニ發スル命令ナリトノ說ナリトス而シテ租稅ノ徵收ハ法律ヲ以テセサルヘカラサルハ憲法第六十二條ノ明定スル所ナリ故ニ國家ハ如何ナル必要アリト雖モ恣ニ命令ヲ以テ租稅ヲ賦課徵收スルヲ得サルナリ(但シ憲法論上ノ決定トシテハ緊急命令ヲ以テ租稅ヲ徵收スルヲ得サルニ非スト雖モ緊急命令ハ次ニ來ルヘキ議會ニ提出シテ承諾ヲ求メサルヘカラス若シ承諾ヲ得サルトキハ將來ニ其効力ナキヲ宣言セサルヘカラサルカ故實際ニ此ノ如キ場合ヲ見ルコト之ナカルヘシ)

然ラハ何カ故ニ憲法ハ租稅ノ賦課ニ關シ議會ノ協賛ヲ經ヘシト定メタル乎蓋シ租稅ハ無償ニ人民ノ財産ヲ强徵スルモノナレハ吾人ノ權利ニ最モ重大ナル關係ヲ有スルヤ言ヲ俟タス然ルニ今若シ政府單獨ノ命令ニ任センカ或ハ濫租ノ弊ニ陷ルナキヲ保シ難シ細論セハ租稅ハ國家百般制度ノ維持發達ニ缺クヘカラサルモノニシテ個人ノ生活上衣食住ノ必要ナルト同シク國家ノ生存上一日モ缺クヘカラサルモノナレハ之ヲ政府ノ專權ニ任スルモ敢テ不可ナカルヘク又議會協賛ノ有無ニ不拘必要ノ經費ハ如何ニカシテ之カ支辨ノ道ヲ講セサルヘカラサルハ必然ノ理ナリト雖モ凡ソ物ニハ緩急ノ度アリ不必要ト謂フヘキニアラサルモ大ナル必要ヲ感セサルモノアリ必要ト謂フモ自ラ程度ノ存スルアルアリ例之國防ノ爲ニスル經費ハ固ヨリ極テ必要ナルヘシ殊ニ戰時費ノ如キハ平時ニ於ケル一般ノ國防上ニ要スル經費ヨリ一層急要ナルモノナリ高尙ナル學術技藝ノ發達ヲ謀ルカ爲ニ大學ノ增設ヲ爲ス決シテ不必要ト謂フヘキニ非サルナリ而カモ絕對ニ必要ナリト斷スルヲ得ス河川范濫シテ堤防將ニ決潰セラレントスルニ際シテハ之ヲ防カントスルノ費用幾許太ナルモ決シテ避クヘキニ非サルナリ如此絕對

ナル必要ニ充テンカ爲メニ租稅ヲ徵收セサルヘカラサル場合ニハ議會モ敢テ審議スルノ餘地ナカルヘシト雖モ其極テ必要ナラサルモノハ之ヲ他日ニ讓ルモ國家ノ生存ヲ害スルモノニ非ス此ノ如キ場合ニハ時ノ經濟狀況ニ依リ緩急其宜キヲ窺ヒ決定セサルヘカラス然ルニ民間ニ於ケル經濟ノ狀況ヲ知ル者ハ其區ヨリ撰出セラレタル議員ヲ措テ他ニ適當ナルモノヲ求ムルヲ得ス固ヨリ政府財政計畫ノ任ニ當ル者ハ人民ノ負擔力如何新租ノ經濟上ニ及ホス影響如何等ヲ顧ミス漫ニ租稅ヲ起サントスルカ如キハ之ナシト雖モ是等諸多ノ狀況ヲ斟酌シ國家ノ要求ト民力ノ負擔トヲ相調和シ其中庸ヲ得セシメンカ爲メ歲計豫算ト相聯テ共ニ議會ノ協贊ニ繫ラシムル所以ナリ

若シ夫レ議院ニ職ヲ列スル者此理ヲ解セス徒ニ言論ノ自由ヲ奇貨トシ區々タル撰擧區民ノ甘心ヲ購ハンカ爲メ巧ニ詭辯ヲ弄シテ理由ナキ反對ヲ主張スル者アラハ是其職責ヲ過ルモノト謂ハサルヘカラス幸ニ我國議院制ノ創設以來未タ曾テ其之アルヲ聞カス殊ニ先期軍國多事ノ議會ニ於テ一瀉千里ノ勢ヲ以テ新租增率ヲ可決シ能ク協贊ノ任ヲ盡クサレシハ國家ノ爲メ慶賀措ク能ハサル所ナリ亦

以テ世界列國ニ誇ルニ足ルヘシ顧ミレハ客年二月東洋平和ノ爲メ露國ヲ征討スヘキ大詔煥發以來海ニ陸ニ連戰連勝敵ノ膽ヲ奪ヒ再ヒ鋒ヲ採テ起ツ能ハサルニ至ラシメタルヲ以テ降ヲ乞フテ膝ヲ屈スルノ日蓋シ遠キニアラサルヘキハ余輩ノ確信スル所ナリ此ノ秋ニ當リテヤ又我國家ノ新施設ヲ要スヘキモノ若クハ規模ノ擴張セラルヘキモノ多カルヘキハ日清戰役後ノ比ニ非サルヘキヲ以テ歳出ノ增加ハ今ヨリ豫期セサルヘカラサル所ナランカ

第三章 法律上ニ於ケル租税、手數料及專賣ノ性質

第一 租税ノ性質

租税ノ何モノタルヤハ前章述フル處ニ依リ略ホ了解セラルヘシト雖此ニハ專ラ法律上ヨリ租税ノ性質ヲ明ニセントス今先ツ法律上ヨリ租税ノ定義ヲ下セハ

「國家カ收入ヲ得ンカ爲メ其命令權ノ作用ニ依リ特別ナル反對給付ヲ與ヘスー般ヨリ徵收スル金錢ナリ」ト謂フヲ得

左ニ分析詳論スヘシ

一、租税ハ國家命令權ノ作用ニ基クモノナリ

租税ハ國家カ强制ヲ以テ服從者ヨリ金錢ヲ徵收スルモノニシテ個人トノ契約卽チ承諾ニ基クモノニ非ス强制徵收ト謂フノ點ニ於テハ徵發若クハ公用徵收ト相異ナラス蓋シ徵發ハ戰時若クハ時變ニ際シ陸海軍ヲ活動セシムルカ爲メ又ハ平時演習行軍等ヲ爲スニ當リ必要ナル軍需品ヲ徵收スルモノニシテ本來其物品ニ相當スル價格其物ヲ徵收スルヲ目的トスルモノニ非ス通常ノ場合ハ軍需品ノ供給ハ私法上ノ契約卽チ賣買請負等ニ依ルモノナリト雖モ事急速ヲ要スルカ又ハ一時ニ多數物品ヲ要スルカ爲メ契約關係ニ依ルヲ不便トスルカ故命令權ヲ以テ徵收スルニ過キス而シテ徵發ノ法ヲ採ルヘキカ將タ契約卽チ賣買ノ形式ニ依ルヘキヤハ一ニ軍隊司令官ノ決スル所ニ依ル故ニ徵發ハ强制徵收ヲ爲スモ其物品ニ相當スル價格ヲ返還ス以テ租税ト同一ニ論スルヲ得ス又公用徵收ノ場合モ公益上ノ必要アルカ爲メ單ニ土地所有權若クハ其上ニ存スル物權ヲ徵收シテ企業者タル國家又ハ其他ノ者ニ移轉セシムルニ過キス其物權ノ價格ヲ目的トシテ徵收スルニ非ス故ニ此場合ニ於テモ取得者ヨリ賠償

ヲ爲サシメ以テ財產上ノ痛苦ヲ除カシムル亦以テ租稅ト相同シカラサルヲ知ルヘシ

二、租稅ハ國家カ收入ヲ得ンカ爲ニ徵收スルモノナリ
公用徵收及徵發ハ共ニ命令權ノ作用ニ依ルモノナルモ其徵收ノ目的國家ノ收入ヲ增サントスルニ非サルカ故之ニ賠償ヲ與フルハ前項ニ述フルカ如シト雖モ租稅ハ單ニ收入ヲ得ンコトヲ目的トスルカ故ニ租稅ト賠償トハ主義ニ於テ兩立スヘカラス

三、租稅ニハ特別ニ反對給付ヲ與ヘルコトナシ即チ無償ナリ
此點ニ於テ手數料ト全ク其性質ヲ異ニス手數料ハ特定ノ人ニ對シ國家カ或特別ノ行爲ヲ爲シ又ハ營造物使用ノ報償トシテ一個人ヨリ徵收スルモノナリト雖モ租稅ハ特定ノ人ニ對シ特別ニ利益ヲ與フルノ報償トシテ徵收スルモノニ非サルナリ

四、租稅ハ一般ニ徵收スル金錢ナリ
租稅ハ特別利益ノ對價トシテ徵收スルモノニ非サルカ故一般ヨリ負擔力ニ應

シテ平等ニ徴收ス此點ニ於テ兵役義務ニ相類スルモノアリト雖モ租稅ハ財產上ノ給付タルト殊ニ內外人ノ區別ナク徴收セラルルニ反シ兵役義務ハ財產上ノ義務ニ非ラサルノミナラス外國人ニ此義務ナキトニ依リ二者自ラ其相異ナルヲ知ルヘシ又古ハ勞役若クハ現品ヲ徴收シタルコトアリシト雖モ貨幣經濟ノ行ハルル今日ニ於テハ租稅トシテ勞力又ハ現品ヲ徴收スルコトナシ

只現行印紙稅法ハ物納稅ノ觀アリト雖モ其實質ハ亦金錢納付ノ租稅タルヲ失ハス或ハ此點ニ付テハ反對ノ議論ナキニアラス曰ク納稅義務者ハ印紙ヲ貼用シテ其義務ノ履行ヲ終ルモノナリ是金錢納付ニ非サルノ證ナリ現行印紙稅法モ其第六條ニ「印紙稅ハ證書帳簿ニ印紙ヲ貼用シテ納ムルモノトス」トアルニ依リ此說ハ正當ナルカ如キモ法理上ノ性質ハ印紙稅ノ場合ニ於テモ義務者カ其印紙ヲ賣下所ヨリ買受ル時代價ヲ支拂フハ卽チ納付ノ時ナリト謂ハサルヘカラス固ヨリ印紙稅ヲ納ムヘキ義務ノ發生ハ證書帳簿ヲ作成スル時ニアリト雖モ其以前ニ於テ印紙ヲ買受クルハ此義務ノ發生ヲ豫想シテ稅金ノ前拂ヲ爲スモノナリ何等ノ目的ナシニ印紙ヲ買受クルモノハ之ナカルヘシ決シテ普通ノ

賣買ニ非サルナリ而シテ印紙ヲ貼用セシムルハ卽チ納稅義務者カ確ニ稅金ヲ納付シタルコトヲ證明セシムルノ方法ニシテ若シ印紙ノ貼用ヲ爲サヽルトキハ縱令前ニ印紙代金ヲ支拂フモ納稅義務ヲ終ヘシ者ト認メサルナリ右ノ如クナルカ故印紙稅亦現品納付稅ニアラサルナリ

租稅ノ性質ヲ終ルニ臨ミ茲ニ其徵收方法ニ關シテ一言スヘシ

現行國稅ノ徵收方法ニ二アリ一ハ國家カ直接ニ義務者ヨリ徵收スルモノニシテ一ハ市町村ヲシテ徵收セシメ之ヲ國庫ニ納付セシムル方法ナリ第二ノ方法ニ依ルモノハ地租及勅令ヲ以テ特ニ指定セル租稅ニ限ル而シテ現今勅令ノ指定セルモノハ第三種所得稅及ヒ營業稅自家用醬油稅、賣藥營業稅ナリトス（三十年勅令第百九十五號）

市町村ヲシテ租稅ヲ徵收セシムル場合ニ其徵收費用ハ地租ニ付テハ市町村全然之ヲ負擔シ他ノ國稅ニ付テハ其徵收金額ノ百分ノ四ヲ市町村ニ交付スルモノナリ（國稅徵收法第五條）

市町村ハ其定メラレタル租稅ヲ徵收シテ國庫ニ納付スヘキ責任ヲ有スルカ故若シ市町村カ其徵收シタル稅金ヲ亡失シタルトキハ國庫ニ對シ辨償セサルヘカラ

ス然レトモ其稅金ノ亡失自己ノ管理ノ失當ニ基因セス避クヘカラサル災害ニ因リタルモノナルヲ證明セハ責任免除ヲ請フコトヲ得(國稅徵收法第八條)租稅徵收ノ手續ニハ國家ノ直接ニ徵收スル場合タルト市町村ヲシテ徵收セシムル場合タルトヲ問ハス納稅告知書ヲ發セサルヘカラス其國家直接ニ行フ場合ハ收稅官吏納稅者ニ告知書ヲ發スルヲ要ス市町村ニアリテハ收稅官吏先ツ納付スヘキ金額ヲ調查シ之ヲ市町村ニ通知シ市町村ハ之ニ依リ更ニ納稅者ニ對シテ納稅告知書ヲ發ス納稅告知書ニハ稅金ノ額、納付ノ期日及場所等ヲ記載セサルヘカラサルモノトス然ラハ納稅告知書ノ性質如何抑モ納稅ノ告知ハ納稅義務發生ノ原因ニ非ス卽チ之ニ依リ初テ納稅ノ義務ヲ生スルモノニ非ス又法律ニ依リ生シタル納稅義務ノ履行ヲ催告スルモノニモ非サルナリ納稅義務ハ法律ノ定ムル條件具備スル時直ニ發生スルモノナリ例之三百圓ノ所得アル者ハ所得稅ヲ納ムルノ義務アルコトハ既ニ所得稅法ノ定ムル所ナレハ三百圓以上ノ所得ヲ生スルト共ニ此義務ヲ生スル類ノ如シ故ニ若シ納稅者ニシテ他ノ稅金納付ノ義務ヲ怠リ滯納處分ヲ受クルカ若クハ破產宣告ヲ受ケタル場合ニハ未タ納稅告知書ヲ發セサルモ尙徵收スルヲ得（國稅徵收法第四條ノ一）又縱令納稅告知書ヲ發スルモ納期日前ニ於テハ國家ハ之ヲ徵收スルヲ得サルノミナラス納稅者モ亦任意ニ前拂ヲ爲スヲ得ス（印紙稅ノ例外タル前述ノ如シ）租稅ハ必スシモ納稅告知ト共ニ納稅期ニ在ルモノニ非スシテ多クノ場合ニ於テハ法律ノ定ムル一定ノ時期ニ於テ納ムヘキモノナリトス是義務ノ履行ヲ催告セルニ非サルノ證ナリトス究竟納稅告知書ヲ發スルハ納稅義務ノ履行ヲ命スル一ノ行政處分ニシテ納稅義務ハ告知書ノ明示セル範圍ニ於テ强制スルコトヲ得ルニ至ルモノトス

第二　手數料ノ性質

手數料トハ國家カ一私人ノ利益ノ爲メ特ニ爲ス行爲ニ對シ若クハ營造物使用ニ對スル報償トシテ個人カ國家ニ支拂フモノナリ故ニ租稅トハ其性質ヲ異ニス

一、手數料ハ公課ニシテ公法上ノ關係ニ屬スルモノナリ

國家ト個人トノ合意契約ニ基ク收入例之鐵道、郵便、電信等ヨリ生スル國家ノ收益ハ個人ト同等ノ地位ニ立チ卽チ私法上ノ契約ヨリ得ルモノニシテ命令權ノ作用ニ依リ强制徵收スルモノニ非ス從テ公課タル性質ヲ闕ク故ニ固ヨリ嚴正

ナル意味ニ於テ手數料ト稱スルヲ得ス學者或ハ公法上ノ手數料私法上ノ手數料トニ區別シ鐵道ノ運賃等ヲ以テ私法上ノ手數料ナリト謂フモノアリト雖モ其所謂私法上ノ手數料ナルモノハ公法上特ニ論スルノ必要ナキモノトス

二、手數料ハ報償トシテ個人カ國家ニ支拂フモノナリ

手數料ト租税トノ最モ重要ナル差異ハ此點ニ存ス租税ハ前ニモ述フル如ク國家カ特ニ何等ノ反對利益ヲ與フルコトナク一般ニ人民ヨリ强制徵收スルモノナリ手數料ハ國家カ或行爲ニ依リ一私人ニ特別ノ利益ヲ與フルカ又ハ一私人カ營造物ノ使用ニ依リ特ニ利益ヲ受クルカ爲メニ其報償トシテ支拂フモノナリ一般的無償ノ徵收ニ非サルナリ

憲法第六十二條ニ依レハ

新ニ租税ヲ課シ及税率ヲ變更スルハ法律ヲ以テ之ヲ定ムヘシ但シ報償ニ屬スル行政上ノ手數料及其他ノ收納金ハ前項ノ限ニ在ラス(以下畧)

ト故ニ其徵收スル所ノモノ租税ナリトセハ必ス議會ノ協賛ヲ經サルヘカラス反之若シ行政上ノ手數料ナリトセハ命令ヲ以テ規定スルモ自由ナリ於是乎租税及

手數料ノ區別ハ憲法上甚タ重要ナル問題ナリト謂ハサルヘカラス而シテ之カ區別ノ標準ハ二ニ述ヘタル如ク報償ノ性質ヲ具備スルヤ否ニ依リ決スルノ外ナシ卽チ手數料ハ國家ノ行爲ニ對シ又ハ營造物使用ニ對スル報償トシテ支拂ハルルモノナリ反之租稅ハ國家ノ特別行爲ニ對スル報償トシテ徵收スルニ非ラスシテ一般ノ支出ニ充ツヘキ收入ヲ得ンコトヲ目的トシテ徵收スルモノナリ故ニ手數料ノ額ヲ定ムルニハ國家ノ行爲若クハ營造物ノ維持費用ニ充ツルヲ目的トスルカ又ハ其國家ノ特別行爲若クハ營造物使用ニ依リ一私人ノ受クヘキ利益ニ相應スルコトヲ勉メサルヘカラス（是レ政策論トシテ然リト謂フニアラス法律上手數料トシテハ必ス此ノ如クナラサルヘカラス）然レトモ固ヨリ實際ニ於テハ一私人ノ受クル利益ト之ニ對シ支拂フヘキ金額トカ必シモ相當スルヲ要セス卽チ各箇ノ場合ニ之ヲ觀察セハ一私人ノ受クヘキ利益多クシテ却テ手數料ノ額少キコトアリ或ハ同一分量ノ利益ヲ受クル一私人ヨリ異ナリタル金額ノ手數料ヲ徵スルコト之レアラン例之困窮者ニ對シ特ニ手數料ノ額ヲ減スルコトアルカ如シ何レノ場合ニ於テモ其納ムヘキ額カ報償タル性質ヲ失ハサル限リ手數料ニ屬スルモノト謂フヲ得故ニ全ク報償ノ觀念ヲ度外視シ專ラ

負擔力ノ多少ニ依リ金額ヲ定ムルトキハ手數料ハ其性質ヲ失フニ至ルヘシ
現行登錄稅ハ租稅ナリヤ將タ手數料ナリヤハ學者ニ依リ其說ヲ異ニスト雖モ余輩ノ見ル所ヲ以テセハ一概ニ租稅ナリ若クハ手數料ナリト斷定スルヲ得ス一部分ハ租稅ニシテ一部ハ手數料ナリト答フルヲ以テ最モ正鵠ヲ得タルモノト信ス蓋シ現行登錄稅法中登記ニ關スルモノハ其登記ニ依リ汎ク第三者ニ自己ノ權利ヲ對抗スルヲ得ルノ利益ヲ有スルモノナレハ國家ノ行爲ニ依リ特別ニ利益ヲ受クルモノナリト謂フヲ得之ニ對シ一定ノ金錢ヲ支拂フハ利益ニ對スル報償卽チ手數料ナリト謂フモ決シテ不當ニ非サルナリ反之登錄ニ關スルモノノ多クハ一私人カ別ニ登錄ノ必要ヲ感シタルニ非スシテ只國家カ特ニ法令ヲ以テ登錄スヘキヲ命スルカ故登錄ヲ爲スノミ而シテ其登錄ヲ請フニ當リ金錢ヲ徵收スルモノナレハ是無償ノ强制徵收ニ非スシテ何ソヤ例之船舶法（三十二年三月法律第四六號）第五條ニ「日本船舶ノ所有者ハ登記ヲ爲シタル後船籍港ヲ管轄スル管海官廳ニ備ヘタル船舶原簿ニ登錄ヲ爲スコトヲ要ス」ト規定シ而シテ船籍ノ登錄ヲ爲ストキハ十噸每ニ五十錢ノ稅金ヲ納付セサルヘカラス其他辯護士名簿ノ登錄醫籍登錄海員登錄ノ

如キ皆國家カ取締上ノ必要ノ爲メ登錄ヲ命スルモノニシテ其目的ハ個人ノ利益ノ爲メニスルニ非スシテ主トシテ國家ノ利益ノ爲ニ此等ノ手續ヲ設クルモノナリ其登錄ヲ請フニ際シ稅金ヲ徵收スルハ國家カ收入ヲ得ンカ爲メニスルモノニシテ登錄ノ爲ニ要スル國家ノ費用ニ充テントスルヲ、目的トセス又利益ヲ與フル報償トシテ徵收スルモノニ非サルカ故是等ハ疑モナク租稅ノ性質ヲ有スルモノト謂フヘシ只登錄中著作權、特許、意匠、商標ニ關スル登錄及ヒ鑛業權登錄ノ如キハ一般ノ登記ト同シク個人ノ利益ノ爲メニスルモノト謂フヲ得ルカ故之ニ對シテ支拂フモノハ亦手數料ニ屬ス

要之租稅及手數料ノ區別ハ形式上ノ區別ニ非スシテ實質上ノ問題ニ屬スルカ故各場合ニ臨ミ以上ノ標準ニ依リ決スルトキハ大過ナキニ庶幾ランヤ

第三　專賣ノ性質

國家カ財政上ノ方便トシテ租稅ノ外ニ個人ノ營業自由ヲ制限シ獨占以テ其事業ヲ營ミ形式上命令權ノ作用ニ之レ依ラス個人トノ契約卽チ賣買ニ依リ專ラ收益ヲ目的トスルモノ之ヲ專賣ト謂フ

現行ニ於ケル專賣ノ實例ハ煙草專賣、樟腦及粗製樟腦油專賣及本年六月ヨリ實施セラレントル鹽專賣ナリトス
煙草專賣法(三十七年三月法律第十四號)ヲ見ルニ
第一條　煙草ノ製造ハ政府ニ專屬ス
第二條　煙草ハ政府及政府ノ命ヲ受ケタル者ニ非サレハ之ヲ輸入スルヲ得ス
第三條　煙草ハ政府ノ許可ヲ受ケタル者ニ非サレハ之ヲ耕作スルヲ得ス
第四條　煙草耕作者ノ收獲シタル葉煙草ハ政府之ヲ收納ス
第九條　煙草耕作者ニ非サレハ煙草苗ヲ育成スルコトヲ得ス
ト謂ヒ又本年法律第十一號鹽專賣法ニモ
第一條　政府ハ鹽ノ專賣權ヲ有ス
第四條　鹽ハ政府ノ許可ヲ受ケタル者ニ非サレハ之ヲ製造スルヲ得ス
第五條　政府ヨリ賣渡シタル鹽ニ非サレハ所有シ所持シ讓渡シ質入シ又ハ消費スルヲ得ス云々
第七條　鹽製造者ノ製造シタル鹽ハ政府之ヲ收納ス云々

第十四條　鹽製造者鹽ヲ製造シタルトキハ總テ之ヲ政府ニ納付スヘシ

ト謂ヒ從來個人ノ營業自由ノ範圍ニアリシモノヲ其營業ヲ禁止シテ政府之ヲ獨占シ自ラ其業務ヲ營ムハ專賣ノ特質タルコト是ニ至リテ明瞭ナリトス

然ラハ卽チ專賣ハ租税ト其性質ヲ異ニスルヤ若シ租税ニ非ストセハ法律ヲ以テ規定スルモ命令ヲ以テ規定スルモ固ヨリ自由ナリ何トナレハ營業ノ自由ハ憲法上ノ保障ナキヲ以テ命令ニ依リ隨意ニ制限スルヲ得ルモノナレハナリ余輩ハ專賣ハ全ク私法上ノ行爲ニシテ公法上ノ關係ヲ有セサルカ故租税ニ非スト信ス租税ハ先キニ屢々論述シタルカ如ク直接ニ强制命令ヲ以テ一般ヨリ徵收スルモノナリ從テ其間ニ毫モ合意契約等ノ關係ヲ認ムルノ餘地ナキナリ反之專賣ニ在リテハ直接ニ强制命令ヲ用ヒス個人ハ之ヲ買ハント欲スレハ買フヘク購ハサラント欲スレハ購ハサルヲ得固ヨリ專賣ハ國家ノ收入ヲ得ンコトヲ目的トスルカ故ニ普通個人間ノ賣買ニ於ケルヨリモ多クノ代價ヲ要求スト雖モ而カモ此ノ要求ヲ承諾シテ相當價格ヨリ多クノ代價ヲ支拂フハ個人ノ隨意決定スル所ニシテ國家ハ其物ヲ買フヘク强制スルモノニ非サレハ專賣其物ハ全ク私法上ノ契約タルヲ

失ハサルナリ
或ハ曰ハン人生ノ必需品ヲ國家カ權力ヲ以テ獨占スルハ强制ニ非スシテ何ソヤ賣買其物ニハ强制命令ヲ加フルナシト雖モ國家ニ拂下ヲ求ムルヨリ他ニ道ナキニ至ラシムルハ是間接ニ强制ヲ加フルモノナリ之ヲ國家カ獨占シ拂下ヲ請フ者アルニ當リ相當代價ヨリ多額ノ代金ヲ以テ賣渡ストキハ其間ノ差額ハ租税ノ賦課ト同一ナルヘト
論者ノ說ハ一理ナキニ非スト雖モ煙草樟腦ノ如キ之ヲ缺クモ各人ノ生活上何等妨ケナキモノノ專賣ニ於テハ吾人ハ永久絕對ニ之ヲ買ハサルヲ得豈ニ之ヲ强制ト謂フヘケンヤ租税ニ至リテハ義務者ハ如何ニ之ヲ免レントスルモ得ヘカラスシテ彼此同一ニ論スルヲ得サルナリ
試ミニ論者ニ問ハントス個人間ノ賣買ニ於テ賣主タル者事實上或物ノ製造販賣ヲ獨占シ（商業競爭ノ結果大資本家ノ爲メニ小資本家壓倒セラレテ全ク生産力ヲ失ヒシトキヲ想像ス又此想像ハ決シテ架空ニ非サルナリ）買主止ムヲ得ス是等ノ者ヨリ高價ノ物品ヲ買取ルトキハ是强制ニ基クモノナレハ賣買ニ非ス卽チ私法上ノ契約ニ非スト謂フヲ得ヘキカ是蓋シ論者ノ首肯スル所ニ非サル

ヘシ抑モ事實上ノ獨占ト國家ノ獨占(專賣)トノ異ナル點ハ一ハ生存競爭ノ自然ノ結果ニ基クト一ハ國家ノ命令ニ依リ一個人ノ營業ヲ禁止シタルトノ差アルニ過キス營業ノ禁止ハ國家命令權ノ作用ニ基クモ專賣法ニ依ル賣買其物ハ毫モ命令強制ヲ用ヒス全ク個人ノ自由意思ニ任スルモノナリ故ニ專賣ハ租税ニ非ストハ正當ノ見解ナリト謂ハサルヘカラス從テ法律ヲ以テ規定スルモ命令ヲ以テスルモ其問フ處ニ非サルナリ只現行專賣法ノ皆法律ヲ以テ規定セラルルハ便宜若クハ政略上ノ理由ニ是因ルニ過キス即チ一方ニ個人ノ自由ヲ制限スルノ結果(營業禁止)ヲ生スルヲ以テ議會ノ協賛ヲ求ムルハ立憲制ノ本旨ニ適合スル所以ナルト一方ニハ議會ノ協賛ヲ經ハ之カ爲ニ要スル經費ハ議會ニ於テ當然之ヲ認メサルヲ得サルニ至ル豫算成立上ノ便益アルトニ因ルモノナラン

以上論述シタル如ク余輩ハ專賣ハ斷シテ租税ニ非スト主張スルモ多數ノ學說ハ專賣ヲ以テ租税ノ徵收方法ナリト論セリ而シテ之カ論據ハ若シ專賣ニ因ル收入カ租税ニ非ストセハ法律ニ依ラスシテ多クノ諸費税ヲ徵收スルニ至ルヘキヲ以テ之ヲ租税ノ徵收方法ト解スルヲ正當ナリトストス謂フニアリ若シ夫レ財政學上

ノ見地ヨリセハ專賣ハ租稅徵收ノ一變形タルカ故ニ之ヲ租稅ノ一種ト認ムルモ不可ナカルヘシト雖モ法律上ノ問題トシテハ到底此說ヲ容ルルノ餘地ナキナリ

第四章　直接稅ト間接稅トノ區別

租稅ノ分類ハ寧ロ財政學上必要ナルヘキモ法律上租稅ノ分類ハ別ニ其要ヲ見サルナリ唯直接稅ト間接稅トノ區別ハ現行法令ノ認ムル所ナルニ依リ本章ニ之ヲ明ニセント欲ス

直接稅間接稅ノ區別ハ財政學上ニ於テモ議論紛々タル所ニシテ未タ一定ノ說ナキカ如シト雖モ輓近財政學ノ大家ワグネル氏ノ說ハ稍一般ニ認メラルルニ至レリ今其說ク所ヲ見ルニ直接稅トハ立法ノ目的納稅者ヲシテ同時ニ負擔者タラシムルニ在リ即チ稅金ヲ納稅者以外ノ者ニ移轉スルヲ希望セス又移轉セサルモノヲ謂フ間接稅トハ立法ノ目的納稅者ヲシテ負擔者タラシメサルニアリ即チ其稅金ハ之ヲ實際ノ負擔者ニ移轉セシムルコトヲ希望シ（之ヲ租稅ノ轉嫁ト云フ）若クハ移轉セシムルノ方法ヲ取レルモノヲ謂フ

此ノ區別ニ從フトキハ租稅負擔ノ實際ノ歸着如何ヲ問ハサルカ故ニ實際ノ解釋上極テ便利ナリ例之地租ハ土地ヲ課稅標準トシ其所有者卽チ地主ニ賦課シ直接地主ヲシテ負擔セシメント欲スルハ立法ノ目的ナリトス故ニ地租ハ直接稅ナリト謂フヲ得而シテ實際租稅ノ負擔ハ地主ナリヤ或ハ借地人ニ歸スヘキヤハ豫メ知ルヲ得ス又酒醬油稅ハ消費者ニ課稅スルヲ目的トシ唯租稅徵收上ノ便宜ノ爲メ國家ハ之ヲ製造者ニ賦課スルニ過キスシテ眞ノ目的ハ製造者ニ先ツ賦課シ而シテ製造者ヲシテ其稅金ヲ製品ノ代價ニ包含セシメ實際ノ消費者ニ移轉セシムルニ在リ然レトモ實際上ヨリ觀察セハ必スシモ立法者ノ豫期セシ如ク租稅負擔ノ歸着ハ一定スルモノニ非ス今酒稅ニ付テ之ヲ見ルニ立法ノ目的ハ酒類ノ飮用者ヨリ稅金ヲ徵收セントスルニ在リト雖モ初メ先ツ製造者ニ向テ賦課セサルヘカラス然ルニ製造者ハ商況不振ナルカ爲メ若クハ資金ヲ要スル等ノ爲メニ低價ニ賣却セサルヘカラサル境遇ニ陷ルトキハ租稅ノ轉嫁ハ行ハレスシテ製造者自ラ負擔セサルヘカラサルニ至ラン而カモ之レカ爲ニ酒造稅ノ間接稅タル性質ヲ妨ケサルナリ要スルニ實際上租稅ノ負擔ハ種々ノ原因ニ依テ常ニ變動スルモノ

ナレハ其兩者ノ區別ハ立法ノ目的那邊ニ存スルヤニ依リ之ヲ決定スルノ外ナシ以上ハ財政學上ニ於ケル區別ナリ若シ夫レ法律上ヨリ之ヲ論スルトキハ如何ナル租税モ之ヲ負擔スルモノハ常ニ納税義務者ニシテ此以外ニ租税ノ負擔者アルヘキ理ナシ然ルニ或ル學者ノ說ニ從ヘハ行政法上ノ意味ニ於テ直接税トハ課税ノ基礎立法者カ不動ノモノト認メ又現ニ多少不動ノ性質ヲ有シ從テ豫メ調査スルコトヲ得ル事實ニ基ツクモノニシテ主トシテ臺帳ニ依リ課税スルコトヲ得ルモノヲ謂ヒ間接税トハ永續セサル事件又ハ行爲ノ如キ豫メ査定スルコト能ハサル事實ニ基キ其事故ノ生スル毎ニ税率ニ照ラシテ課税スルヲ謂フト言ヘリ此見解ハ敢テ誤レリト謂フニ非サルモ只現行法規ノ定ムル區別ニ從ヒ其性質ヲ說明シタルニ過キス例之衆議院議員府縣會郡會議員ノ選擧權ノ一條件トシテ直接國税何圓ヲ納ムルヲ必要トシ此場合ニ於ケル直接國税トハ地租所得税營業税ニ限ルコトヲ特ニ明文ヲ以テ規定シ又間接國税犯則者處分法ニ於テ同法ニ所謂間接國税トハ酒造税、麥酒税、醬油税、砂糖消費税、印紙税、賣藥印紙税、酒精及酒精含有飮料税、沖繩縣酒類出港税等列記ノ國税ニ限ルモノトセルニ依リ是等列記租税ノ性質ヲ説明シタルニ過キサルナリ此説ハ結局法律カ或種ノ租税ヲ直接税ト定メタルカ故ニ直接税タリ若クハ間接税トスト明言セルニ依リ間接税タリト謂フニ歸着ス故ニ苦シ法律カ何等明言セサル場合例セハ本年發布セラレタル通行税若クハ相續税ナルモノハ其何レニ屬スルヤ明カナラサルニ似タリ否ナ此説ニ從ヘハ通行税ハ疑モナク間接税ニ屬シ相續税ノ如キ亦然リト謂ハサルヘカラサルナリ何トナレハ通行ト謂フ事實若クハ相續財産ナルモノハ豫メ査定スルコト能ハス又不動ノ性質ヲ有スルモノニ非サレハナリ然レトモ通行税又ハ相續税ヲ以テ間接税ナリト謂フハ少シク事理ニ遠サカルノ感ナキ能ハス余ヲ以テ之ヲ見ルニ直接税及間接税ノ區別ハ法ノ規定如何ニ是因ルト答フルノ外ナシト信ス若シ法ノ明文ナキ場合ハ寧ロ財政學上ノ區別ニ從テ斷スルヲ穩當トスヘキカ蓋シ直接税間接税ノ起因ハ本來租税負擔ノ直接タルト間接タルトヨリ胚胎セルモノナルヲ推測セラルレハナリ此見地ヨリセハ通行税及相續税ナルモノハ通行者又ハ相續人ニ課税シ決シテ他ニ轉嫁セラルルヲ豫期シ若クハ希望スルモノニ非サルカ故直接税ニ屬スルモノト謂フヘシ

附録

英國死因稅法（千八百九十四年財政法ニ依リ改正）

千八百九十四年以前英國ニ行ハレタル死因稅ハ概略之ヲ二種ニ分類スルコトヲ得

第一　死亡ニ因リ移轉スル財產ニ對シ、其財產ノ支途如何ヲ分タス、之ニ課徵セントスル租稅、例ヘハ遺言證明稅（プロベット、デューチー）ノ如キ

第二　死者ノ財產ヲ繼受シタル者カ、之ニ因リテ受クル利益ニ對シ課稅セントスルモノニシテ、其稅率ハ死者ト受益者トノ間ニ存スル親族關係ノ遠近疎密ニ從ヒ增減スルモノ、遺贈稅（レガシー、デューチー）ノ如キ

然ルニ千八百九十四年財政法ハ此二種ノ租稅ヲ廢止變更シタル所少ナカラス、卽チ試ニ本法ニ依リテ廢止セラレタル稅目ヲ揭クレハ左ノ如シ

一、遺言證明稅、本稅ハ遺言ニ因リ、又ハ之ニ因ラスシテ他ニ移轉スル人產ニ對シテ課スルモノ

二、千八百八十一年及千八百八十九年ノ條例ニ依レル贈與稅（アッカウント、デ

ユーチー）本稅ハ遺言證明稅ノ補遺トシテ制定セラレ從テ人產ニ限リ課稅スルコト遺言證明稅ト相同シ

三、千八百八十八年ノ制定ニ係ル追加相續稅（サクセッションヂューチー）本稅ハ實產及確定人產ニ對シ課稅セントスルモノ

四、千八百八十九年ノ制定ニ係ル百分ノ一財產稅（エステートヂューチー）其實產タルト人產タルトヲ分タス一〇、〇〇〇£ヲ超過スル財產ニ對シ百分ノ一ヲ課稅セントスルモノ但シ本稅ハ七年間ヲ限リ一時的租稅トシテ定メラレタルモノナリ

以上諸種ノ租稅ヲ廢止スルト同時ニ新ニ財產稅（エステート、デューチー）ナル一種ノ租稅ヲ起セリ之ヲ千八百八十九年ノ財產稅ト區別スル必要アルカ爲メ特ニ新財產稅又ハ千八百九十四年ノ財產稅ト稱ス本稅ハ永久ノ租稅トシテ定メラレ死者ノ財產ハ其實產タルト人產タルトヲ分タス又其確定セラレタルト否トヲ問ハス死者カ死亡ノ當時絕對ノ支配權又ハ「ユーズフルクト」（他人ニ屬スル土地又ハ家屋ヲ一時使用及收益スル權）ヲ有シタルモノハ廣ク之ニ對シ課稅セントスルモノ

ニシテ、其稅率ハ死者ノ財產ノ總價格ニ從ヒ累進スヘキモノトス新財產稅ノ特徵トシテ特ニ說明ヲ要スルモノ二アリ、其累進稅率及合算主義是ナリ、然ルニ此二者共ニ孰レモ財產稅ニ於テ始メテ採用セラレタルモノニアラス、其累進稅率ハ舊遺言證明稅ニ於テ既ニ少シク適用セラレ、又千八百八十九年ノ財產稅亦其一〇、〇〇〇£以上ノ財產ニ對シ特別ノ租稅ヲ賦課スル範圍ニ於テ同一ノ原則ヲ採用シタルヲ見ル、又彼ノ合算主義ニ至リテハ遺言ニ因リ又ハ之ニ因ラスシテ死亡ト同時ニ移轉スル死者ノ財產ヲ合算シ、之ニ依リテ稅率ヲ定メントスルモノニシテ、千八百八十九年ノ財產稅ニ其先例アリ、新財產稅ニ於テ之ヲ襲ヒタルモノニ過キス、如斯此兩制共ニ孰レモ新財產稅ニ新規ノ規定ニアラサルコトハ疑ヲ容レストモ、其英國稅制ノ一部ニ加ヘラレ、完全且整齊タル制度ト爲ルニ至リタルハ蓋シ千八百九十四年ノ財產稅ヲ以テ嚆矢ト爲ス

累進稅率ノ趣旨ヲ貫徹セントセハ勢ヒ合算主義ヲ採用セサルコトヲ得ス、勿論其合算主義ヲ適用スヘキ範圍ニ關シテハ人ノ異論アルコトヲ免レサルヘシ(例ヘハ死者カ單ニ終身ノ利益ヲ有シタルニ止マル財產ハ、死者カ絕對ノ支配權ヲ有シタ

ル財產ニ合算スヘキヤ否ヤニ關シ異論アルカ如キ)ト雖トモ、絕對ニ合算主義ヲ排斥シテ用ヒサルコトハ到底許サヽル所ナリ、何トナレハ玆ニ一〇、〇〇〇£ノ財產アリ、其內五〇、〇〇〇£ハ人產ニシテ殘餘五〇、〇〇〇£ハ實產ナリ、更ニ又他ニ六〇、〇〇〇£ノ財產アリ、而シテ該財產ハ人產又ハ實產ノ一種ヨリ成レリト假定セヨ、此場合ニ於テ若シ合算主義ヲ適用セサリシトセハ前者一〇〇、〇〇〇£ノ財產ハ後者六〇、〇〇〇£ノ財產ニ比シ其稅率寧ロ低位ニ在ルコトヲ得ヘキ結果ヲ生スヘシ、豈夫レ斯ノ如キ不條理アルコトヲ許スヘケンヤ

新財產稅ノ基礎ヲ成セル原則ハ從來財產ノ種類ニ依リ課稅ノ不均一ナル弊ヲ矯止シ、死亡ニ因リテ移轉スル各種ノ財產ニ對シ均一ノ租稅ヲ賦課セントスルニ在リ、卽チ從來人產ニ對シテハ遺言證明稅ヲ賦課スルモ、實產及確定人產ニ對シテハ獨リ遺言證明稅ノミナラス何等類似ノ租稅ヲ賦課スルコトナシ、但シ、千八百八十八年ノ追加相續稅及財產ノ價格一〇、〇〇〇£ヲ超過スルモノニ對シ千八百八十九年ノ財產稅ヲ賦課スルコト之レカ例外タルアルノミ

千八百九十四年ヨリ同九十五年ニ亘ル年度ニ於テ財產稅ヲ納付シタル財產ノ總

價格ハ八三、六〇四、〇〇〇£ナリ、此ノ内七四、三四一、〇〇〇£ハ人産ニシテ殘餘九、二六三、〇〇〇£ハ實產ナリ、七四、三四一、〇〇〇£ノ人産ニ就キ六八、七七九、〇〇〇£ハ遺言ニ因リ又ハ之レニ因ラスシテ移轉スル財産ニシテ合併王國内ニ在ルモノナリ、卽チ千八百九十四年ノ財政法發布セラレサルニ於テハ彼ノ遺言證明稅ヲ課セラルヘキ財産ノ價格ニ係ル殘餘五、五六二、〇〇〇£ハ人產ニシテ舊法時代ニ在リテ遺言證明稅ヲ課セラルヽコトナキモノナリ、只其ノ幾分ハ贈與稅ヲ負擔スルコトアルノミ

此等ノ數字ハ財産稅ヲ納付スヘキ諸種ノ財産ノ眞正ノ割合ヲ表示シタルモノニアラス、以上ハ當該年度ニ於テ實際ニ稅金ヲ納付シタル各種財產ノ價格ヲ擧ケタルニ止マリ、此外稅額ヲ決定シタルモ其ノ納付ヲ後年度ニ猶豫シタル財產ノ價格亦少額ニアラサレハナリ、千八百九十四年財政法ニ依ルトキハ遺言執行者ハ其ノ誓書ヲ作成シ其ノ管理下ニ在ル財產ノ價格ニ對シ租稅ヲ納付スルニ方リ、之ト同時ニ死者ノ他ノ財產ニシテ之ニ對スル稅金ハ後日遺言執行者以外ノ他人ニ依リテ支拂ハレ得ヘキモノニ關シテモ其ノ財產ノ種類及數量ヲ屆出ツヘキ義務アル

モノトス、實產ニ對スル財產稅ハ納稅者ノ便宜ニ從ヒ八年間ニ亘リテ納付スルコトヲ得

千九百年ヨリ同一年ニ亘ル年度ニ於テ財產稅ヲ納付シタル財產ノ價格ハ

人　產　二〇五、四九四、〇〇〇£

實　產　五六、七八三、〇〇〇£

ニシテ、此外人產ニシテ舊遺言證明稅(財產目錄稅及贈與稅ヲモ含ム)ヲ負擔シタルモノ

二、九三四、〇〇〇£アリ

之ヲ合計スルトキハ本年度ニ於テ死因稅ヲ納付シタル財產ノ總額ハ

二六五、二一一、〇〇〇£ナリキ

此中人　產　二〇八、四二八、〇〇〇£

實　產　五六、七八三、〇〇〇£ナリ

人產ハ實產ノ四倍ニ達セルヲ見ル

千九百年、ヨリ同一年ニ亘ル年度ニ於テ納付シタル稅額ハ約一二、七七〇、二六九£

ニシテ、內國庫ノ收入ニ屬シタルモノ、八、五三二、四〇二£、地方政府ノ收入ニ屬シタルモノ四、二三七、八六七£ナリ、此總稅額ニ就テ一〇、〇九〇、七六一£ハ人產ニ對シテ支拂ハレ、二、六七九、五〇八£ハ實產ニ對シテ支拂ハレタルモノナリ上ニ擧ケタル額ハ遺言證明稅及贈與稅ノ稅額（八五、〇五八£）ヲモ包含ス、此稅額ハ國庫ト地方政府トノ間ニ平等ニ分配セラレタルモノナリ

新財產稅ニ關シテハ英國ノ財政史上全ク新規ノ制度ニシテ特ニ注意ヲ要スルモノ二アリ

一、確定財產ニ對シ普通稅率以外特ニ百分ノ一ヲ追課スルコト

二、實產ノ評價、然ルニ實產ハ千八百八十九年一時的財產稅ヲ課シタル二三例外ノ場合ヲ除ク外從來其價格ニ對シ課稅シタルコトナキ所ナリ

千八百九十四年財政法カ遺贈稅及相續稅ニ對スル影響如何ト謂フニ寧ロ此等租稅ノ收入ヲ增加セスシテ之ヲ減少スルニ在リキ、遺贈稅ノ場合ニ在リテハ此影響ハ左迄著シカラス、何トナレハ單ニ一、〇〇〇£以下ノ財產ニ對スル租稅ノ損失ニ止マレハナリ、然ルニ千八百九十四年財政法カ相續稅ニ及ホシタル影響ハ之ニ比

シテ遙カニ重大ナルモノアリ、卽同法ニ依リテ直系親族カ納付スヘキ相續税ハ新財産税中ニ合併セラルヽニ至リ、又千八百八十八年ノ制定ニ係ル千分ノ五及千分ノ十五ノ追加税ハ全然廢止セラレタレハナリ、此等ノ輕減ニ由リテ生シタル損失ハ財政法第十八條ニ依リ一部相償フコトヲ得タルモ、固ヨリ極メテ少額ニ過キス、同條ノ規定ニ依ルトキハ相續人カ實産ノ所有權(リ、アル、プロパチー、イン、フイ、シンプル)(英法ニ於テハ所有權ノ制度ナキモ本權ハ其最モ强力ノ權利ニシテ所有權ニ近邇セルヲ以テ假リニ之ヲ所有權ト註釋シタリ)ヲ取得スル場合ハ、財産ノ賣買價格ニ從ヒ相續税ヲ課シ、從來ノ如ク單ニ終身ノ利益ノ價格ニ對シ課税スルノ主義ヲ改正セリ

官立又ハ公立ノ設營ニ讓與セラレタル財産ノ價格ハ千九百一年三月三十一日ニ終ル年度ニ於ケルモノ九〇、〇〇〇£ナリ、此價格ノ財産ハ卽チ死因税ヲ免除セラルヽモノナリ

財産税

第一、遺言執行者及遺産管理人ハ遺言證明登記所ニ提出スヘキ誓書ヲ作成シ、

死者ノ姓名及居所、死亡ノ起リタル日及場所、合併王國內ニ在ル財產ノ總價格及自己カ證明下附ニ對スル權利ヲ之ニ記載スルコトヲ要ス

第二、遺言執行者及遺產管理人ハ內國稅委員會ニ提出スヘキ誓書更ニ一通ヲ作成スヘキ義務アルモノトス

第三、死者カ千八百九十四年八月一日以後ニ死亡シ、且合併王國內及外國ニ在ル實產及人產ノ總價格死亡ノ當時ニ於テ五〇〇£ヲ超ユルトキハ、右ノ誓書ハ合併王國內ニ在ル實產及合併王國內又ハ外ニ在ル人產ニシテ絕對ニ若クハ其終身間死者ニ所屬シ又ハ死者カ處分ノ權利ヲ有シタルモノ(死亡前一年間ニ絕對ニ贈與シタル財產又ハ一年前ト雖トモ條件付ニ贈與シタル財產及死者ト死者以外ノ他人トノ共同名義ニ成レル金錢又ハ財產ヲモ包含スルモノトス)ニ關シ巨細ニ記載スルコトヲ要ス

合併王國內又ハ外ニ在ル者ニ對シ死亡ノ時ニ於テ支拂フコトヲ約シタル債務各債務ニ關シ詳細ニ記載スルコトヲ要ス)及葬式ノ費用ハ控除スルコトヲ許サル、但シ弔喪、墓石又ハ埋葬地カ遠隔セル場合ニ於テ死骸ノ運搬ニ要スル

費用ヲ控除スルコトヲ許サス
第四、財産税ハ前項ニ依リ算出シタル資産及人産ノ純價格ニ對シ次ノ税率ヲ以テ賦課セラルヽモノトス

一〇〇£以上	五〇〇£以下	百分ノ一
五〇〇　同	一、〇〇〇　同	同　二
一、〇〇〇　同	一〇、〇〇〇　同	同　三
一〇、〇〇〇　同	二五、〇〇〇　同	同　四
二五、〇〇〇　同	五〇、〇〇〇　同	同　四、五
五〇、〇〇〇　同	七五、〇〇〇　同	同　五
七五、〇〇〇　同	一〇〇、〇〇〇　同	同　五、五
一〇〇、〇〇〇　同	一五〇、〇〇〇　同	同　六
一五〇、〇〇〇　同	二五〇、〇〇〇　同	同　六、五
二五〇、〇〇〇　同	五〇〇、〇〇〇　同	同　七
五〇〇、〇〇〇　同	一、〇〇〇、〇〇〇　同	同　七、五

一、〇〇〇、〇〇〇　同　同　八

第五、國家ノ勤務ニ服シ死亡シタル普通船員、水兵又ハ兵卒ノ財産ハ財産税ヲ免除セラル、財産ノ總價格五〇〇£ヲ超過セサル場合ハ内國税官吏ハ財産税免除ノ處分ヲ爲スコトヲ得、但シ其免除ヲ受ケタル場合ト雖トモ十五志ノ手數料ハ之ヲ納付セサルヘカラス

第六、遺言執行者又ハ遺産管理人ハ誓書ヲ提出スルト同時ニ人産中死者ノ處分シ得タルモノニ對スル財産税ヲ納付スルコトヲ要ス、但シ實産及他人ノ人産(例ヘハ確定財産、共同名義ニ成レル財産又ハ死亡前死者カ處分シタル財産ノ如キ、上ノ第三ヲ見ヨ)ニ對スル税金ヲ同時ニ納付スルコトヲ妨ケス

第七、純人産ニ課スル税金ニ對シテハ死亡ノ翌日ヨリ誓書提出ノ日ニ至ル迄(期間ノ起算日及終了日共ニ之ヲ加算ス)一ケ年百分ノ三ノ利子ヲ支拂フモノトス

第八、實産ノ純價格ニ對スル税金ハ納税者ノ便宜ニ從ヒ誓書ヲ提出スルト同時ニ一回ニ、又ハ八年間ニ年賦又ハ半年賦ノ方法ニ依リ納付スルコトヲ得、但

シ死亡後十二个月ヲ經過シタルトキハ每回ノ分納額ニ其利子(利率ハ一个年百分ノ三)ヲ加ヘタルモノヲ納付スヘキモノトス

第九、死者カ千八百九十四年八月一日以後ニ死亡シ、且合併王國内又ハ外ニ在ル實産及人産ノ死亡ノ時ニ於ケル總價格五〇〇£ヲ超過セサルトキハ誓書ハ總財産(確定財産ヲ除ク)ニ關シ巨細ニ記載スルコトヲ要ス、且負債又ハ葬式ノ費用ヲ人産中ヨリ控除スルコトヲ許サス、實産ニ附著シタル負擔(死者カ設定シタルモノニアラサル質權附債務ハ之ヲ除ク)亦控除スルコトヲ許サス

右ノ場合ニ於テ財産ノ總價格カ一〇〇£以上三〇〇£以下ナルトキハ財産稅ハ三十志ト爲ス、若シ三〇〇£以上五〇〇£以下ナルトキハ五十志ト爲ス、十二个月以内ニ納付シタルトキハ此等ノ稅金ニ對シ利子ヲ支拂フコトヲ要セス、手數料ハ十五志ト爲ス

第十、遺言執行者又ハ遺産管理人ハ誓書ヲ作成スルト同時ニ稅金金額ヲ納付スルコトヲ得、其自己カ取扱ヒタル財産ニ對スル稅金ノミヲ納付シ殘餘ノ稅金ハ法定相續人契約ニ依レル受任者又ハ其他ノ者ヲシテ納付セシムルコト

亦敢テ妨ケナキモノトス

第十一、財産ノ評價ヲ誤リ又ハ負債及葬式費用ノ全部ヲ控除セサリシ爲メ税金ヲ過多ニ納付シタル場合ハ内國税委員會ニ對シ之レカ返還ヲ請求スルコトヲ得ヘシ、但シ三年ノ期間内ニ之レカ請求ヲ爲スコトヲ要ス

第十二、一旦納付シタル税額ニ不足アルコトヲ發見シタル場合ハ發見ノ日ヨリ六个月以内ニ其不足額ヲ納付スルコトヲ要ス

遺贈税及相續税

第一、遺贈税ハ金錢ノ遺贈又ハ賃借權ヲ除キタル以外ノ人産ヨリ成ル殘餘財産ノ分配及家具、金版、寶石等ノ遺贈ニシテ其價格二〇£ヲ超過スルモノニ對シ課税セントスルモノナリ、相續税ハ之ト異リ實産及賃借權ニ對シ課税スルモノニシテ其税率左ノ如シ

兄弟姉妹及其子孫ナルトキ　百分ノ三

伯叔父母及其子孫ナルトキ　百分ノ五

大伯叔父母及其子孫ナルトキ　百分ノ六

其他ノ者ナルトキ　百分ノ十
遺贈ヲ辨濟スルニ方リテハ其受遺者ヨリ一定ノ形式ニ依レル受取證書ヲ請求スルコトヲ要ス
第二、配偶者、父母又ハ子ハ遺贈税及相續税ヲ納付スルコトヲ要セス
死者カ千八百九十四年八月一日以後ニ死亡シ、且實産及人産ノ純價格カ一、〇〇〇£ヲ超過セサル場合ニ其財産ノ一部ニシテ財産税ヲ納付シタル部分亦同一ナリ、其外三十志又ハ五十志ノ財産税ヲ納付シタル場合、及全財産カ其價格一〇〇£ヲ超過セサル場合亦此兩種租税ヲ免除セラルルモノトス、
第三、遺贈ニ對シ又ハ遺言ナキ場合ニ在リテ殘餘財産ノ分配ニ對シ租税ヲ納付シタル後殘餘財産ニ對シ遺贈税ヲ納付スルコトヲ要スル場合ハ殘餘財産目錄ヲ作成シ之ヲ遺贈税及相續税管理官ニ提出スルコトヲ要ス、該目錄ニハ其當時ニ於ケル財産ノ價格(財産中ヨリ控除サレタル額ヲモ併セ記スルコトヲ要ス)及既ニ辨濟ヲ終ヘタル遺贈ヲ記載シ且其殘餘財産ニシテ之ニ對シ租税ヲ納付スヘキモノヲ明示スヘシ

第四、死者カ千八百九十四年八月一日以後ニ死亡シタルトキハ相續稅ハ財產中ヨリ財產稅及必要ノ經費ヲ控除シタル額ニシテ財產稅課徵ノ標準タルヘキ財產額ニ對シテ賦課スルモノトス、本稅ハ目錄ニ對シ支拂フモノニシテ、納稅者ノ便宜ニ從ヒ一回ニ全額ヲ納付スルカ又ハ八回年賦又ハ十六回半年賦ニ依リ之ヲ分納スルコトヲ得ヘシ、但シ十二个月以後ハ未納ノ稅金ニ對シ一个年百分ノ三ノ利率ヲ以テ利息ヲ支拂フコトヲ要ス

確定財產稅(セッツルメント、エステート、ヂユーチー)

本稅ハ普通財產稅以外ニ確定財產ニ對シ特ニ百分ノ一ヲ增徵セントスルモノナリ之ヲ詳言スレハ死者ノ遺言又ハ其他ノ方法ニ依リ確定セラレタル財產ニシテ其死亡ニ因リ他人ニ移轉シ該他人ハ其終身間之ニ對シ權利ヲ有スルモ之ヲ處分スルコトヲ得サル場合ニ於テ該財產ニ對シ百分ノ一ヲ課徵セントスルモノナリ、但シ死者ノ配偶者カ右ノ終身利益ヲ取得スル場合ハ之ヲ除ク、本稅ハ確定契約ノ存續期間中ニ在リテハ一回以上賦課セラルルコトナシ

普魯西國相續稅法（千八百九十一年五月）

朕ウイルヘルム王國議會兩院ノ協贊ヲ經ヘルゴランド島ヲ除キ王國ノ範圍ニ對シ公布スルコト左ノ如シ

第一條（相續稅ノ目的）

相續稅ハ本法及附屬施行表（以下揭出）ノ規定ニ據リ相續ハ內國人タルト外國人タルトヲ區別スルコトナシ

一　遺產、遺言及死因贈與（報償的贈與及吩咐負擔贈與ヲ包含ス）

二　籍地相續及世襲財產相續

三　死亡ニ因リ指定又ハ法定ノ相續順位者ニ讓移スル家族財產ノ承繼相續

四　失踪者ノ財產ヲ推定相續權者ニ假定ノ承繼

第二條（世襲財產及家族財產）

世襲財產及家族財產ニ付納付スヘキ價格印紙稅ニ關シテハ本法ノ規定ニ從ヒ左ノ規準ヲ以テス

一・印紙義務アル價格ノ算出ハ本法第十四條乃至第二十一條ノ規定ニ據ル但負債ヲ控除スルコトナシ

二　死亡ニ因ル世襲財産及家族財産ニ付テハ死亡後六个月以内ニ價格印紙税ヲ納付スヘキモノトシ且其納付ニ對スル負擔ニ付テハ本法第三十九條及第三十條ノ規定ヲ適用ス

第三條

本法ノ意義ニ於ケル世襲財産ハ總テ死因又ハ生存者間ニ關スル規定ニ依リ家族ノ一定ノ財産カ必ス二代以上保續スヘキモノヲ謂フ

第四條　(生存者間ノ贈與)

生存者間ノ贈與殊ニ又報償的贈與及吩附負擔贈與ハ其證書アルトキハ贈與額ニ付價格印紙税ヲ負擔ス、本規定ノ意義ニ於ケル贈與證ハ一部ノ增富ヲ目的トスル行爲ニ關スル總テノ書類ヲ謂ヒ亦タ其行爲ハ負擔契約ノ形式ニテ結約シアルモ妨ケナシ、一部ノ增富ノ目的ト看做スヘキヤノ疑問ノ證據ニ付テハ證書上認ムヘカラサル事情ヲモ酌量スヘキモノトス所要ノ價格印紙ハ附屬稅表及本法第六條乃至第二十五條竝ニ第二十七條第一項ノ規定ニ從ヒ遺產者及相續所得者ノ關係ニ代フルニ贈與者及受贈者ノ關係ヲ以テ之ヲ定ム

其他該價格印紙稅ニハ證書印紙ニ關スル規定ヲ適用ス、贈與ノ納稅カ證書印紙ノ使用ニ對シ規定セル期限ヲ超過シテ猶豫シアル場合(第二十二條乃至第二十五條及第二十七條第一項)ニハ此期限經過前證書ヲ大藏大臣ノ定ムヘキ稅務廳ニ提出スルヲ要ス稅務廳ハ印紙ノ後日ノ使用ニ關スル所要ノ規定ヲ適用シ且之ニ對スル保證ハ稅務廳ニ其要求ニ依リ提供スヘキモノトス

第五條　(相續稅義務アル財額)

相續稅ハ相續者カ相續ニ依テ增富スル額ニ付納付スヘキモノトス

財額ニ屬スル債權亦タ所得者カ自ラ財額ニ對スル負債又ハ相續ニ依リ所得者ニ免債スヘキモノハ之ヲ相續稅義務アル財額ニ算入ス

財額ヲ以テ又ハ之カ爲メニ負擔スヘキ總テノ負債及負擔ハ之ヲ相續稅義務アル財額ヨリ控除ス、亦タ遺產者ノ最終ノ病氣及埋葬費用、遺產規則ノ訴訟及非訟費用

及財額ノ利益ノ爲メニスル訴訟費用ハ遺產ヨリ之ヲ控除ス但相續稅及相續關係者間ニ其特別ノ利益ノ爲メニスル訴訟費用ハ控除ノ限ニアラス

第六條　（負擔行爲ノ賠償ノ爲メニスル寄附）

相續ヲ以テ負擔シ且金額ニ見積ルヘキ行爲ニ付賠償ノ爲メ寄附ノ定メアルトキハ該行爲ノ價格ハ寄附ヨリ控除ス

第七條　（財團）

指定ノ又ハ相續者、受遺者等ニ委任シタル財團ノ設立ノ爲メニスル財產（第二條ノ世襲財產及家族財產ヲ除ク）ハ其納稅ニ關シテハ旣成財團ニ該財產ヲ承繼スルト均シク取扱フモノトス但財團ヲ實設セサルカ又ハ成規ノ方法ニテ實設セサル場合ニ於ケル租稅ノ決定及追徵又ハ免除ハ他ノ方法ニ依ル、後來追徵スヘキ稅額ニ對シテハ保證ヲ提供セシムルコトヲ得

第八條　（慈善等ノ目的ヲ以テスル寄附）

財團ヲ設立スルコトナクシテ慈善、共用又ハ公共ノ爲メ寄附ヲ指定シアルカ又ハ相續者、受遺者等ニ同一ノ目的ノ爲メ行爲ヲ委任シタルトキハ其納稅ニ關シテハ

該目的ノ爲メ寄附或ハ行爲ノ額ニ於ケル財團カ指定シアルト均シク取扱フモノトス

該寄附ニ關スル租税ハ寄附ヲ負擔スル者ヨリ納付シ且之カ爲メ他ノ指定ナキトキハ寄附或ハ行爲其モノニ付テ計算スルコトヲ得

第九條（不動產）

國外ニ於ケル土地及土地權ハ納税義務ノ財額ニ屬セス、內國ノ土地又ハ土地權又ハ其收益ノ相續ニ付テハ相續稅ヲ徵收シ遺產者カ內國人タルト又ハ外國人タルトヲ區別スルコトナク且遺產者カ其住居ヲ內國ニ有スルト否トヲ區別スルコトナシ

第十條（動產）

第九條規定外ノモノハ遺產者カ死亡ノ際住居ヲ普國內ニ有スルカ又ハ豫メ遺產ノ承繼ヲ普國ノ裁判所ニ付テ手續シタルトキハ相續稅ヲ徵收ス普國外ニアル財產ハ其外國ニ於テ無稅ナルカ又ハ本法ノ規定ニ依ル納付ヨリ少額ノ租稅ナルトキハ相續稅ヲ徵收ス此場合ニハ外國ニ納附シタル有證ノ租稅ハ當國ノ租稅ニ算

入ス
遺産者カ死亡ノ際住居ヲ有セサルトキハ死亡ノ際普國ニアリタル財産ニ付當國ノ相續稅ヲ徵收ス

第十一條

第十條ノ規定ニ異ナル原則ニ依テ徵收スル所ノ國ニ住居ヲ有スルカ又ハ其國民タル者ノ遺産ニ關シテハ大藏大臣ハ平均ノ爲メ且可成的重復稅ヲ避ケンカ爲メ第十條ノ規定ヲ左ノ如ク變更スルコトヲ得

一 遺産者カ普國民ナルトキハ其住居ニ關セス土地又ハ土地權ニアラサル財産ニ對シ普國ノ相續稅ヲ徵收スルコト

二 財産カ普國ニアルトキハ遺産者ノ住居及國籍ニ關セス土地又ハ土地權ニアラサル財産ニ對シ普國ノ相續稅ヲ徵收スルコト

第十二條（納稅ノ特別ノ場合）

團體又ハ他ノ法人カ贈與又ハ生前ノ寄附ヲ受クル際受領物又ハ其價格ノ一部ヲ贈與者又ハ遺産者ノ親族ニ附スヘキ義務ヲ負フタル場合其親族ハ斯ノ如クシテ

自己ニ歸シタル物ニ付贈與者又ハ遺產者其者ヨリ寄附ヲ受ケタルト均シク納稅スヘキモノトス

第十三條　（負債及負擔ノ分割）

第九條、第十條及第十一條ニ依リ財額ノ免稅又ハ納稅義務アル一部ノミニ負フ所ノ負債及負擔ハ租稅算定ノ際之ヲ其負フ所ノ部分ヨリ減却ス
財額ノ免稅部分竝ニ納稅義務アル部分ノ負フ所ノ負債及負擔ハ納稅義務アル部分ヨリ總財額ニ對スル該部分ノ割合ニ應シテ減却ス
所有權者カ自ラ同時ニ負フ所ノ抵當負債ハ先ツ土地ヲ以テ之ヲ負擔シ且其土地ヲ以テ辨償スヘカラサル額ニ關シテノミ他ノ財額ヲ以テ計算ス

第十四條　（財額ノ價格ノ查定）

財額ノ查定ハ他ノ目的ノ爲メ前規減却ノ原則ニ關スルコトナク相續ノ時ニ於ケル總テノ價格ニ及ホスモノトス

第十五條

永久ノ收益及行爲ニ付テハ其一个年ノ額ノ二十五倍、不定期間ノ收益及行爲ニシ

テ第十六條及第十七條ノ規定ヲ適用スヘカラサルカ又ハ他ノ事情ニ依リ最長期限ヲ推定スヘキトキハ一个年ノ額ノ十二倍半ヲ資本價格トス

第十六條

終身年金、終身用益權及其他權利者又ハ一他人ノ終身ヲ限リタル收益又ハ行爲ノ價格ハ死亡ニ依リ收益又ハ行爲カ消滅スル人ノ相續ノ時ニ於ケル年齢ニ依リ之ヲ定ム

年齢十五歳及其以下	一个年ノ收益又ハ行爲ノ價格ノ	十八倍
十五歳以上二十五歳迄	同	十七倍
二十五歳以上三十五歳迄	同	十六倍
三十五歳以上四十五歳迄	同	十四倍
四十五歳以上五十五歳迄	同	十二倍
五十五歳以上六十五歳迄	同	八倍半
六十五歳以上七十五歳迄	同	五倍
七十五歳以上八十歳迄	同	三倍

八十歲以上　同　二倍

收益又ハ行爲カ相續後一个年內ニ消滅シタルトキハ實際ノ期間ニ應シテ其價格ヲ定メ且過納ハ之ヲ返附ス

第十七條

收益又ハ行爲ノ期間カ數人ノ終身ニ關シ其最初ノ死亡ニ依リ收益又ハ行爲カ消滅スルトキハ第十六條規定ノ價格査定ハ最高齡者ノ年齡ニ依ル、收益又ハ行爲カ最終ノ死亡者迄永續スヘキトキハ最幼年者ノ年齡ニ依テ算定ス

第十八條

定時ニ限レル收益又ハ行爲ニ付相續ノ時ニ於ケル總收益又ハ行爲ノ資價ハ四分利ヲ基礎トシ附錄表(以下揭出)ニ依リ査定ス尙ホ其他ニ收益又ハ行爲ノ期間カ一人又ハ數人ノ終身ヲ條件トシタルトキハ第十六條及第十七條ニ依リ算定スヘキ資價ヲ超過スヘカラス

第十九條

元金ノ一个年ノ收益額ヲ決定スヘキ他ノ方法ナキトキハ百ニ對スル四ヲ以テス

第二十條

總テ他ノ物件ノ價格ハ納稅義務者又ハ第三十七條規定ノ義務者ヨリ申告ノ義務アルモノトス、稅務廳ノ通告ニ依リ價格申告ノ義務ヲ履行セサル者ハ政府ノ査定ニ要セル費用ヲ負擔シ費用ハ租稅ト共ニ徵收スヘシ

第二十一條

稅務廳カ價格ノ申告ヲ正當トシテ認ムヘキカニ付疑アルトキ及之ニ關シ納稅義務者ト一致セサルトキハ稅務廳ハ自ラ價格ヲ査定シ且之ニ依テ租稅ヲ徵收スヘキ權ヲ有ス、査定價格カ納稅義務者ノ申告價格ヲ一割以上超過スルトキハ價格査定ノ費用ハ納稅義務者ノ負擔トス、行政方法又ハ權利方法(第四十二條)ニ依リ費用辨償ノ義務ナキ額以上價格ノ減却ヲ來ストキハ既納ノ費用ハ之ヲ返付ス

第二十二條 (條件付所得)

財產ノ所得カ停止條件ノ成就ニ關係スルトキハ條件成就ノ際納稅スヘキモノトス、稅務廳ハ該納付スヘキ租稅ノ保證ヲ要求スルコトヲ得、解除條件ノ下ニ取得シタル財產(第十五條乃至第十七條ニ依リ取扱フヘキ期間不定ノ收益ヲ除ク)ハ無條

件ニテ取得シタル如ク納稅スヘキモノトス、條件成就ニ際シテハ實際增富ニ相當スル額ニ至ル迄既納稅金ヲ返付ス

第二十三條 (條件付負擔)

納稅スヘキ財額ノ價格ヲ減スヘキ負擔及行爲ハ其停止條件ノ成就ニ關スル間ハ酌量スルコトナシ條件成就スルトキハ過納額ヲ稅務廳ヨリ返付スヘシ

期間カ解除條件ニ關スル負擔(第十五條乃至第十八條ノ規定ニ依リ徵稅價格ヲ算スル期間不定ノ行爲ヲ除ク)ハ無條件ノ如ク減却スヘシ、條件成就スルトキハ租稅算定ノ際條件成就ノ期點ヲ豫知スルヲ得ハ多額ニ納付スヘカリシ稅額ヲ追徵スヘキモノトス、稅務廳ハ該追徵權ノ保證ヲ要求スルコトヲ得

第二十四條

第二十二條及第二十三條ニ於ケル規定ハ單ニ成就ノ期點ニ付テ未知ナル出來事ニ關係セル所得、負擔及行爲ニモ同樣ニ適用スヘキモノトス

第二十五條 (不確實ノ債權)

不確實ノ債權及其他卽時ノ價格査定ニ適セサル物件ハ納稅義務者カ申告セル推

定價格ヲ以テ計算ス若シ一致セサルトキハ税務廳ハ申告價格ニ依リ租税ヲ徴收シ且價格率ノ訂正竝ニ之ニ基ク租税ノ追徴又ハ免除ヲ債權支拂又ハ價格査定ニ關スル取扱ノ結了ニ至ル迄保留スルコトヲ得

不確定又ハ未知ノ債權カ租税算定ノ際財額ニ無關係ニテ存シ後日ニ至リ發顯スルトキハ税務廳ヨリ過納金ヲ返付ス

第二十六條　（籍地及世襲財産ノ相續額）

籍地及世襲財産ノ相續（籍地又ハ世襲財産ハ資産又ハ資本タルコトヲ得）竝ニ家族財産ノ相續ハ第十六條ノ規定ニ從ヒ一个年ノ收益價格及所得者ノ年齢ノ割合ニ應シ納税スルモノトス

第二十七條　（收益ナキ實體ノ所得）

收益カ第三者ニ屬スル財産ヲ相續者、受遺者等カ相續シタルトキ該財産ハ第十五條以下ノ規定ニ從ヒ算定シタル收益ノ價格ヲ減シテ計算ス但實體ノ所得者カ相續ノ際納税スルトキニ限ル、收益ト實體ト合致迄實體ノ納税ノ猶豫ヲ申立ルトキハ該減却ヲ行フコトナシ第三者ノ收益ノ終結ノ時ニ於ケル情況ニ應シ納税スヘシ且若シ其間實體ノ追次ノ相續アリタルトキ收益ニ達スル實體ノ所得者カ本來ノ遺產者ヨリ直接ニ財產ヲ取得シタル如ク中間相續ニ對シ租稅ヲ納付スルコトナキトキモ然リトス、納稅猶豫ニ際シテハ租稅ハ稅務廳ノ要求上財額ニ付實體所得者ノ費用ニテ保證スヘキモノトス

世襲財產權者ノ更代ニ際シテハ受托者ハ用益者トシ及世襲財產權者ハ傳フヘキ財產ノ實體相續者トシテ取扱フモノトス但世襲財產カ受托者ノ死亡ノ場合モ尙現存シアルヘキ制限アルトキハ受托者ハ相續ノ全額ニ付並ニ世襲財產權者ハ其傳フヘキ財產ノ全額ニ付各自遺產者ニ對スル親族關係ニ應シ相續稅ヲ納付スヘシ

第二十八條（租稅ノ算定）

相續稅ハ一相續ノ各箇ノ所得者ノ全部ニ付該所得者各別ニ對シ算定スルモノトス、配偶者カ共同ノ生前處分ニハ配偶者ノ一方又ハ雙方ノ親族ヲ相續者ト定ムルカ又ハ寄附ヲ爲シ且配偶者雙方ノ何レヨリ相續アリタルカノ疑アルトキハ納稅義務者ノ最近親ノ配偶者ヨリ其ノ者ノ遺產ニ關シテハ相續アリタルモノト看做

ス、最初死亡シタル配偶者ノ遺産額ヲ査定スルコト能ハサルトキハ該遺産額ハ租税算定ノ爲メ存命配偶者ノ死亡ノ際現存セル財産ノ半額ト看做スヘキモノトス、但財産ノ各物件ニ關シ何レノ遺産ニ物件カ屬スルヤノ疑アルトキハ該物件ハ各配偶者ノ遺産ニ半部屬スルモノト看做ス

第二十九條　(租税ニ對スル負擔)

相續税ハ納税義務アル相續ノ所得者ニ賦課ス、納税義務アル全財額ハ相續税ヲ負擔ス、該財額中條件付相續ハ納税ニ對スル要求上保證ヲ提供スルコトヲ要ス(第二十二條及第二十三條)

相續者及共同相續者ハ遺産ヨリ受クルモノノ額以上總テ遺産ニ關スル相續ニ付納付スル相續税ニ對シ連帶負擔ス

本法ニ於テ相續者及共同相續者ニ課シタル義務ニ關シ總括遺言ノ所得者又ハ總括項目中ノ遺言所得者ハ相續者及共同相續者ト同視セラルヘキモノトス

第三十條

相續關係者ノ法定代理人及全權委任者、遺言施行者及遺産管理人並ニ家族財産ノ

管理人ハ遺産、遺産ノ各部遺言又ハ贈與或ハ家族財産ノ承繼ヲ之ニ賦課セル相續稅ノ納付又ハ保證後交付スヘシ之ニ反スル場合ニ在テハ租稅負擔ノ爲メ保留ス

第三十一條（租稅ノ管理）

相續稅制ノ管理ハ大藏大臣ノ指揮ノ下ニ州稅務廳ヨリ相續稅官吏ニ依テ之ヲ行フ、相續稅官吏ハ大藏大臣ノ告示セル管轄區域內ニ於テ相續稅徵收額ノ決定、徵收及本法規定ノ監視監督ノ責任ヲ負フ、相續稅官吏ハ關係各省ノ規定ニ從ヒ死亡簿所管者ヨリ該目的ノ爲メ規定セル形式ニ準據セル死亡簿ノ拔萃ヲ領取シ之ト均シク裁判所ヨリ開始セル遺言及死刑宣告ノ證明書ヲ領取ス

第三十二條（相續ノ申告）

第一條ニ規定セル種類ノ相續ニ遭遇セル者ハ其相續ヲ知リタル後三个月以內ニ所轄相續稅官吏ニ書面ヲ以テ既ニ相續ノ所得アリタルト否トニ區別ナク申告スヘキ義務アリ、此義務者カ歐羅巴以外ノ國又ハ河海ニアリテ不在ナルトキハ該期間及第三十五條所定ノ二个月ノ期間ハ六个月ニ延長ス

申告義務者カ歐羅巴內ニアルトキハ相續進行後遲クモ三十日ニ於テ相續ヲ了知

シタルモノト推定ス但三十日ヨリ早キ時期ノ證據ハ税務廳ノ責トシ及遲キ時期ノ證據ハ納税義務者ノ責トス

第三十三條

一遺產ノ配分者竝ニ一家族財產ノ承繼順位者ハ其遭遇スヘキ相續カ第三十條ニ規定セル者ノ一人又ハ共同權利者ヨリ正期ニ申告セラルルトキハ申告ノ義務ヲ免セラル

第三十四條

申告ノ領收ハ要求ニヨリ相續税官吏ヨリ該副本ニ無手數料且無印紙ニテ證明スヘキモノトス

第三十五條　（目錄及說明書）

申告期間（第三十二條）經過後尙ホ二个月ノ期間內ニ所轄相續税官吏ニ總テ納税義務アル財額及總テ之ニ算入スヘキ物件又ハ之ヨリ減却スヘキ物件ニ付完全且正當竝ニ要用ナル價格表示ヲ有セル目錄ヲ提出スルコトヲ要ス、之ト共ニ相續税ノ決定ニ必要ナル狀態ノ說明書ヲ添付シテ差出スヘシ期間ノ延長ハ申立ニ依リ特別ノ原因ノ爲メ必要ナルトキ許可スヘキモノトス、順位者カ未タ相續ヲ取得セス且之ヲ報告スルトキハ特ニ認許スルコトヲ要ス
目錄及說明書ノ作成ニ關シテハ大藏大臣ヨリ必用ニ應シ發布セル細則ヲ遵守スヘシ

第三十六條

納稅義務アル相續者カ干與セスシテ納稅義務アル遺言、贈與等ノミナル遺產ニ付テハ目錄及說明書(第三十五條)ヲ納稅義務アル相續ニ關スル物件及狀態ニ制限スルコトヲ得

第三十七條

目錄及說明書ヲ提出スヘキ義務ヲ負フ者左ノ如シ
(一)　總テ遺產ニ係リ納稅義務アル相續ニ關スル遺產ニ際シ遺言執行者又ハ遺產管理人アルトキハ其者、之ナキトキハ相續者但相續者カ其遭遇セル相續ニ付自ラ相續稅ヲ納付スヘキ者ナルト否トヲ區別スルコトナシ、他ノ配分者(遺言受領者等)ハ其遭遇スル相續ニ關シ相續稅官吏ノ要求アルトキハ其通告ヲ

受クヘキ期間内ニ目錄及說明書ヲ提出スヘキ義務アリ

（二）第一條第二及第三ニ規定セル相續ニ際シテハ各遭遇スル相續ニ關スル納稅義務者

被後見者、監督又ハ父權ノ下ニアル者又ハ法人及破產財團ニ付テハ其法定代理者ヨリ前項ノ義務及申告ノ義務（第三十二條以下）ヲ履行スヘキモノトス

第三十八條（追次査定）

相續稅官吏ハ提出セル目錄及說明書ノ正當且完全ナルヤヲ檢査シ且義務者（第三十七條）ニ通告シタル其陳情ヲ所定ノ期間内ニ完了ノ爲メ義務者ヲ强制スヘシ、相續稅ニ服從スル相續ニ遭遇スル者ハ相續ニ關スル事實上ノ狀態ニ付相續稅官吏ヨリ要求シタル報告ヲ通報スヘキ義務アリ該狀態ハ各自又ハ他ノ遺產配分者等ニ到達スル相續ニ影響アルヘキモノニ及ホスモノトス

相續ニ關スル證書殊ニ生前處分、所得證書及財額ヨリ減却スヘキ負債及其他財額ヨリ減却ヲ行フヘキ又ハ其部分ヲ區別スヘキ原因トナル請求權ニ關スル證據材料ハ相續稅官吏ノ要求ニ依リ實見ノ爲メ之ニ提出スルヲ要ス

前項ノ場合ニ於テ相續稅官吏ノ要求ニ適當セサルトキハ該官吏ハ其命令遂行ノ爲メ怠慢者ヲ命令罰六十馬克以下ノ決定及徵收ニ依リ强制スルコトヲ得亦タ必要事項ヲ完了ノ爲メ怠慢者ノ費用ヲ以テスルコトヲ得

第三十九條　（誓約的保證）

相續稅官吏ハ第一條ニ依リ相續稅ニ服從セル相續ニ遭遇スル者ヨリ提出セル目錄及說明書又ハ其各部分（第三十五條及第三十六條）及其他要求ニ依ル報告（第三十七條）ノ正當且完全ナルコトニ付誓約的保證ヲ徵スヘキ權ヲ有ス誓約的保證ハ相續稅官吏ノ細則ニ從ヒ該官吏又ハ特設廳ニ書面又ハ口頭ヲ以テ交付スヘキモノトス

第四十條　（概算納稅）

大藏大臣ハ特ニ納稅義務者ノ申請ニ依リ目錄ノ提出ニ付全部又ハ一部ヲ省略シ且相續稅ニ對スル概算額ヲ領收スルノ權アリ又納稅ノ猶豫ヲ要スル相續ノ概算納稅ヲ許可スルノ權アリ

餘命ノ配偶者カ數兒ト共ニ夫婦財產共有ヲ繼續スルトキ一兒ノ死亡ニ際シ其兒

弟姉妹又ハ其卑屬ニ到達スル相續ノ納税ハ財產共有解除迄之ヲ猶豫シ且其際現存スル財產ノ割合ニ應シテ納税スヘキモノトス

第四十一條（租税ノ決定）

相續税ヲ算定シタトルキハ相續税官吏ハ納税義務アル財額、各箇ノ相續、親族關係各納税義務者ノ納付スヘキ税額ヲ記載シ且租税納付ノ命令ヲ併載セル無手數料且無印紙ノ證書ヲ配付ス

遺產カ租税納付ノ爲メ精算シアルトキニ限リ相續者ノ判別遲延ノ爲メ租税納付ヲ猶豫スルヲ要セス

第四十二條（權利方法ノ許容）

千八百六十一年五月二十四日ノ權利方法擴張ニ關スル法律第十一條及第十二條ノ規定ハ本法ノ規定ニ從ヒ納付スヘキ相續税ニ適用ス、相續税ノ納付ニ際スル（制限（千八百六十一年五月二十四日ノ法律第十二條）ハ之ヲ要セス

租税決定後發シタル事情ノ爲メ既納税ノ全部又ハ一部ノ免除ヲ要求シ得ルトキニ限リ訴訟權ノ消滅後ノ訴訟ハ事情發生後一个年內ニ提起スヘキモノトス

第四十三條 (刑罰規定)

納稅義務アル相續ノ申告、又ハ規定或ハ申請ニ依ル延期ノ期間內ニ目錄及說明書ノ提出ニ付法律上ノ義務ヲ履行セサル者ハ政府ノ查定ニ依テ生スル費用ヲ負擔シ、自己ノ怠慢ニ依リ逋脫セル稅額ヲ辨償スヘキモノトシ且又當該相續ノ相續稅ノ二倍ニ均シキ罰金ニ處ス但相續稅額ヲ查定シ得サルトキハ三千馬克以下ノ罰金ニ處ス

相續稅ヲ逋レントスル目的ヲ以テ義務ノ正期ノ履行ヲ怠リタルニアラサルコトヲ確實ノ事情ニ依リ認ムヘキカ又ハ義務者カ證明シ得ルトキハ前項ノ罰金ニ代フルニ百五十馬克以下ノ命令罰ヲ以テス

相續稅官吏ハ前項ノ命令罰ヲ刑事手續ノ豫審ナク特ニ判決ノ原因ヲ有スル宣告ニ依リ六十馬克以下決定スルコトヲ得之ニ對シ義務者ハ稅務廳ノ處罰(第四十八條)ニ對スル如ク上訴又ハ上告スルコトヲ得、租稅ハ刑罰ニ關セス之ヲ徵收ス

第四十四條

納稅義務アル相續ニ屬シ報告ノ義務アル物件ヲ故意ニ隱蔽スル者又ハ納稅義務

税率又ハ税額ヲ定ムル事實ニ付故意ニ不正ノ報告ヲ爲ス者ニハ第四十三條ノ規定ヲ同様ニ適用ス

要求ニヨル誓約的保證ノ義務者カ其報告ヲ訂正スルトキハ處罰アルコトナシ、又證書僞造又ハ誓約的保證ニ依テ虚僞ヲ企テテ且此犯罪ノ爲メ處罰セラルルトキハ前規ノ處罰ハ消滅ス

第四十五條

再度ノ要求ニ依リ誓約的保證交付ノ義務(第三十九條)ヲ所定ノ期間内ニ履行セサル者ハ七十五乃至三千馬克ノ罰金ニ處ス

第四十六條

證書印紙ノ使用ニ關シ特ニ規定セル期間ヲ超過シ納税ヲ猶豫スヘキ(第四條第三項)贈與證書ヲ此期限經過前税務廳ニ提出スヘキコトヲ怠ルカ又ハ提出シタル證書ノ追納税ニ關シ税務廳ヨリ發シタル命令ニ服從セサルトキハ後日使用スヘキ印紙四倍ノ刑ニ處ス又該印紙カ未決ナルトキハ三十馬克以下ノ罰金ニ處ス但租税隱蔽ノ患ナキカ又ハ意志ナキコトノ事情明カナルトキハ本刑ニ代フルニ百五

十馬克以下ノ命令罰ヲ以テス

第四十七條

第四十三、四十四、四十五及四十六條ニ規定セル罰金ハ其判決ヲ受ケタル者カ無資力ノ爲メ體刑ニ變更スルコトナシ、又判決ヲ受ケタル者カ内國人ナルトキハ其承諾ナクシテ罰金徵收ノ爲メ不動產ヲ競賣スルコトヲ得ス

第四十八條

管理上及裁判上ノ刑事手續ニ關シテハ關稅違犯ニ對スル手續ヲ定メタル規定ヲ適用ス但第四十三條第三項ノ規定ハ此限ニアラス

第四十九條 (費 用)

相續稅事務ノ取扱ハ無手數料且無印紙トス但刑事訴訟ニ於ケル現行ノ規定ニ依リ之ヲ要スルモノヲ除ク

納稅義務者及其他第三十七條及第三十八條ニ規定セル義務者ハ之等トノ取扱ニ依テ生シタル郵便稅ヲ負擔スルモノトス

第五十條 (時 效)

相續稅ハ納稅義務アル相續ヲ取得シタル曆年經過後十个年ヲ以テ時效トス但調定濟稅額ヲ除ク又政府ヨリスル租稅ノ査定ニ付既ニ行爲アリタルトキハ該最終ノ行爲アリタル曆年經過後十个年ヲ以テ時效トス
調定濟稅額ハ納付期間又ハ猶豫期間ノ末日ノ遭遇スル曆年又ハ未納金ノ徵收ニ付政府ノ最終ノ行爲アリタル曆年經過後四个年ヲ以テ時效トス
保證提供シアル租稅ハ保證ノ消滅シタル年ノ經過前ハ時效開始スルヲ得ス
本法犯則行爲ノ處罰ハ三年ヲ以テ時效トシ適法ニ判決シタル刑ノ執行ハ五年ヲ以テ時效トス

相續稅徵收表

總則

(一) 稅額ハ最少額ヲ五十片トシ且五十片宛昇進ス
(二) 稅率ノ決定ニ際シテハ裁判判決又ハ契約ニ依リ既ニ相續開始前存立ヲ廢シタル狀態ニ遡ルコトヲ得ス殊ニ離婚又ハ繼子承認廢止後開始スル相續ハ廢シ

タル狀態ニ關セス適用スヘキ稅率ニ依リ納稅スヘシ

(三)　籍地及世襲財產並ニ家族財產承繼(本法第一條第二及第三號)ノ稅率ハ籍地又ハ世襲財產或ハ家族財產承繼ノ最終ノ所有者ト納稅義務者間ノ親族關係ニ依リ之ヲ定ム

(四)　婦ノ卑屬ニハ其婦ノ私生子及其卑屬ヲ算入ス

(五)　婦ノ婚姻前出生シタル私生子ハ其後ノ結婚ニ依リ嫡出子承認ノ場合ノ外夫ノ繼子ニ算入ス

(六)　私生子ニシテ其後ノ婚姻ニ依ルノ外夫ニ對シ嫡出子ノ權利ヲ證明的ニ取得シタル者ハ夫ノ嫡出承認子ト同視ス

(七)　同一母ノ嫡出子及私生子並ニ同一父ノ嫡出子及嫡出承認子ハ異父母ノ兄弟姉妹ト看做ス

相續ノ納稅左ノ如シ

(イ)　總額百分ノ一

遺產者ノ家庭ニ屬シ且其家庭ニ於テ或ル職務ノ關係ヲ有シタル者カ恩給年金

又ハ其他遺産者ニ仕致シタル職務ノ爲メ終身ヲ限リテ給セラルル收益ニテ成立スル相續ニ遭遇スルトキ

(ロ)　總額百分ノ二

(イ)　養子又ハ繼子承認ノ結果相續順位トナリタル子及其卑屬

(ロ)　同父母又ハ異父母ノ兄弟姉妹及其卑屬

(ハ)　總額百分ノ四

(イ)　六等親ニ至ル迄以上無示名親族

(ロ)　繼子及其卑屬及繼父母

(ハ)　義子(子ノ配偶者)及義父母(配偶者ノ父母)

(ニ)　私生子ニシテ父ヨリ證認シタル子

(ホ)　專ラ慈善、公共用又ハ敎育ノ爲メ定メアル總テノ相續及寄箇カ個々ノ家族又ハ一定人ニ關セズ且所定ノ目的ノ爲メ實際ノ使用カ確實ナルトキ

(ニ)　總額百分ノ八

總テ他ノ相續

免除

相續稅ヲ免除スルモノ左ノ如シ

(一) 總額百五十馬克ヲ超過セサル相續但第三者ニ屬スル收益ノ價格控除ノ結果實體ノ價額カ總額百五十馬克ニ減シタル場合ヲ除ク

(二) 左ノ者ニ到達セル相續

(イ) 尊屬

(ロ) 有效ノ婚姻ヨリ出テタルカ又ハ嫡出承認ノ卑屬、亦タ私生子ハ其母又ハ其尊屬ノ遺產ニ付相續稅ヲ納付セサルモノトス

(ハ) 配偶者

(ニ) 遺產者ノ家庭ニ屬シ且其家庭ニ於テ或ル職務ノ關係ヲ有シタル者ノ相續カ總額九百馬克ヲ超過セサルトキ、該額以上ノ際全總額ニ付算定スヘキ租稅ハ九百馬克ヲ超過スル額ヨリ徵收シ得ル分ヲ納付スヘキモノトス

(ホ) 國庫及總テノ營造物及國家ノ計算トシテ管理セラレ又ハ之ト對等ニセラレタル金櫃

（ヘ）要扶助者ノ爲メニスル地方又ハ國ノ貧窮組合

（ト）公立ノ貧窮院、疾病院、工場、監獄及懲治場、公立孤兒院、公認病院及他ノ養育院、公認幼兒保護院協會並ニ確認ノ慈善財團

（チ）公立學校及大學公立ノ美術又ハ學術會

（リ）獨逸寺院及他ノ法人權アル獨逸ノ宗教組合

（ヌ）遺産者ノ勞役者又ハ執務者並ニ遺産者ノ親戚ノ扶助ヲ目的トスル金櫃及營造物

（ル）其他國法ニ依リ賠償ヲ廢スルコトヲ得又ハ特ニ國主ヨリ附與シタル特權ニ歸スル相續印紙又ハ相續稅ノ對人的免除カ現行規定ニ依リ存立スル間該免除ハ後來納付スヘキ相續稅ニモ亦タ均シク之ヲ適用ス

（ヘ）（ト）（チ）ノ場合ニ於ケル免除ハ內國ノ營造物、財團、協會等ニ及ホスモノトス

但他國ニ於テ普國ト同一ノ方針ヲ執ルトキハ亦タ他國ノ營造物、財團、協會等ニ免除ヲ與フルコトヲ得

定年期一馬克ノ年金又ハ收益ニ關スル相續稅額算定現在

資本價格表（法律第十八號附屬）

年數	資本價格（馬克 片）
一年	一、〇〇〇
二年	一、九六〇、二
三年	二、八八〇、六
四年	三、七七〇、五
五年	四、六三〇、〇
六年	五、四五〇、一
七年	六、二四〇、二
八年	七、〇〇〇、二
九年	七、七三〇、三
十年	八、四三〇、五
十一年	九、一、一、一
十二年	九、七六〇、〇

年數	資本價額（馬克 片）
十三年	一〇、三八〇、五
十四年	一〇、九八〇、六
十五年	一一、五六〇、三
十六年	一二、一一〇、八
十七年	一二、六五〇、二
十八年	一三、一六〇、六
十九年	一三、六五〇、九
二十年	一四、一三〇、四
二十一年	一四、五九〇、〇
二十二年	一五、〇二〇、九
二十三年	一五、四五〇、一
二十四年	一五、八五〇、七

二十五年	一六、二四、七
二十六年	一六、六二、二
二十七年	一六、九八、三
二十八年	一七、三三、〇
二十九年	一七、六六、三
三十年	一七、九八、四
三十一年	一八、二九、〇
三十二年	一八、五八、九
三十三年	一八、八七、四
三十四年	一九、一四、八
三十五年	一九、四一、一
三十六年	一九、六六、五
三十七年	一九、九〇、八
三十八年	二〇、一四、三
三十九年	二〇、三六、八
四十年	二〇、五八、五
四十一年	二〇、七九、三
四十二年	二〇、九九、三
四十三年	二一、一八、六
四十四年	二一、三七、一
四十五年	二一、五四、九
四十六年	二一、七二、〇
四十七年	二一、八八、五
四十八年	二二、〇四、三
四十九年	二二、一九、五
五十年	二二、三四、二
五十一年	二二、四八、二
五十二年	二二、六一、八

五十三年	二二、七四、八	六十七年	二四、一二、二
五十四年	二二、八七、三	六十八年	二四、一九、四
五十五年	二二、九九、三	六十九年	二四、二六、四
五十六年	二三、一〇、九	七十年	二四、三三、〇
五十七年	二三、二二、〇	七十一年	二四、三九、五
五十八年	二三、三二、七	七十二年	二四、四五、六
五十九年	二三、四三、〇	七十三年	二四、五一、六
六十年	二三、五二、八	七十四年	二四、五七、三
六十一年	二三、六二、四	七十五年	二四、六二、八
六十二年	二三、七一、五	七十六年	二四、六八、〇
六十三年	二三、八〇、三	七十七年	二四、七三、一
六十四年	二三、八八、七	七十八年	二四、七八、〇
六十五年	二三、九六、九	七十九年	二四、八二、七
六十六年	二四、〇四、七	八十年	二四、八七、二

八十一年	二四、九一、五
八十二年	二四、九五、七
八十三年	二四、九九、七
八十四年	二五、〇〇、〇
以下同シ	

相續稅法義解 大尾

明治三十九年三月二十五日印刷
明治三十九年三月二十八日發行

正價金壹圓

不許複製

著作者　稻葉敏
東京市神田區今川小路二丁目十一番地
自治館代表者
發行者　金田謙
東京市京橋區西紺屋町廿六七番地
印刷者　佐久間衡治
東京市京橋區西紺屋町廿六七番地
印刷所　株式會社秀英舍

東京市神田區今川小路二丁目十一番地
發行所　自治館

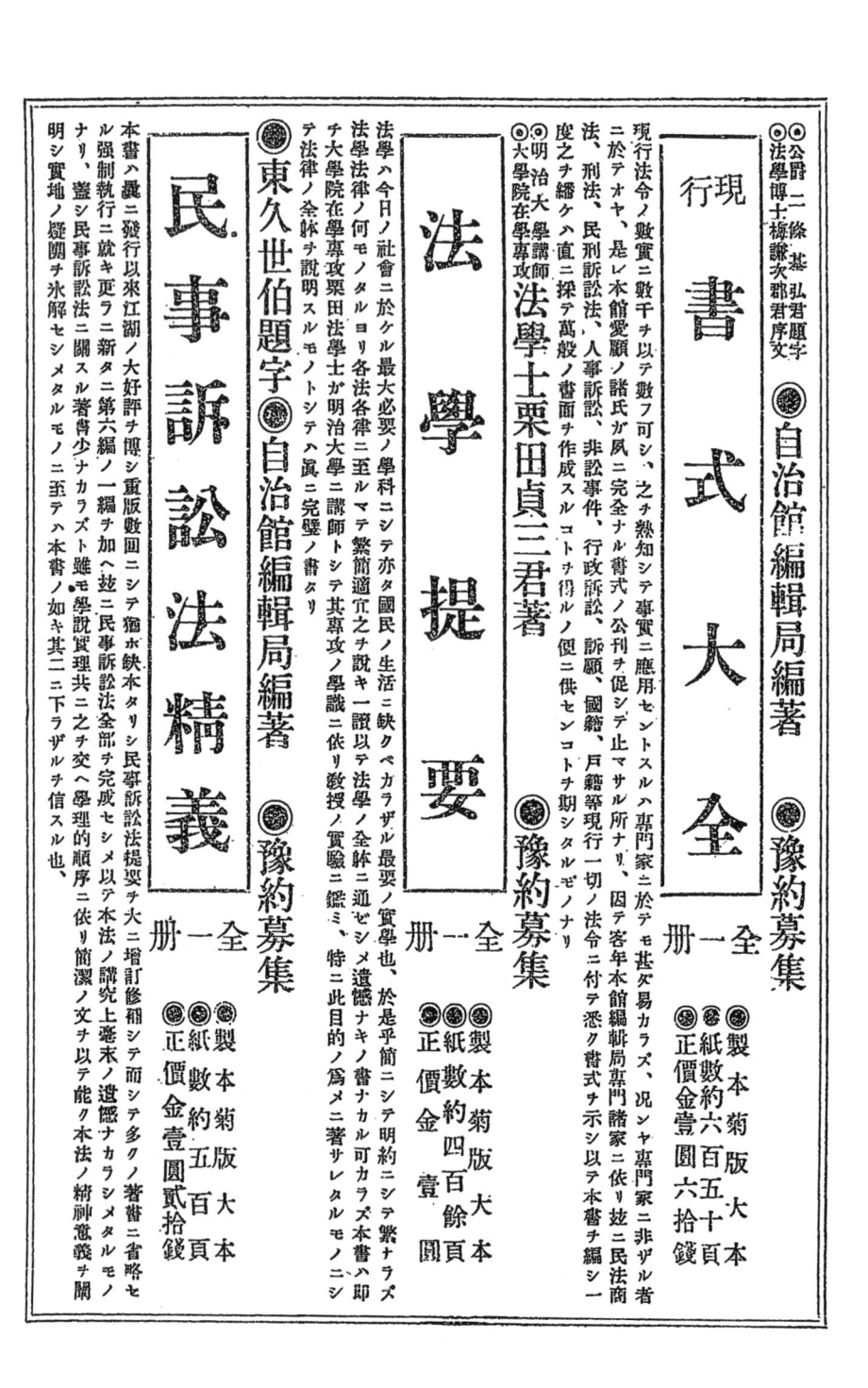

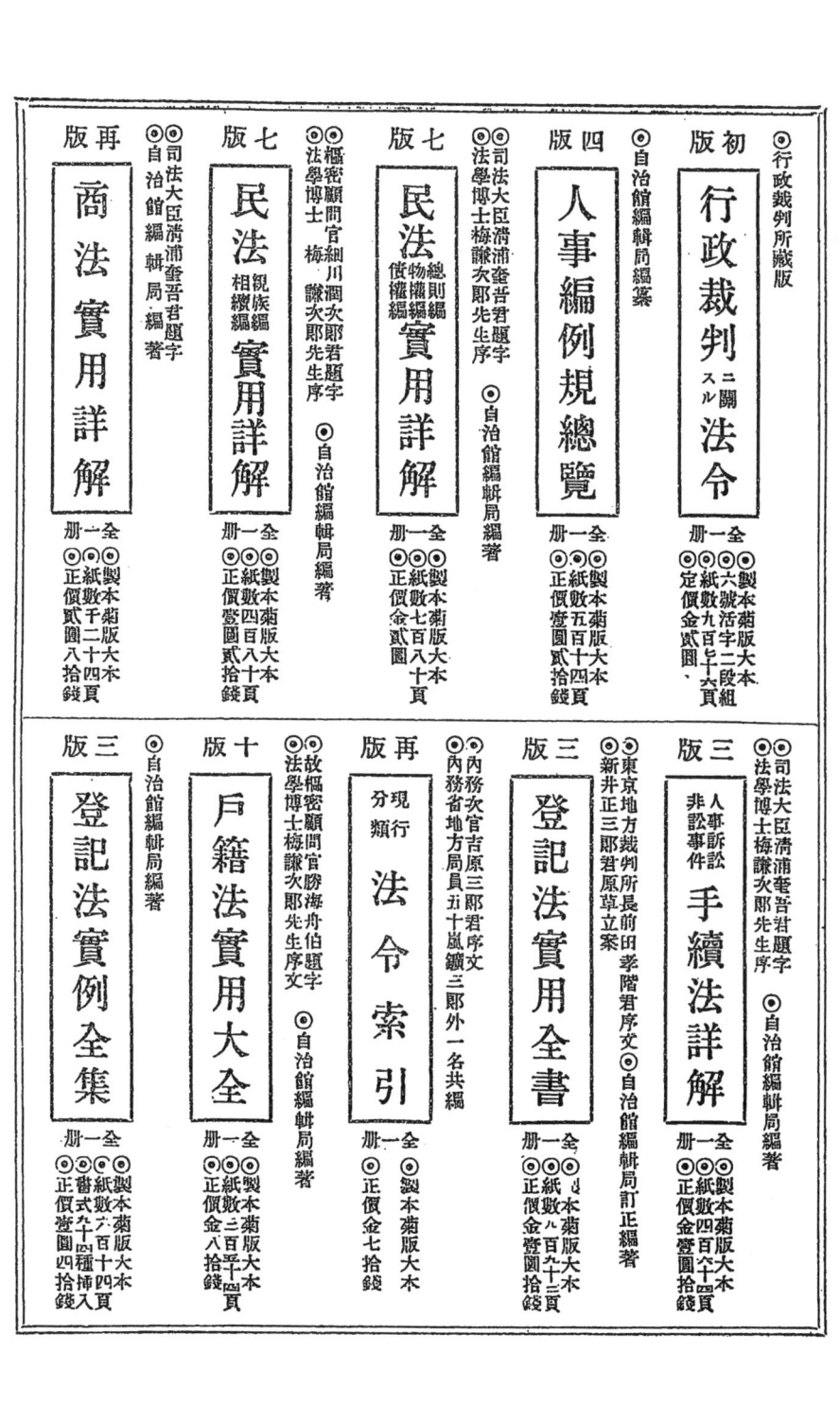

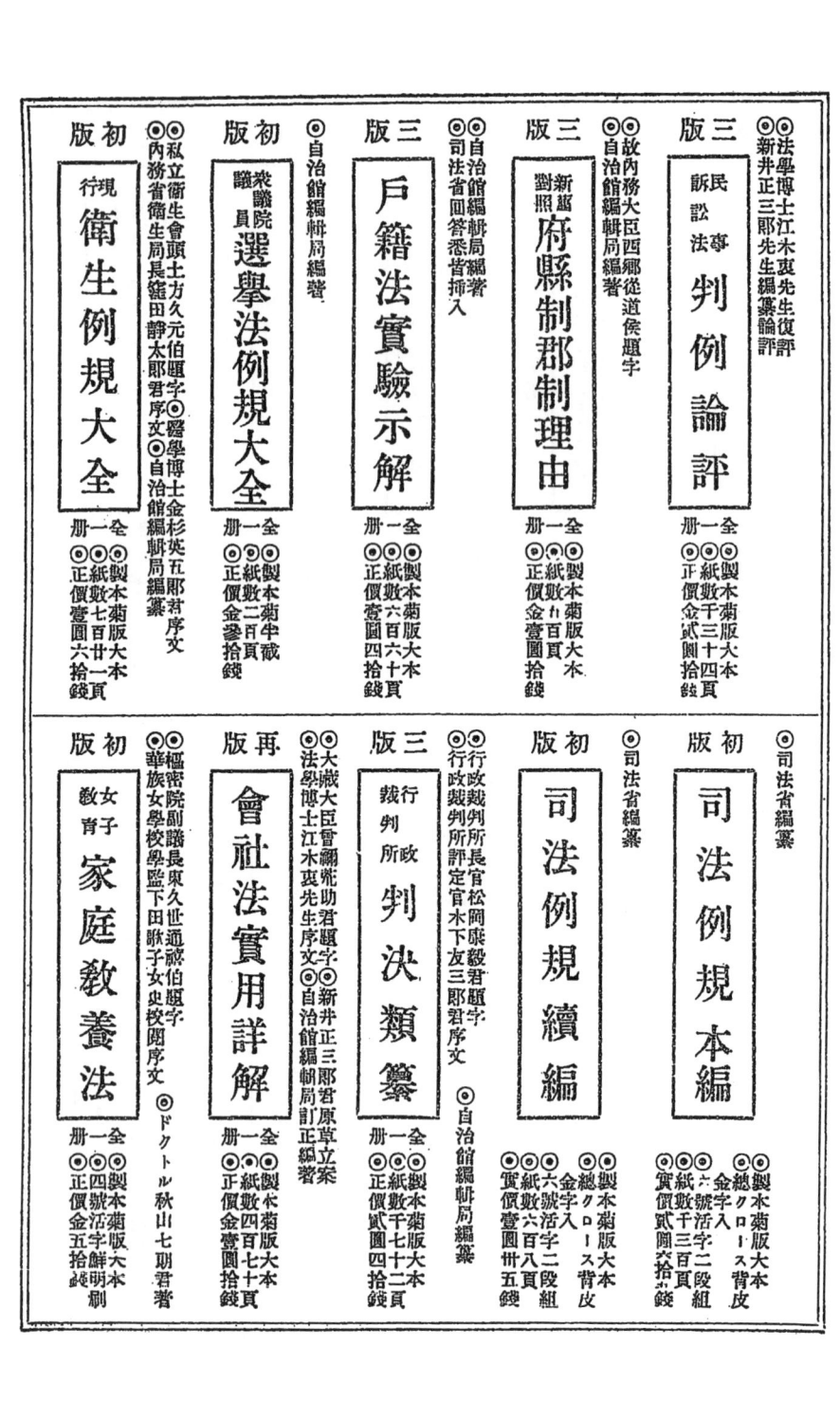

相續稅法義解　　　日本立法資料全集　別巻 1224

平成31年４月20日　　復刻版第１刷発行

編著者　稲　葉　　　敏

発行者　今　井　　　貴
　　　　渡　辺　左　近

発行所　信　山　社　出　版
〒113-0033　東京都文京区本郷６-２-９-102
モンテベルデ第２東大正門前
電　話　03（3818）1019
ＦＡＸ　03（3818）0344
郵便振替　00140-2-367777（信山社販売）

Printed in Japan.

制作／(株)信山社，印刷・製本／松澤印刷・日進堂

ISBN 978-4-7972-7342-7 C3332

別巻　巻数順一覧【950 ～ 981 巻】

巻数	書　名	編・著者	ISBN	本体価格
950	実地応用町村制質疑録	野田藤吉郎、國吉拓郎	ISBN978-4-7972-6656-6	22,000 円
951	市町村議員必携	川瀬周次、田中迪三	ISBN978-4-7972-6657-3	40,000 円
952	増補 町村制執務備考 全	増澤鐵、飯島篤雄	ISBN978-4-7972-6658-0	46,000 円
953	郡区町村編制法 府県会規則 地方税規則 三法綱論	小笠原美治	ISBN978-4-7972-6659-7	28,000 円
954	郡区町村編制 府県会規則 地方税規則 新法例纂 追加地方諸要則	柳澤武運三	ISBN978-4-7972-6660-3	21,000 円
955	地方革新講話	西内天行	ISBN978-4-7972-6921-5	40,000 円
956	市町村名辞典	杉野耕三郎	ISBN978-4-7972-6922-2	38,000 円
957	市町村吏員提要〔第三版〕	田邊好一	ISBN978-4-7972-6923-9	60,000 円
958	帝国市町村便覧	大西林五郎	ISBN978-4-7972-6924-6	57,000 円
959	最近検定 市町村名鑑 附 官国幣社 及 諸学校所在地一覧	藤澤衛彦、伊東順彦、増田穆、関惣右衛門	ISBN978-4-7972-6925-3	64,000 円
960	鼇頭対照 市町村制解釈 附 理由書 及 参考諸布達	伊藤寿	ISBN978-4-7972-6926-0	40,000 円
961	市町村制釈義 完　附 市町村制理由	水越成章	ISBN978-4-7972-6927-7	36,000 円
962	府県郡市町村 模範治績　附 耕地整理法 産業組合法 附属法令	荻野千之助	ISBN978-4-7972-6928-4	74,000 円
963	市町村大字読方名彙〔大正十四年度版〕	小川琢治	ISBN978-4-7972-6929-1	60,000 円
964	町村会議員選挙要覧	津田東璋	ISBN978-4-7972-6930-7	34,000 円
965	市制町村制 及 府県制　附 普通選挙法	法律研究会	ISBN978-4-7972-6931-4	30,000 円
966	市制町村制註釈 完　附 市制町村制理由〔明治21年初版〕	角田真平、山田正賢	ISBN978-4-7972-6932-1	46,000 円
967	市町村制詳解 全　附 市町村制理由	元田肇、加藤政之助、日鼻豊作	ISBN978-4-7972-6933-8	47,000 円
968	区町村会議要覧 全	阪田辨之助	ISBN978-4-7972-6934-5	28,000 円
969	実用 町村制市制事務提要	河邨貞山、島村文耕	ISBN978-4-7972-6935-2	46,000 円
970	新旧対照 市制町村制正文〔第三版〕	自治館編輯局	ISBN978-4-7972-6936-9	28,000 円
971	細密調査 市町村便覧(三府四十三県 北海道 樺太 台湾 朝鮮 関東州)　附 分類官公衙公私学校銀行所在地一覧表	白山榮一郎、森田公美	ISBN978-4-7972-6937-6	88,000 円
972	正文 市制町村制 並 附属法規	法曹閣	ISBN978-4-7972-6938-3	21,000 円
973	台湾朝鮮関東州 全国市町村便覧 各学校所在地〔第一分冊〕	長谷川好太郎	ISBN978-4-7972-6939-0	58,000 円
974	台湾朝鮮関東州 全国市町村便覧 各学校所在地〔第二分冊〕	長谷川好太郎	ISBN978-4-7972-6940-6	58,000 円
975	合巻 佛蘭西邑法・和蘭邑法・皇国郡区町村編成法	箕作麟祥、大井憲太郎、神田孝平	ISBN978-4-7972-6941-3	28,000 円
976	自治之模範	江木翼	ISBN978-4-7972-6942-0	60,000 円
977	地方制度実例総覧〔明治36年初版〕	金田謙	ISBN978-4-7972-6943-7	48,000 円
978	市町村民 自治読本	武藤榮治郎	ISBN978-4-7972-6944-4	22,000 円
979	町村制詳解　附 市制及町村制理由	相澤富蔵	ISBN978-4-7972-6945-1	28,000 円
980	改正 市町村制 並 附属法規	楠綾雄	ISBN978-4-7972-6946-8	28,000 円
981	改正 市制 及 町村制〔訂正10版〕	山野金蔵	ISBN978-4-7972-6947-5	28,000 円

別巻　巻数順一覧【915 ～ 949 巻】

巻数	書　名	編・著者	ISBN	本体価格
915	改正 新旧対照市町村一覧	鍾美堂	ISBN978-4-7972-6621-4	78,000 円
916	東京市会先例彙輯	後藤新平、桐島像一、八田五三	ISBN978-4-7972-6622-1	65,000 円
917	改正 地方制度解説〔第六版〕	狭間茂	ISBN978-4-7972-6623-8	67,000 円
918	改正 地方制度通義	荒川五郎	ISBN978-4-7972-6624-5	75,000 円
919	町村制市制全書 完	中嶋廣蔵	ISBN978-4-7972-6625-2	80,000 円
920	自治新制 市町村会法要談 全	田中重策	ISBN978-4-7972-6626-9	22,000 円
921	郡市町村吏員 収税実務要書	荻野千之助	ISBN978-4-7972-6627-6	21,000 円
922	町村至宝	桂虎次郎	ISBN978-4-7972-6628-3	36,000 円
923	地方制度通 全	上山満之進	ISBN978-4-7972-6629-0	60,000 円
924	帝国議会府県会郡会市町村会議員必携 附関係法規 第1分冊	太田峯三郎、林田亀太郎、小原新三	ISBN978-4-7972-6630-6	46,000 円
925	帝国議会府県会郡会市町村会議員必携 附関係法規 第2分冊	太田峯三郎、林田亀太郎、小原新三	ISBN978-4-7972-6631-3	62,000 円
926	市町村是	野田千太郎	ISBN978-4-7972-6632-0	21,000 円
927	市町村執務要覧 全 第1分冊	大成館編輯局	ISBN978-4-7972-6633-7	60,000 円
928	市町村執務要覧 全 第2分冊	大成館編輯局	ISBN978-4-7972-6634-4	58,000 円
929	府県会規則大全　附 裁定録	朝倉達三、若林友之	ISBN978-4-7972-6635-1	28,000 円
930	地方自治の手引	前田宇治郎	ISBN978-4-7972-6636-8	28,000 円
931	改正 市制町村制と衆議院議員選挙法	服部喜太郎	ISBN978-4-7972-6637-5	28,000 円
932	市町村国税事務取扱手続	広島財務研究会	ISBN978-4-7972-6638-2	34,000 円
933	地方自治制要義 全	末松偕一郎	ISBN978-4-7972-6639-9	57,000 円
934	市町村特別税之栞	三邊長治、水谷平吉	ISBN978-4-7972-6640-5	24,000 円
935	英国地方制度 及 税法	良保両氏、水野遵	ISBN978-4-7972-6641-2	34,000 円
936	英国地方制度 及 税法	髙橋達	ISBN978-4-7972-6642-9	20,000 円
937	日本法典全書 第一編 府県制郡制註釈	上條慎蔵、坪谷善四郎	ISBN978-4-7972-6643-6	58,000 円
938	判例挿入 自治法規全集 全	池田繁太郎	ISBN978-4-7972-6644-3	82,000 円
939	比較研究 自治之精髄	水野錬太郎	ISBN978-4-7972-6645-0	22,000 円
940	傍訓註釈 市制町村制 並ニ 理由書〔第三版〕	筒井時治	ISBN978-4-7972-6646-7	46,000 円
941	以呂波引町村便覧	田山宗堯	ISBN978-4-7972-6647-4	37,000 円
942	町村制執務要録 全	鷹巣清二郎	ISBN978-4-7972-6648-1	46,000 円
943	地方自治 及 振興策	床次竹二郎	ISBN978-4-7972-6649-8	30,000 円
944	地方自治講話	田中四郎左衛門	ISBN978-4-7972-6650-4	36,000 円
945	地方施設改良 訓論演説集〔第六版〕	鹽川玉江	ISBN978-4-7972-6651-1	40,000 円
946	帝国地方自治団体発達史〔第三版〕	佐藤亀齢	ISBN978-4-7972-6652-8	48,000 円
947	農村自治	小橋一太	ISBN978-4-7972-6653-5	34,000 円
948	国税 地方税 市町村税 滞納処分法問答	竹尾高堅	ISBN978-4-7972-6654-2	28,000 円
949	市町村役場実用 完	福井淳	ISBN978-4-7972-6655-9	40,000 円

別巻　巻数順一覧【878 ～ 914 巻】

巻数	書名	編・著者	ISBN	本体価格
878	明治史第六編 政黨史	博文館編輯局	ISBN978-4-7972-7180-5	42,000 円
879	日本政黨發達史 全〔第一分冊〕	上野熊藏	ISBN978-4-7972-7181-2	50,000 円
880	日本政黨發達史 全〔第二分冊〕	上野熊藏	ISBN978-4-7972-7182-9	50,000 円
881	政党論	梶原保人	ISBN978-4-7972-7184-3	30,000 円
882	獨逸新民法商法正文	古川五郎、山口弘一	ISBN978-4-7972-7185-0	90,000 円
883	日本民法鼇頭對比獨逸民法	荒波正隆	ISBN978-4-7972-7186-7	40,000 円
884	泰西立憲國政治攬要	荒井泰治	ISBN978-4-7972-7187-4	30,000 円
885	改正衆議院議員選擧法釋義 全	福岡伯、横田左仲	ISBN978-4-7972-7188-1	42,000 円
886	改正衆議院議員選擧法釋義 附 改正貴族院令,治安維持法	犀川長作、犀川久平	ISBN978-4-7972-7189-8	33,000 円
887	公民必携 選擧法規ト判決例	大浦兼武、平沼騏一郎、木下友三郎、清水澄、三浦數平	ISBN978-4-7972-7190-4	96,000 円
888	衆議院議員選擧法輯覽	司法省刑事局	ISBN978-4-7972-7191-1	53,000 円
889	行政司法選擧判例總覽―行政救濟と其手續―	澤田竹治郎・川崎秀男	ISBN978-4-7972-7192-8	72,000 円
890	日本親族相續法義解 全	髙橋捨六・堀田馬三	ISBN978-4-7972-7193-5	45,000 円
891	普通選擧文書集成	山中秀男・岩本溫良	ISBN978-4-7972-7194-2	85,000 円
892	普選の勝者 代議士月旦	大石末吉	ISBN978-4-7972-7195-9	60,000 円
893	刑法註釋 巻一～巻四(上巻)	村田保	ISBN978-4-7972-7196-6	58,000 円
894	刑法註釋 巻五～巻八(下巻)	村田保	ISBN978-4-7972-7197-3	50,000 円
895	治罪法註釋 巻一～巻四(上巻)	村田保	ISBN978-4-7972-7198-0	50,000 円
896	治罪法註釋 巻五～巻八(下巻)	村田保	ISBN978-4-7972-7198-0	50,000 円
897	議會選擧法	カール・ブラウニアス、國政研究科會	ISBN978-4-7972-7201-7	42,000 円
901	鼇頭註釈 町村制 附 理由 全	八乙女盛次、片野続	ISBN978-4-7972-6607-8	28,000 円
902	改正 市制町村制 附 改正要義	田山宗堯	ISBN978-4-7972-6608-5	28,000 円
903	増補訂正 町村制詳解〔第十五版〕	長峰安三郎、三浦通太、野田千太郎	ISBN978-4-7972-6609-2	52,000 円
904	市制町村制 並 理由書 附 直接間接税類別及実施手続	高崎修助	ISBN978-4-7972-6610-8	20,000 円
905	町村制要義	河野正義	ISBN978-4-7972-6611-5	28,000 円
906	改正 市制町村制義解〔帝國地方行政学会〕	川村芳次	ISBN978-4-7972-6612-2	60,000 円
907	市制町村制 及 関係法令〔第三版〕	野田千太郎	ISBN978-4-7972-6613-9	35,000 円
908	市町村新旧対照一覧	中村芳松	ISBN978-4-7972-6614-6	38,000 円
909	改正 府県郡制問答講義	木内英雄	ISBN978-4-7972-6615-3	28,000 円
910	地方自治提要 全 附 諸届願書式 日用規則抄録	木村時義、吉武則久	ISBN978-4-7972-6616-0	56,000 円
911	訂正増補 市町村制問答詳解 附 理由及追輯	福井淳	ISBN978-4-7972-6617-7	70,000 円
912	改正 府県制郡制註釈〔第三版〕	福井淳	ISBN978-4-7972-6618-4	34,000 円
913	地方制度実例総覧〔第七版〕	自治館編輯局	ISBN978-4-7972-6619-1	78,000 円
914	英国地方政治論	ジョージ・チャールズ・ブロドリック、久米金彌	ISBN978-4-7972-6620-7	30,000 円

別巻　巻数順一覧【843～877巻】

巻数	書　名	編・著者	ISBN	本体価格
843	法律汎論	熊谷直太	ISBN978-4-7972-7141-6	40,000円
844	英國國會選擧訴願判決例 全	オマリー、ハードカッスル、サンタース	ISBN978-4-7972-7142-3	80,000円
845	衆議院議員選擧法改正理由書 完	内務省	ISBN978-4-7972-7143-0	40,000円
846	戆齋法律論文集	森作太郎	ISBN978-4-7972-7144-7	45,000円
847	雨山遺稾	渡邉輝之助	ISBN978-4-7972-7145-4	70,000円
848	法曹紙屑籠	鷺城逸史	ISBN978-4-7972-7146-1	54,000円
849	法例彙纂 民法之部 第一篇	史官	ISBN978-4-7972-7147-8	66,000円
850	法例彙纂 民法之部 第二篇〔第一分冊〕	史官	ISBN978-4-7972-7148-5	55,000円
851	法例彙纂 民法之部 第二篇〔第二分冊〕	史官	ISBN978-4-7972-7149-2	75,000円
852	法例彙纂 商法之部〔第一分冊〕	史官	ISBN978-4-7972-7150-8	70,000円
853	法例彙纂 商法之部〔第二分冊〕	史官	ISBN978-4-7972-7151-5	75,000円
854	法例彙纂 訴訟法之部〔第一分冊〕	史官	ISBN978-4-7972-7152-2	60,000円
855	法例彙纂 訴訟法之部〔第二分冊〕	史官	ISBN978-4-7972-7153-9	48,000円
856	法例彙纂 懲罰則之部	史官	ISBN978-4-7972-7154-6	58,000円
857	法例彙纂 第二版 民法之部〔第一分冊〕	史官	ISBN978-4-7972-7155-3	70,000円
858	法例彙纂 第二版 民法之部〔第二分冊〕	史官	ISBN978-4-7972-7156-0	70,000円
859	法例彙纂 第二版 商法之部・訴訟法之部〔第一分冊〕	太政官記録掛	ISBN978-4-7972-7157-7	72,000円
860	法例彙纂 第二版 商法之部・訴訟法之部〔第二分冊〕	太政官記録掛	ISBN978-4-7972-7158-4	40,000円
861	法令彙纂 第三版 民法之部〔第一分冊〕	太政官記録掛	ISBN978-4-7972-7159-1	54,000円
862	法令彙纂 第三版 民法之部〔第ニ分冊〕	太政官記録掛	ISBN978-4-7972-7160-7	54,000円
863	現行法律規則全書（上）	小笠原美治、井田鐘次郎	ISBN978-4-7972-7162-1	50,000円
864	現行法律規則全書（下）	小笠原美治、井田鐘次郎	ISBN978-4-7972-7163-8	53,000円
865	國民法制通論 上卷・下卷	仁保龜松	ISBN978-4-7972-7165-2	56,000円
866	刑法註釋	磯部四郎、小笠原美治	ISBN978-4-7972-7166-9	85,000円
867	治罪法註釋	磯部四郎、小笠原美治	ISBN978-4-7972-7167-6	70,000円
868	政法哲學 前編	ハーバート・スペンサー、濱野定四郎、渡邊治	ISBN978-4-7972-7168-3	45,000円
869	政法哲學 後編	ハーバート・スペンサー、濱野定四郎、渡邊治	ISBN978-4-7972-7169-0	45,000円
870	佛國商法復説 第壹篇自第壹卷至第七卷	リウヒエール、商法編纂局	ISBN978-4-7972-7171-3	75,000円
871	佛國商法復説 第壹篇第八卷	リウヒエール、商法編纂局	ISBN978-4-7972-7172-0	45,000円
872	佛國商法復説 自第二篇至第四篇	リウヒエール、商法編纂局	ISBN978-4-7972-7173-7	70,000円
873	佛國商法復説 書式之部	リウヒエール、商法編纂局	ISBN978-4-7972-7174-4	40,000円
874	代言試驗問題擬判録 全 附録明治法律學校民刑問題及答案	熊野敏三、宮城浩蔵 河野和三郎、岡義男	ISBN978-4-7972-7176-8	35,000円
875	各國官吏試驗法類集 上・下	内閣	ISBN978-4-7972-7177-5	54,000円
876	商業規篇	矢野亨	ISBN978-4-7972-7178-2	53,000円
877	民法実用法典 全	福田一覺	ISBN978-4-7972-7179-9	45,000円

巻数	書　名	編・著者	ISBN	本体価格
810	訓點法國律例 民律 上巻	鄭永寧	ISBN978-4-7972-7105-8	50,000円
811	訓點法國律例 民律 中巻	鄭永寧	ISBN978-4-7972-7106-5	50,000円
812	訓點法國律例 民律 下巻	鄭永寧	ISBN978-4-7972-7107-2	60,000円
813	訓點法國律例 民律指掌	鄭永寧	ISBN978-4-7972-7108-9	58,000円
814	訓點法國律例 貿易定律・園林則律	鄭永寧	ISBN978-4-7972-7109-6	60,000円
815	民事訴訟法 完	本多康直	ISBN978-4-7972-7111-9	65,000円
816	物権法(第一部)完	西川一男	ISBN978-4-7972-7112-6	45,000円
817	物権法(第二部)完	馬場愿治	ISBN978-4-7972-7113-3	35,000円
818	商法五十課 全	アーサー・B・クラーク、本多孫四郎	ISBN978-4-7972-7115-7	38,000円
819	英米商法律原論 契約之部及流通券之部	岡山兼吉、淺井勝	ISBN978-4-7972-7116-4	38,000円
820	英國組合法 完	サー・フレデリック・ポロック、榊原幾久若	ISBN978-4-7972-7117-1	30,000円
821	自治論 一名人民ノ自由 巻之上・巻之下	リーバー、林董	ISBN978-4-7972-7118-8	55,000円
822	自治論纂 全一册	獨逸學協會	ISBN978-4-7972-7119-5	50,000円
823	憲法彙纂	古屋宗作、鹿島秀麿	ISBN978-4-7972-7120-1	35,000円
824	國會汎論	ブルンチュリー、石津可輔、讃井逸三	ISBN978-4-7972-7121-8	30,000円
825	威氏法學通論	エスクバック、渡邊輝之助、神山亨太郎	ISBN978-4-7972-7122-5	35,000円
826	萬國憲法 全	高田早苗、坪谷善四郎	ISBN978-4-7972-7123-2	50,000円
827	綱目代議政體	J・S・ミル、上田充	ISBN978-4-7972-7124-9	40,000円
828	法學通論	山田喜之助	ISBN978-4-7972-7125-6	30,000円
829	法學通論 完	島田俊雄、溝上與三郎	ISBN978-4-7972-7126-3	35,000円
830	自由之權利 一名自由之理 全	J・S・ミル、高橋正次郎	ISBN978-4-7972-7127-0	38,000円
831	歐洲代議政體起原史 第一册・第二冊／代議政體原論 完	ギゾー、漆間眞學、藤田四郎、アンドリー、山口松五郎	ISBN978-4-7972-7128-7	100,000円
832	代議政體 全	J・S・ミル、前橋孝義	ISBN978-4-7972-7129-4	55,000円
833	民約論	J・J・ルソー、田中弘義、服部德	ISBN978-4-7972-7130-0	40,000円
834	歐米政黨沿革史總論	藤田四郎	ISBN978-4-7972-7131-7	30,000円
835	内外政黨事情・日本政黨事情 完	中村義三、大久保常吉	ISBN978-4-7972-7132-4	35,000円
836	議會及政黨論	菊池學而	ISBN978-4-7972-7133-1	35,000円
837	各國之政黨 全〔第1分冊〕	外務省政務局	ISBN978-4-7972-7134-8	70,000円
838	各國之政黨 全〔第2分冊〕	外務省政務局	ISBN978-4-7972-7135-5	60,000円
839	大日本政黨史 全	若林清、尾崎行雄、箕浦勝人、加藤恒忠	ISBN978-4-7972-7137-9	63,000円
840	民約論	ルソー、藤田浪人	ISBN978-4-7972-7138-6	30,000円
841	人權宣告辯妄・政治眞論一名主權辯妄	ベンサム、草野宣隆、藤田四郎	ISBN978-4-7972-7139-3	40,000円
842	法制講義 全	赤司鷹一郎	ISBN978-4-7972-7140-9	30,000円

別巻　巻数順一覧【776 ～ 809 巻】

巻数	書　名	編・著者	ISBN	本体価格
776	改正 府県制郡制釈義〔第三版〕	坪谷善四郎	ISBN978-4-7972-6602-3	35,000 円
777	新旧対照 市制町村制 及 理由〔第九版〕	荒川五郎	ISBN978-4-7972-6603-0	28,000 円
778	改正 市町村制講義	法典研究会	ISBN978-4-7972-6604-7	38,000 円
779	改正 市制町村制講義 附 施行諸規則 及 市町村事務摘要	樋山廣業	ISBN978-4-7972-6605-4	58,000 円
780	改正 市制町村制義解	行政法研究会、藤田謙堂	ISBN978-4-7972-6606-1	60,000 円
781	今時獨逸帝國要典 前篇	C・モレイン、今村有隣	ISBN978-4-7972-6425-8	45,000 円
782	各國上院紀要	元老院	ISBN978-4-7972-6426-5	35,000 円
783	泰西國法論	シモン・ヒッセリング、津田真一郎	ISBN978-4-7972-6427-2	40,000 円
784	律例權衡便覽 自第一冊至第五冊	村田保	ISBN978-4-7972-6428-9	100,000 円
785	檢察事務要件彙纂	平松照忠	ISBN978-4-7972-6429-6	45,000 円
786	治罪法比鑑 完	福鎌芳隆	ISBN978-4-7972-6430-2	65,000 円
787	治罪法註解	立野胤政	ISBN978-4-7972-6431-9	56,000 円
788	佛國民法契約篇講義 全	玉乃世履、磯部四郎	ISBN978-4-7972-6432-6	40,000 円
789	民法疏義 物權之部	鶴丈一郎、手塚太郎	ISBN978-4-7972-6433-3	90,000 円
790	民法疏義 人權之部	鶴丈一郎	ISBN978-4-7972-6434-0	100,000 円
791	民法疏義 取得篇	鶴丈一郎	ISBN978-4-7972-6435-7	80,000 円
792	民法疏義 擔保篇	鶴丈一郎	ISBN978-4-7972-6436-4	90,000 円
793	民法疏義 證據篇	鶴丈一郎	ISBN978-4-7972-6437-1	50,000 円
794	法學通論	奥田義人	ISBN978-4-7972-6439-5	100,000 円
795	法律ト宗教トノ關係	名尾玄乘	ISBN978-4-7972-6440-1	55,000 円
796	英國國會政治	アルフユース・トッド、 スペンサー・ヲルポール、 林田龜太郎、岸清一	ISBN978-4-7972-6441-8	65,000 円
797	比較國會論	齊藤隆夫	ISBN978-4-7972-6442-5	30,000 円
798	改正衆議院議員選擧法論	島田俊雄	ISBN978-4-7972-6443-2	30,000 円
799	改正衆議院議員選擧法釋義	林田龜太郎	ISBN978-4-7972-6444-9	50,000 円
800	改正衆議院議員選擧法正解	武田貞之助、井上密	ISBN978-4-7972-6445-6	30,000 円
801	佛國法律提要 全	箕作麟祥、大井憲太郎	ISBN978-4-7972-6446-3	100,000 円
802	佛國政典	ドラクルチー、 大井憲太郎、箕作麟祥	ISBN978-4-7972-6447-0	120,000 円
803	社會行政法論 全	H・リョースレル、江木衷	ISBN978-4-7972-6448-7	100,000 円
804	英國財産法講義	三宅恒徳	ISBN978-4-7972-6449-4	60,000 円
805	國家論 全	ブルンチュリー、 平田東助、平塚定二郎	ISBN978-4-7972-7100-3	50,000 円
806	日本議會現法 完	増尾種時	ISBN978-4-7972-7101-0	45,000 円
807	法學通論 一名法學初歩 全	P・ナミュール、河地金代、 河村善益、薩埵正邦	ISBN978-4-7972-7102-7	53,000 円
808	訓點法國律例 刑名定範 巻一巻二 完	鄭永寧	ISBN978-4-7972-7103-4	40,000 円
809	訓點法國律例 刑律從巻 一至巻四 完	鄭永寧	ISBN978-4-7972-7104-1	30,000 円

別巻　巻数順一覧【741 ～ 775 巻】

巻数	書　名	編・著者	ISBN	本体価格
741	改正 市町村制詳解	相馬昌三、菊池武夫	ISBN978-4-7972-6491-3	38,000 円
742	註釈の市制と町村制　附 普通選挙法	法律研究会	ISBN978-4-7972-6492-0	60,000 円
743	新旧対照 市制町村制 並 附属法規〔改訂二十七版〕	良書普及会	ISBN978-4-7972-6493-7	36,000 円
744	改訂増補 市制町村制実例総覧 第 1 分冊	田中廣太郎、良書普及会	ISBN978-4-7972-6494-4	60,000 円
745	改訂増補 市制町村制実例総覧 第 2 分冊	田中廣太郎、良書普及会	ISBN978-4-7972-6495-1	68,000 円
746	実例判例 市制町村制釈義〔昭和十年改正版〕	梶康郎	ISBN978-4-7972-6496-8	57,000 円
747	市制町村制義解　附 理由〔第五版〕	櫻井一久	ISBN978-4-7972-6497-5	47,000 円
748	実地応用町村制問答〔第二版〕	市町村雑誌社	ISBN978-4-7972-6498-2	46,000 円
749	傍訓註釈 日本市制町村制 及 理由書	柳澤武運三	ISBN978-4-7972-6575-0	28,000 円
750	鼇頭註釈 市町村制俗解　附 理由書〔増補第五版〕	清水亮三	ISBN978-4-7972-6576-7	28,000 円
751	市町村制質問録	片貝正晉	ISBN978-4-7972-6577-4	28,000 円
752	実用詳解町村制 全	夏目洗藏	ISBN978-4-7972-6578-1	28,000 円
753	新旧対照 改正 市制町村制新釈　附 施行細則及執務條規	佐藤貞雄	ISBN978-4-7972-6579-8	42,000 円
754	市制町村制講義	樋山廣業	ISBN978-4-7972-6580-4	46,000 円
755	改正 市制町村制講義〔第十版〕	秋野沆	ISBN978-4-7972-6581-1	42,000 円
756	註釈の市制と町村制 市制町村制施行令他関連法収録〔昭和4年4月版〕	法律研究会	ISBN978-4-7972-6582-8	58,000 円
757	実例判例 市制町村制釈義〔第四版〕	梶康郎	ISBN978-4-7972-6583-5	48,000 円
758	改正 市制町村制解説	狭間茂、土谷覺太郎	ISBN978-4-7972-6584-2	59,000 円
759	市町村制註解 完	若林市太郎	ISBN978-4-7972-6585-9	22,000 円
760	町村制実用 完	新田貞橘、鶴田嘉内	ISBN978-4-7972-6586-6	56,000 円
761	町村制精解 完　附 理由 及 問答録	中目孝太郎、磯谷郡爾、高田早苗、両角彦六、高木守三郎	ISBN978-4-7972-6587-3	35,000 円
762	改正 町村制詳解〔第十三版〕	長峰安三郎、三浦通太、野田千太郎	ISBN978-4-7972-6588-0	54,000 円
763	加除自在 参照条文　附 市制町村制　附 関係法規	矢島和三郎	ISBN978-4-7972-6589-7	60,000 円
764	改正版 市制町村制並ニ府県制及ビ重要関係法令	法制堂出版	ISBN978-4-7972-6590-3	39,000 円
765	改正版 註釈の市制と町村制 最近の改正を含む	法制堂出版	ISBN978-4-7972-6591-0	58,000 円
766	鼇頭註釈 市町村制俗解　附 理由書〔第二版〕	清水亮三	ISBN978-4-7972-6592-7	25,000 円
767	理由挿入 市町村制俗解〔第三版増補訂正〕	上村秀昇	ISBN978-4-7972-6593-4	28,000 円
768	府県制郡制註釈	田島彦四郎	ISBN978-4-7972-6594-1	40,000 円
769	市制町村制傍訓 完　附 市制町村制理由〔第四版〕	内山正如	ISBN978-4-7972-6595-8	18,000 円
770	市制町村制釈義	壁谷可六、上野太一郎	ISBN978-4-7972-6596-5	38,000 円
771	市制町村制詳解 全　附 理由書	杉谷庸	ISBN978-4-7972-6597-2	21,000 円
772	鼇頭傍訓 市制町村制註釈 及 理由書	山内正利	ISBN978-4-7972-6598-9	28,000 円
773	町村制要覧 全	浅井元、古谷省三郎	ISBN978-4-7972-6599-6	38,000 円
774	府県制郡制釈義 全〔第三版〕	栗本勇之助、森惣之祐	ISBN978-4-7972-6600-9	35,000 円
775	市制町村制釈義	坪谷善四郎	ISBN978-4-7972-6601-6	39,000 円